日本企業の
アジアFTA活用戦略

TPP時代のFTA活用に向けた指針

助川成也・高橋俊樹 編著

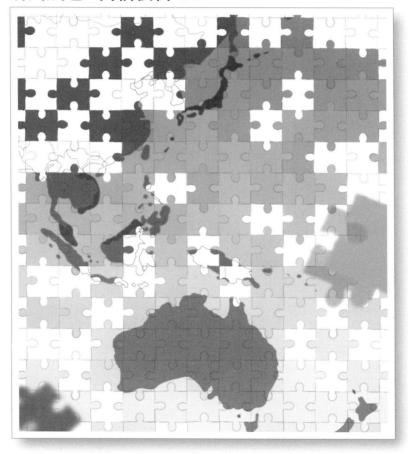

文眞堂

はしがき

　世界で構築されてきた自由貿易協定（FTA）は2015年11月現在で280に迫り，アジア太平洋域内でも50を超える。これまでを振り返ると，世界のFTA締結の波は大きく2つあった。1990年代初めの欧州連合（EU）や北米自由貿易協定（NAFTA），ASEAN自由貿易地域（AFTA）の設立，そして2000年前後から始まった5つのASEAN＋1 FTAに代表される東アジアでのFTA構築ラッシュである。そして2015年，メガFTAの1つに数えられ世界のGDPの約4割を占める環太平洋経済連携協定（TPP）が約5年半の交渉を経て大筋合意したことを受け，「第3波」が起こる可能性がある。

　アジアに目を向けると，中国・朱鎔基首相がASEAN首脳に自由貿易地域を提案してから約10年が経過した2010年，東アジアではASEANをハブとし，中国，日本，韓国，インド，豪州・NZとの5つの「ASEAN＋1 FTA」全てが発効した。2010年までの10年間，東アジア各国は競うようにFTAを構築してきたが，「ASEAN＋1 FTA」全てが出揃ったことで一段落した。

　しかし，その背後では新たな胎動が始まっていた。2006年にシンガポール，NZ，チリ，ブルネイの4ヵ国で発効したP4が，米国，豪州，ペルー，ベトナムを加えた計8ヵ国で「環太平洋経済連携協定」（TPP）に発展的に改組され，2010年3月に交渉を開始した。同交渉には，同年10月にマレーシアが，2012年10月にはNAFTAのメンバーであるメキシコ，カナダが，新たに参加した。一方，日本は2011年のAPEC首脳会議に先立ち，野田首相がTPP交渉参加に向けた関係各国との協議を開始する旨表明，2013年7月に日本は12番目の国として交渉に参加した。

　高度な自由化と「21世紀型新通商ルール」設定を標榜したTPPは2015年10月，度重なる漂流の危機を乗り越え大筋合意に達した。TPPは世界のGDPの約4割を占めるのみならず，物品貿易における自由化率（関税撤廃率）も，日本を除く11ヵ国が99〜100％，「重要5項目」の例外を求め交渉に最後に参

加した日本も95.1％と，これまで締結してきた経済連携協定（EPA）の自由化率（84.4％〜88.4％）を大きく上回る。より高い次元の自由化と21世紀型新通商ルールを持つTPPが妥結したことにより，これまでにない高次元かつ広範囲の自由貿易時代の幕が開けようとしている。

　TPPの大筋合意により，2000年代に中国とASEANとのFTA構想を機に次々とFTAが締結された「ドミノ現象」に似た動きが起こる可能性がある。特に2011年11月，ASEAN議長国インドネシアが首脳会議で打ち出した東アジア地域包括的経済連携（RCEP）構想が注目される。もともとRCEPは，TPP交渉にASEANの一部加盟国や日本などが参加したことを背景に，東アジアにおける地域経済圏構築の主導権の喪失を懸念したASEANが，生み出した枠組みである。ASEANは自らRCEPを打ち出すことで，東アジア広域経済圏構想でドライビングシート（運転席）に座り続け，ASEANルールの広域化を通じ，「ASEAN中心主義」，「投資に対する求心力」等の堅持を狙った。RCEPは2012年11月にカンボジア・プノンペンで，参加16ヵ国の首脳が集まり交渉の立ち上げを宣言した。その「交渉の基本指針及び目的」では「ASEAN＋1FTAよりも相当程度改善した，より広く，深い約束」の実現が約束されている。

　しかし現実には，RCEPはインドなど自由化に消極的な国を抱え込んだことから，その交渉も幾度となく機能不全に陥った。RCEPは，TPP大筋合意の約1ヵ月半前の2015年8月，ASEAN経済相会議にあわせてマレーシア・クアラルンプールで開催された第3回RCEP閣僚会合で，当初の予定より約1年遅れで物品貿易のモダリティが決まった。RCEP閣僚会議で議長を務めたマレーシア・ムスタパ国際貿易産業相は，自由化水準について「当初65％で10年かけて80％にする」ことを表明した。RCEP閣僚会合で示された自由化率80％は，ASEANインドFTAにおける自由化率よりは高いものの，それ以外のASEAN＋1FTAと比べれば自由化率は著しく低いと言わざるを得ない。

　RCEPのモダリティ合意直後に，例外品目が極めて少ないTPPが大筋合意をしたことで，ASEANはその戦略の練り直しが求められている。更に，ASEAN10ヵ国のうちTPPに参加していない6ヵ国については，これまでの経済成長のエンジンに据えていた外国直接投資の吸引力が減退することは確実

であり，インドネシアやフィリピン，タイなど，次々とTPPへの参加の意向や関心が表明されている。このままではASEANの枠組み自体の求心力低下に繋がりかねない。

この状況にASEANが危機感を持ち，東アジアにおいてTPPで形成される「21世紀型新通商ルール」を採用する形で，RCEPやASEAN＋1FTAの見直しに主導権を発揮すれば，ASEAN全体に生産ネットワークを構築している日本企業にとって，より広範囲で同一ルールが適用されることを通じて予見可能性が高まり，大きなメリットとなる。そして，それらが例外の極めて少ないものになれば，特に関税撤廃に特定の条件が付されてきた品目を中心に，FTAの活用が一層進むことになる。

これまで世界の通商秩序とルール設定は，世界貿易機関（WTO）が担うことが期待されてきた。しかし，WTOは発足後ほどなくして機能不全に陥り，それにかわってTPPに代表されるメガFTAが「21世紀型新通商ルール」策定を主導し，その拡散を目指す時代になりつつある。

1985年のプラザ合意以降，アジアを中心に生産・輸出拠点を求めた日本企業にとって，日本と進出国間で締結されたEPAに加えて，AFTA，5つの「ASEAN＋1FTA」は自らの調達および輸出面で有効なツールと認識され始めている。今やFTAは海外事業展開に不可欠なソフト・インフラになっている。その上で，これらメガFTAによる「21世紀型新通商ルール」策定・拡散の動きは，拠点再編を含め地域全体での「稼ぐ力」を一層向上させることは疑いない。

今や日本企業は，海外事業を行う上で，FTAを多角的に活用している。しかし同時に，FTA利用上の問題や課題は依然として多くの企業により指摘されている。また，各種アンケート調査ではFTAを利用していない企業も多く，制度面の問題がその理由として指摘されている。今後，更に構築が期待されるメガFTAは，企業の「稼ぐ力」を向上させるものでなければならない。それには既に稼働しているFTAについて，運用や利用面での問題や課題を分析し，メガFTA構築の際に参考としてもらう必要がある。

本書は調査研究の視点から企業のFTA利用について分析するとともに，利用する企業の視点から，そして原産地証明書を発給する実務の視点から，それ

ぞれの専門家が実態，事例，制度や政策，問題点などを多角的に分析，論述している。もともと本書は，一般財団法人国際貿易投資研究所（ITI）が公益財団法人JKAによる競輪補助事業を受けて2015年3月に刊行した「企業のFTA活用策」をベースとし，FTAの最前線で活躍してきたスペシャリストやFTAの経済効果に詳しい研究者を新たに執筆陣に加え，大幅に拡充したものである。そのため本書は，実務書と研究書の橋渡しを担う役割も持っており，企業関係者だけでなく政策担当者や研究者，学生にも裨益する内容となっている。1人でも多くの方々に本書を手に取っていただければ，編著者一同，幸甚である。

　末筆になるが，「政策担当者や研究者のみならず，企業の担当者に役立つFTA解説本の出版を」との編著者の思いに賛同し，本書の出版に快諾され，編集の労をとられた文眞堂の前野弘太氏ほか編集部の方々に厚くお礼を申し上げたい。

2016年1月

編著者　助川成也

高橋俊樹

目　次

はしがき ………………………………………………………………………… i

第 1 章　日本企業は FTA をどう活用すべきか
～WTO 多角的貿易交渉の停滞と代替手段としての FTA～ ……… 1

はじめに ………………………………………………………………………… 1
第 1 節　WTO 交渉の停滞と FTA への潮流 ……………………………… 2
　1．世界の FTA 構築状況と多角的貿易交渉 ……………………………… 2
　2．GATT 設立の背景と貿易自由化に向けた取り組み ………………… 3
　3．WTO の発足とドーハ・ラウンドの難航 …………………………… 4
　4．新たなアプローチで打開を目指す WTO …………………………… 6
第 2 節　FTA 利用とそのメリット ………………………………………… 8
　1．FTA 利用によるコスト削減効果 ……………………………………… 8
　2．日本が進める FTA／EPA による通商環境整備 …………………… 11
　3．日本企業の海外展開の進展と第三国間 FTA ……………………… 14
　4．ASEAN の FTA を活用する日本企業 ……………………………… 16
おわりに ……………………………………………………………………… 22

第 2 章　日本企業の FTA 利用の現状と展望 …………………………… 24

はじめに ……………………………………………………………………… 24
第 1 節　FTA 利用の経緯と活用事例 …………………………………… 25
　1．FTA 利用の背景ときっかけ ………………………………………… 25
　2．FTA を利用した効果 ………………………………………………… 25
　3．FTA 関税率の調べ方 ………………………………………………… 28
第 2 節　FTA 利用の深化 ………………………………………………… 29
　1．FTA による貿易創出効果と原産地証明書 ………………………… 29

2. 原産地証明方式によるFTA利用度の比較 ……………………………31
　　3. 第三者証明制度から見た日本からの輸出における
　　　 FTA利用上の特徴 ………………………………………………………33
　第3節　日本企業にとってのFTAの課題と展望 ………………………………35
　　1. FTAの問題点 ………………………………………………………………35
　　2. FTAの利用拡大に向けて …………………………………………………38

第3章　東アジア貿易におけるFTA効果とサプライチェーン ……41

　はじめに ………………………………………………………………………………41
　第1節　日中韓におけるEPA/FTAの推進とその効果 ………………………42
　　1. 日本のFTAの締結・交渉の動き …………………………………………42
　　2. 韓国・中国におけるFTA交渉の現状 ……………………………………42
　第2節　格差が現れた中国の日本・韓国・ASEANとの貿易における
　　　　　FTA効果 ……………………………………………………………………45
　　1. 高い中国のASEANとの貿易伸び率 ……………………………………45
　　2. 中国自動車市場でASEANよりも輸出競争力を低下させる日本 …48
　第3節　タイとの貿易で中国・ASEAN・韓国よりもFTA効果が
　　　　　低い日本 ……………………………………………………………………51
　　1. タイの貿易で韓国の伸びに後れを取る日本 ……………………………51
　　2. タイでは日本車はASEANからの輸入車よりもFTA効果が低い …53
　第4節　韓国よりも低い日本のFTA利用率 …………………………………55
　　1. 求められる中小企業のFTA活用の促進 ………………………………55
　　2. FTA利用の課題と対策 …………………………………………………57

第4章　自動車産業とFTA
　　　　〜AEC実現を目指すASEANの例を中心に〜 ……………………………60

　はじめに ………………………………………………………………………………60
　第1節　ASEAN自動車産業 ……………………………………………………61
　　1. 最近のASEAN自動車産業 ………………………………………………61
　　2. ASEAN各国の自動車産業 ………………………………………………62

3．ASEAN の自動車生産 …………………………………………… 63
　　4．ASEAN の自動車販売 …………………………………………… 64
　　5．日系自動車メーカーの優位 ……………………………………… 65
　　6．ASEAN 自動車産業の輸出拠点化 ……………………………… 65
　第 2 節　ASEAN 自動車産業と FTA
　　　　　〜BBC スキーム・AICO・AFTA〜 ………………………… 66
　　1．ASEAN 域内経済協力と BBC スキーム ……………………… 66
　　2．AICO・AFTA と自動車部品補完 ……………………………… 68
　　3．AEC へ向けての AFTA の加速と自動車産業 ………………… 69
　第 3 節　ASEAN 自動車生産ネットワークと FTA
　　　　　〜トヨタ自動車の IMV の例〜 ……………………………… 71
　　1．トヨタ自動車 IMV プロジェクトとその特徴 ………………… 71
　　2．IMV の生産と輸出 ……………………………………………… 71
　　3．IMV における自動車と自動車部品補完の拡大 ……………… 72
　第 4 節　ASEAN 自動車産業と AEC ……………………………………… 74
　　1．2015 年末の AEC の実現 ……………………………………… 74
　　2．AEC が ASEAN 自動車産業に与えるインパクト …………… 75
　おわりに〜FTA が自動車産業に与える影響〜 ………………………… 76

第 5 章　企業から見た FTA の利用と課題 ……………………………… 81

　はじめに ……………………………………………………………………… 81
　第 1 節　FTA 活用の受益者 ……………………………………………… 82
　　1．輸入者 …………………………………………………………… 82
　　2．輸出者・生産者 ………………………………………………… 83
　　3．生産者への部材等の供給者 …………………………………… 84
　　4．輸出国の企業が留意すべきこと ……………………………… 84
　第 2 節　FTA 情報の収集 ………………………………………………… 84
　第 3 節　FTA 活用時の課題 ……………………………………………… 86
　　1．HS コード ……………………………………………………… 86
　　2．FTA 関税率 …………………………………………………… 88

3．FTA 原産地規則 …………………………………………………… *92*
　　4．多様化するビジネス形態 …………………………………………… *93*
　第4節　今後の FTA に期待すること ……………………………………… *96*
　　1．FTA 活用時の HS コードの統一 ………………………………… *96*
　　2．FTA に関するデータベース，相談窓口，事前教示制度の整備 …… *96*
　　3．原産地証明書の価格記載要件撤廃および電子化 ………………… *97*
　　4．輸入国税関から生産者に対する検認制度の透明性向上 ………… *97*
　おわりに …………………………………………………………………… *98*

第6章　原産地規則の現状と課題 ……………………………………… *100*

　はじめに …………………………………………………………………… *100*
　第1節　原産地規則とは …………………………………………………… *101*
　　1．FTA 原産地規則の意義と目的 …………………………………… *101*
　　2．FTA 特恵税率を受けるための要件 ……………………………… *102*
　　3．原産地規則の構成と内容 …………………………………………… *102*
　第2節　原産地規則の課題と企業の果たすべき責任 …………………… *110*
　　1．原産地規則は未経験の不慣れな概念 ……………………………… *110*
　　2．HS コード問題 …………………………………………………… *110*
　　3．FTA 物品貿易で企業が果たすべき責任 ………………………… *111*
　　4．産業構造の変化と原産地規則の整合性 …………………………… *113*
　第3節　原産地規則対応の実際と FTA 利用の拡大に向けて ………… *114*
　　1．「事前教示」制度の有効活用 ……………………………………… *114*
　　2．異なる品目別規則への対応 ………………………………………… *115*
　　3．アジア太平洋 FTA 時代における原産地規則への対応強化に
　　　向けて …………………………………………………………… *115*

第7章　ASEAN 進出日系企業の FTA 活用
　　　　　〜タイの事例〜 ……………………………………………… *118*

　はじめに …………………………………………………………………… *118*
　第1節　AFTA を中心とする ASEAN＋1 FTA の形成 ……………… *119*

1. AFTAの設置と深化に向けた取り組み ………………………… *119*
　　2. AFTAによる関税削減状況 ……………………………………… *121*
　　3. ASEAN＋1 FTAの形成とその自由化水準 …………………… *122*
　第2節　AFTAを中心とするFTAの企業の利用状況 ……………… *126*
　　1. 構築する時代から利用する時代に入ったFTA ……………… *126*
　　2. FTA毎に異なる利用規則とスパゲティボウル現象 ………… *130*
　　3. ASEAN域内貿易でも使われるASEAN＋1 FTA …………… *133*
　第3節　FTAがもたらす企業へのインパクト ……………………… *138*
　　AFTAの本格化と企業の域内生産分業 ………………………… *138*
　第4節　企業が抱えるFTA利用上の課題 …………………………… *144*
　　1. ASEAN域内で発生している問題 …………………………… *144*
　　2. 日本タイ間で発生した問題 …………………………………… *146*
　おわりに ………………………………………………………………… *150*

第8章　ACFTAやAFTAおよび日本のEPAの効果 ……… *153*

　はじめに ………………………………………………………………… *153*
　第1節　東アジアのFTAをどう活用するか ………………………… *154*
　　1. AFTAからASEAN＋1にシフト ……………………………… *154*
　　2. 東アジアのFTA/EPAの効果を比較 ………………………… *155*
　　3. サプライチェーンの決定に不可欠なFTA税率 ……………… *158*
　第2節　25の代表的な品目のFTA別の関税削減効果 ……………… *160*
　　1. タイの品目別のサプライチェーンはどのように決まるか …… *160*
　　2. タイにおける日本からの自動車部品の関税削減効果は高まるか … *163*
　第3節　業種別のタイとインドネシアの関税削減効果 …………… *164*
　　1. タイのAFTA効果が高い輸送機械・部品，食料品，雑製品 … *164*
　　2. インドネシアでFTA効果が高いのは輸送機械・部品 ……… *166*

第9章　FTAは輸入コストをいかに引き下げるか ……… *169*

　はじめに ………………………………………………………………… *169*
　第1節　FTAによって関税率は大きく異なる ……………………… *170*

第2節　FTAが輸入コストに与える影響 …………………………………… *172*
　　1．品目分野別の関税率 ………………………………………………… *173*
　　2．FTAによるコストの削減例 ………………………………………… *175*
　第3節　どのFTAを利用するか―FTAを比較する ………………………… *180*
　おわりに ……………………………………………………………………… *183*

第10章　中小・中堅企業によるFTA利用
　　　　～北陸における繊維産業の事例を中心に～ ………………… *186*

　はじめに ……………………………………………………………………… *186*
　第1節　企業によるFTA/EPA利用の状況 ………………………………… *187*
　　1．拡大するFTA/EPA利用 …………………………………………… *187*
　　2．伸びの低い中堅・中小企業によるFTA/EPA利用 ……………… *187*
　第2節　北陸地域と繊維産業 ………………………………………………… *189*
　　1．北陸地域の産業の特徴 ……………………………………………… *189*
　　2．北陸地域の繊維産業 ………………………………………………… *190*
　　3．北陸企業の国際化の現状 …………………………………………… *191*
　　4．北陸企業の海外進出の現状 ………………………………………… *192*
　第3節　アジアの繊維産業と日本 …………………………………………… *193*
　　1．ASEANにおける繊維産業概観 …………………………………… *193*
　　2．日本の繊維製品輸入先の推移 ……………………………………… *197*
　　3．日本の繊維品輸入関税にかかわる基準 …………………………… *198*
　　4．北陸繊維企業によるFTA/EPA利用例 …………………………… *200*
　おわりに ……………………………………………………………………… *202*

第11章　関税以外の分野のFTA利用 ……………………………………… *205*

　はじめに ……………………………………………………………………… *205*
　第1節　非関税障壁 …………………………………………………………… *206*
　　1．非関税措置とは ……………………………………………………… *206*
　　2．日本のEPAでの非関税障壁撤廃に関する規定 ………………… *208*
　　3．特定セクターの非関税障壁撤廃を規定するEUのFTA ……… *209*

4. 具体的な取組みを始めた ASEAN ………………………………*210*
　　5. 非関税障壁撤廃の恩恵と企業 ……………………………………*211*
第2節　サービス貿易………………………………………………………*212*
　　GATS を上回る自由化約束 …………………………………………*212*
第3節　投資…………………………………………………………………*214*
　　投資自由化とは…………………………………………………………*214*
第4節　人の移動……………………………………………………………*216*
第5節　政府調達……………………………………………………………*218*
おわりに…………………………………………………………………………*219*

索引 ………………………………………………………………………………*221*

第1章

日本企業はFTAをどう活用すべきか
～WTO多角的貿易交渉の停滞と代替手段としてのFTA～

はじめに

　世界で自由貿易協定（FTA）が増加傾向を見せ始めたのは90年代前半であるが，その流れが加速したのは2000年代前半以降になってからのことである。その背景には，世界貿易機関（WTO）多角的貿易交渉が幾度となく暗礁に乗り上げ，情勢打開すらままならない場面が長く続いたことがある。WTOは関税と貿易に関する一般協定（GATT）を発展的に改組する形で1995年1月に華々しく船出したものの，その航海は順調とは言えず，幾度となく漂流寸前に陥った。WTO多角的貿易交渉の行方を悲観視したASEANなど東アジア地域では，WTOを横目に見ながらもFTA推進に向けて舵を切った。

　日本は，2015年12月時点で東アジアを中心に経済連携協定（EPA）を15本，ASEANとのEPAを含めれば17ヵ国と締結し，日本からの輸出環境の整備に取り組んでいる。その一方，日本企業の海外展開も年々進展しており，海外に生産拠点を有する企業についてみれば，生産額全体の3分の1超を海外で生産するまでになっている。

　FTAは特定国・地域内の関税削減・撤廃を通じ，締結国間の貿易が拡大する「貿易創出効果」を期待できる。FTAによるわずか数％の関税削減効果でも，実際には法人税実効税率引き下げ以上のインパクトがあり，企業は使い漏れがないようにすることが肝要である。しかし，ASEANにおいて，異なる5つのFTAや二国間FTAが混在し，利用規則や条件も異なることから，利用企業が二の足を踏むこともある。一層の活用促進には，2015年10月に大筋合

意した環太平洋経済連携協定（TPP）を参考に，地域大で単一の通商ルールの導入が望ましいい。

本章では，WTO が多角的貿易交渉を巡り機能不全に陥り，ASEAN を中心とするアジア各国は FTA に傾斜しつつある中，日本企業の FTA 活用の現状と課題を考える。更には，アジア太平洋において進むメガ FTA 構想，特に東アジア地域包括的経済連携（RCEP）を取り上げ，その機会と課題を述べていく。

第 1 節　WTO 交渉の停滞と FTA への潮流

1. 世界の FTA 構築状況と多角的貿易交渉

自由貿易協定（FTA）と関税同盟を総称して地域貿易協定（RTA）と呼ばれる。FTA とは，関税およびその他の制限的な通商規則を，実質上の全ての貿易について取り除くことにより，一定地域内の貿易自由化を目指すものである。一方，関税同盟は FTA 同様，域内の関税およびその他の制限的な通商規則を実質上の全ての貿易について撤廃すると同時に，各締約国が域外から輸入する産品に対する関税およびその他の通商規則を実質的に共通化するものである。

世界で最も古い RTA は，1956 年に中東アフリカ地域のボツワナ・マラウイ間で結ばれた。RTA を締結する場合，世界貿易機構（WTO）はその締結国に対し通報を求めている。WTO 通報ベースの世界の RTA 発効件数は 271 件にのぼる（2015 年 7 月時点）。

5 年毎に RTA 締結状況をみると，世界で RTA 締結件数が増加傾向を見せ始めたのは 90 年代前半からである。90 年代前半，世界は地域経済圏の構築に歩を進めた。欧州では 1992 年に欧州連合条約に調印，欧州連合（EU）が誕生した。また同年，アメリカ大陸では米国，カナダ，メキシコ 3 ヵ国による北米自由貿易協定（NAFTA）が署名された。これら欧米での動きに刺激を受ける形で東南アジア諸国連合（ASEAN）も，独自の自由貿易地域「ASEAN 自由貿易地域（AFTA）」創設に動いた。

第 1-1 表　世界の RTA 数（地域別年代別）

	アジア大洋州	米州	欧州	中東・アフリカ	ロシア・CIS	地域横断	合計
1955〜59			1	1			2
1960〜64		1	1	1			3
1965〜69							0
1970〜74		1	1			2	4
1975〜79	2					1	3
1980〜84	2	1					3
1985〜89		2		1		2	5
1990〜94	4	1	5	1	6	1	18
1995〜99		5	3	9	16	6	39
2000〜04	9	7	5	7	3	19	50
2005〜09	20	7	4	3	2	36	72
2010〜14	13	10	7		1	35	66
2015〜	1		1		1	1	4
年代不明				2			2
合計	51	35	28	25	29	103	271

（注）　2015 年 7 月時点。
（資料）　世界貿易投資報告（2015 年版／ジェトロ）。

　RTA の構築ペースが加速化したのは 2000 年代前半である。この期間，特にアジア太洋州地域諸国が RTA 締結に傾斜した背景には，WTO 多角的貿易交渉が幾度となく暗礁に乗り上げ，情勢打開すらままならない場面が目立つようになってきたことが背景にある（第 1-1 表）。欧米など FTA を既に広範囲に締結している国々に比べ，自らの経済成長を輸出指向型投資の誘致とそれら企業による輸出をエンジンに据えている国が多い ASEAN 各国は，相対的な価格競争力の下落に伴う輸出機会の喪失等を中心とした経済的損失の拡大や投資誘致力の低下を懸念したことがあげられる。

2. GATT 設立の背景と貿易自由化に向けた取り組み

　もともと 1939 年に始まった第二次世界大戦は「閉鎖的なブロック経済圏が

誘発した」とされる。欧米等世界の主要各国は，1929年に発生した世界恐慌に対処すべく，次々とブロック経済政策を採用，複数の国々または本国と植民地や半植民地，従属国が形成する経済圏を構築した。ブロック内は特恵関税の適用を通じて域内市場を確保する一方，域外からの輸入には高関税を課してブロック内産業・市場を保護する保護主義的貿易政策を採った。それらブロック経済圏が第二次世界大戦を誘発したとする反省のもと，自由・無差別・多角的な世界貿易体制の構築を目指し，1947年に関税と貿易に関する一般協定（GATT）が創設された。

GATTは，全ての加盟国に同等の貿易条件を付与する最恵国待遇の原則，輸入品と国産品を同等に扱う内国民待遇の原則を掲げ，国際貿易を規律してきた。自由貿易協定（FTA）は地域や国を限定した自由化を行うという点で，最恵国待遇の原則とは相容れない関係にある。しかしGATTの後継であるWTOは現在，高度な自由化を推進する目的のFTAであれば，世界貿易の自由化につながるものとして例外的に認めている。

GATTが設立されて以降，8度にわたる貿易自由化交渉（ラウンド）を実施し，貿易拡大・自由化に貢献してきた。特に第1回目から第5回目のラウンドは鉱工業品関税の削減に主眼が置かれてきたが，1964年に始まったケネディ・ラウンド（1967年まで）ではそれに加えて，補助金・アンチダンピングを次ラウンドで交渉範囲に加えることを決めた。

また1986年に開始されたウルグアイ・ラウンド（1994年まで）では，農業，サービス，知的財産権，紛争処理解決，を次ラウンドでの交渉範囲とする決定がなされた。更にウルグアイ・ラウンドでは，東京ラウンドで合意された各種の協定が任意参加であったことにより，結果的にGATT加盟国間によって適用される権利と義務が異なったことに対する反省から，「全てで合意するまでは何の合意にも達しない」という一括受諾方式，いわゆるシングルアンダーテイキングの導入を決めた。しかし，同方式の導入が現在のドーハ・ラウンド交渉を一層難しくしたことは否めない。

3．WTOの発足とドーハ・ラウンドの難航

1994年4月にモロッコ・マラケシュで終結したウルグアイ・ラウンドでは，

同ラウンドで合意された諸協定を実施、運営、管理するべく「世界貿易機関（WTO）を設立するマラケシュ協定」を締結、1995年1月に国際機関としてWTOが設立された。従来のGATTは物品貿易を掌握する法的根拠を有しない事実上の国際機関であったが、WTOはその掌握範囲を拡大し、前述のマラケシュ協定を法的根拠としている。

GATTを発展的に解消する形で発足したWTOは、GATTに比べ、ⅰ）既存の貿易ルールの強化の一環で農業や繊維など特定の物品の貿易に関する協定を作成すること、国際貿易のルール（アンチダンピング、セーフガード等）に関する既存の協定を改正して内容を拡充すること、ⅱ）新しい分野のルール策定として、サービス貿易や貿易に関連する知的所有権、投資措置に関する協定を作成すること、そして、ⅲ）紛争解決手続きの強化、ⅳ）諸協定の統一的な運用の確保、の一環で一括受諾方式を明記し、加盟国の権利・義務関係を明確化した。

WTOにおいて閣僚会議は最高意思決定機関会合と位置付けられ、通常2年毎に開催される。最終的な意思決定はコンセンサス（全員一致）方式が取られている。最初の閣僚会合は1996年12月にシンガポールで行われたが、ここでは貿易円滑化等のシンガポール・イシューを議論した。1998年に行われた第2回閣僚会議では、自由な電子商取引環境の整備を促すとともに、電子送信に対する関税の不賦課原則について合意した。

そして1999年11月に米国シアトルで開催された第3回WTO閣僚会合では、ウルグアイ・ラウンドに次ぐ新多角的貿易交渉（ミレニアム・ラウンド）を2000年1月に開始すべく、その立ち上げを目指したものの、先進国と開発途上国との対立や、開発途上国側のWTOにおける意思決定の透明性への懸念から、新ラウンドの立ち上げは失敗に終わった。前述の通り、WTOの意思決定には全加盟国のコンセンサスが必要になる。1994年にマラケシュ宣言に署名しWTO発足を決めた際は128ヵ国であった。しかし、年々WTO加盟国数は増加、2015年4月時点で161ヵ国にまで膨らんでいる。それだけの加盟国数を抱えるWTOが、閣僚会議のみで合意を形成することは難しい。そのため、基本的に影響力のある少数国が非公式に参集、その非公式会合で交渉の流れが予め作られていた。その一方、非公式会合に参加出来ない開発途上国

は，不透明な意思決定過程に不満を募らせていった。

このように新ラウンド立ち上げ失敗に伴う反省から，2001年11月の第4回閣僚会合で，開発途上国の要求にも配慮することで漸くドーハ開発アジェンダ（ドーハ・ラウンド）が立ちあがった。しかし，「期待」を持って始まったドーハ・ラウンドは幾度となく困難に直面，前進すらままならない状況に各国の失望感は広がった。2008年7月のWTO非公式閣僚会合では，農業，NAMA（非農産品市場アクセス）について交渉の基本的ルールである「モダリティ」合意を目指していたが，新興国に追加的な貢献を求める米国と，他の開発途上国以上の負担には断固として応じないとした中国やブラジル，インド等との対立により，合意寸前で交渉は決裂した。

4．新たなアプローチで打開を目指すWTO

2008年にWTO非公式閣僚会合でモダリティ合意が決裂して以降も膠着状態が続いた結果，2011年12月にジュネーブで開催された第8回WTO閣僚会議では，一括合意方式は実現不可能であることを認め，有望な個別分野の部分合意等を積み上げる「新たなアプローチ」を試みることになった。このアプローチによって，部分的ではあるが再び動き始めた分野もある。

2013年12月にインドネシア・バリで開催された第9回閣僚会議で，ⅰ）貿易円滑化，ⅱ）農業，ⅲ）開発，の3分野の部分合意およびドーハ開発アジェンダの今後の作業計画策定を内容とする「バリ合意」が妥結した。そのうち貿易円滑化協定については，同協定をWTO協定に追加するための改正議定書の2014年7月までの採択を目指した。しかし，インドが貿易円滑化協定の採択と引き換えに，食料補助金と食料安全保障目的の公的備蓄に関する恒久的な解決を求めた結果，同協定は採択出来なかった[1]。ここでもコンセンサス方式の弊害が出た。

また，バリ合意以外の分野における作業計画について，2015年7月末までの策定を目指していた。特に農業では，関税および国内補助金の削減方式の簡素化，先進国による輸出補助金の撤廃，NAMAでは関税削減方式の簡素化が主要な論点であった。しかし結局，2015年7月末の期限までに策定できず，ドーハ・ラウンドが再び「漂流」する懸念が強まっている。

ただし，部分的ではあるが前向きな成果も出てきている。これまで見てきた通り，全加盟国での交渉，そしてコンセンサス方式による合意は困難が伴う場合が多い。そのため，交渉分野を限定し，有志国で交渉する方式（プルリ交渉）で先行して合意を目指す動きがある。現在，プルリ交渉が行われているのが，ⅰ）情報技術協定（ITA）拡大交渉（2012年5月交渉開始），ⅱ）環境物品交渉（2014年7月交渉開始），ⅲ）新たなサービス貿易協定（TiSA）交渉（2013年6月本格交渉開始），である。このうちITA拡大交渉については，交渉の成果を最恵国待遇原則に従いWTO全加盟国に均霑する手法を採る。一方，TiSA交渉については，その成果は交渉参加国・地域に限られるなど，成果の均霑がない排他型なものとなっている。ただし，TiSAについては参加国を増やし，将来的には現行のWTOサービス協定を改正・上書きすることを目指している。

　ITAについては，もともと1996年12月にシンガポールで開催された第1回WTO閣僚会議において，29ヵ国で157品目のIT製品の関税撤廃に合意したのが始まりである。現在までにITAへの参加は78ヵ国・地域に拡大している。合意から約20年が経過，同協定をIT製品の多機能化・高機能化，新たな機能を備えた製品の登場に対応させるべく，2012年5月に53ヵ国・地域の有志国で対象品目拡大交渉が開始された。同交渉は，最も多くのセンシティブ品目を抱える中国が譲歩を渋り，交渉は度々中断を余儀なくされたが，2014年に中国・北京で開催されたAPEC首脳会議において，米国と中国とで対象品目について合意，これを受けてITA拡大交渉が再開された。その結果，2015年7月，1997年に発効した従来のITA対象品目に新たに201品目を加えることが確定した。今回の品目には，デジタルAV機器，デジタル複合機・印刷機，半導体製造装置，新型半導体，通信機器，医療機器等が含まれる。ITA拡大交渉での品目確定は，WTO多角的貿易体制に何度も幻滅させられてきた加盟各国の僅かな希望となっている。

第2節　FTA利用とそのメリット

1. FTA利用によるコスト削減効果

　前述のとおり，WTOは高度な自由化の推進に資するFTAであれば，世界貿易の自由化につながるものとして例外的に認めている。その要件は，物品貿易ではGATT第24条で，サービス貿易についてはGATS（サービスの貿易に関する一般協定）第5条で，それぞれ規定されている。その要件とは，ⅰ）「実質的に全ての貿易」の自由化を行うこと，ⅱ）自由化は「10年以内に行うこと」，ⅲ）FTA等を締結した前後で関税等がより高くまたは制限的でないこと，である。ただし，開発途上国がFTAを締結する場合，開発途上国に対する貿易上の特別待遇の根拠を定めた「授権条項」によって例外とされる。WTOに通報されたFTAについて，GATT第24条およびGATS第5条を根拠とするFTAの場合は地域貿易協定委員会（CRTA）に，また授権条項を根拠とするFTAの場合は貿易・開発委員会（CTD）に通報，審査される。

　FTAの効果は，大きく静学的効果と動学的効果に分けられる。静学的効果は，経済厚生の変化を伴う貿易創出効果や貿易転換効果などが代表的である。貿易創出効果とは，関税削減・撤廃による価格低下によって新たな需要が創出されることによりFTA締結国間の貿易が拡大する効果を指す。一方，貿易転換効果とは，関税削減・撤廃が締結国同士に限定されるため，締結国外からの輸入が，締結国からの輸入に転換される効果を指す。

　一方，動学的効果は，生産性上昇や資本蓄積等を通じて経済成長に影響を与える効果，市場の拡大による規模の経済の実現，研究開発投資や技術の伝播効果を媒介とした技術進歩，締結相手国の政策や規制に関する不確実性の減少などがあげられる。

　特に，企業サイドはFTAに対して，関税削減・撤廃による価格低下，いわゆる貿易創出効果に最も期待している。ただし，FTAによる関税削減のインパクトは当然のことながら，輸入国の関税水準によって大きく異なる。例えば，一部のアルコール品を除き関税が撤廃されているシンガポールでは，ほと

第1-2表 ASEAN製造法人におけるFTAコスト削減効果と法人税削減の比較

[FTA利用によるコスト削減効果]

項目		FTA利用せず	FTA利用
製造原価 (100)	原材料費	59.7	59.7
	関税 (5%)	3.0	
	人件費	18.0	18.0
	その他費用	19.4	19.4
営業費用		10.0	10.0
経常利益(5.3%)		5.8	5.7
合計		115.8	112.7
FTAコスト削減効果			▲ 3.14

[支払い法人税額]

国名	法人税率	支払税額	日本との税額差
日本	34.62%	2.02	0.00
日本(注2)	32.11%	1.87	▲ 0.15
フィリピン	30%	1.75	▲ 0.27
インドネシア	25%	1.46	▲ 0.56
ベトナム	22%	1.28	▲ 0.74
タイ	20%	1.17	▲ 0.85
シンガポール	17%	0.99	▲ 1.03

(注1) 製造原価の構成および経常利益率は,在ASEAN日系製造法人の平均を使用。ここでは原材料は全て輸入調達したと仮定。
(注2) 日本は2015年度に税制改正を行った。
(資料) アジア・オセアニア日系企業活動実態調査（2014年12月／ジェトロ），第44回海外事業活動基本調査（METI）。

んどの企業でFTAは敢えて使う必要がない。しかし，特恵マージンが高ければ高いほど，FTA適用の可否が競争条件に大きく影響する。一部の企業からは「関税削減効果数％は，為替変動次第で吹き飛んでしまう」との声も聞かれるが，わずか数％の関税削減効果であっても，その実際のインパクトは見た目以上に大きい。

関税削減のインパクトを，モデルを使いながら法人税減税効果と比較する（第1-2表）。ASEANにある製造法人が原材料を全量輸入して製造する場合を見る。原材料費・人件費は，アジア・オセアニア日系企業活動実態調査で製造原価を100とした場合の平均（原材料費：59.7／人件費：18.0）を置いた。また，営業費用を10に，売上高経常利益率は経済産業省調査（2013年度実績）結果のASEAN10ヵ国平均（5.3％）を，それぞれ置いた。また，原材料を輸入する際の関税率を5％と仮定し，そこでFTAを「利用しない場合」と「利用した場合」とで最終コスト差を見た。この場合，FTAを利用した場合は利用しない場合に比べ，コスト削減効果は▲3.14である。

一方，このモデルで算出された経常利益額に法人税が課された場合の法人税

額を見る。日本の場合，これまで法人税実効税率は34.62%（国税23.79%，地方税10.83%）であった。しかし，産業界より法人税軽減を求める声が高まり，安倍政権もこれに呼応する形で2014年6月24日に閣議決定した「経済財政運営と改革の基本方針2014」（いわゆる「骨太方針」）で，数年間で法人実効税率を20%台まで引き下げることを表明した。それを踏まえ2015年度の税制改正では，実効税率は32.11%へと削減された。日本政府が想定する「20%台」とは，どの水準を指すかは明確化されていないが，仮にこれまで34.62%であった日本の法人実効税率をタイと同水準の20%へ，14.62%ポイント削減を決断し実行した場合，法人税支払い額は2.02から1.17へと削減されるが，その削減幅は▲0.85に過ぎない。関税5％の場合のFTAコスト削減効果が▲3.14であることから考えても，FTA利用による関税コスト削減効果の大きさが分かる。FTAで削減した関税コスト▲3.14については，その分を値下げに回すことで価格競争力向上を通じたシェア拡大を目指すことも出来る。また，原産地証明書取得手続きを行う輸出者側に利益を一部還元した上で，残りを輸入者の税前利益に上積みすることも考えられる。これらは，輸入者側が自らの

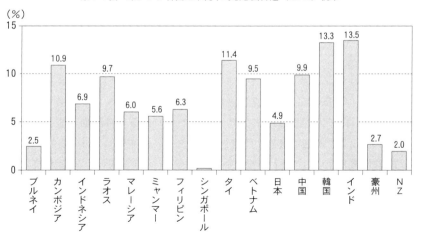

第1-1図　東アジア各国の単純平均最恵国待遇（MFN）税率

（注）　2013年時点。但しブルネイは2011年，カンボジアは2012年，ラオスは2008年。
（資料）　World Tariff Profile 2014 (IMF), World Trade Profile 2014(IMF).

戦略に応じて分配出来る重要な原資となる。企業はたとえ数％と言えども，コスト削減効果は見た目以上に大きいことを理解し，FTA の使い漏れがないように注意する必要がある。

　今回，原材料を輸入する際の関税率を 5％と仮定してコスト削減効果を算出したが，東アジア各国の単純平均最恵国待遇（MFN）税率をみると，日本は 4.9％であるが，ASEAN ではブルネイ，シンガポールを除き全ての国で 5％を上回っている（第 1-1 図）。特に ASEAN 先発加盟国のうちタイは平均で 11.4％と 2 桁台に達する。また，中国，韓国，インドについても関税水準が高いことが分かる。つまり，シンガポールやブルネイなど極端に関税水準が低い国を除き，東アジア各国との貿易を行う企業は FTA 利用を検討する必要がある。

2. 日本が進める FTA／EPA による通商環境整備

　日本は，2015 年 12 月時点で東アジアを中心に経済連携協定（EPA）を 15 本，ASEAN との EPA を含めれば 17 ヵ国と締結している。日本が締結しているこれら EPA について，日本の貿易額（2014 年の貿易統計ベース）に占める EPA 締結国との貿易の割合，いわゆる FTA カバー率をみると，輸出では 20.7％，輸入では 23.7％，往復貿易額で 22.3％に過ぎない。輸出についてみると，日本は上位輸出相手国と EPA を締結していない。具体的に，最大の輸出相手国は米国であり輸出総額の 18.6％を占める。これに中国（同 18.3％），韓国（同 7.5％），台湾（同 5.8％），香港（5.5％）がトップ 5 であるが，日本はこれら国々との間で EPA／FTA はない。一方，輸入についてみると，中国が最もシェアが高く 22.3％，これに米国（8.8％），豪州（5.9％），サウジアラビア（同 5.9％），UAE（5.1％）が続く。この中で EPA があるのは 2015 年 1 月に発効した豪州のみである。

　現在，日本は環太平洋経済連携協定（TPP），東アジア地域包括的経済連携（RCEP），日 EUFTA 等メガ FTA と呼ばれる巨大経済圏構築に向け締結交渉を行っている。2015 年 10 月には TPP が大筋合意に達し，大きな節目を迎えた。日本の往復貿易額に占める各々のメガ FTA の割合は，既存の FTA 締結国を除き TPP で 14.9％，RCEP で 26.4％，日 EU が 9.9％である。その結果，

現行のFTAカバー率22.3%に今般大筋合意に達したTPPが加わると37.2%，更に他のメガFTAが加わると，FTAカバー率は73.3%になる。また，日本はメガFTA以外にも，トルコ，コロンビア，湾岸協力会議（GCC）等ともFTA／EPA締結交渉を行っており，これらも含めたFTAカバー率は84.6%に達する。そのため，日本が現在交渉を行っているFTA／EPAを着実に仕上げることが，日本の通商環境及び競争力向上に繋がる。

当該国の総品目数のうち，FTAで関税が撤廃されている品目の割合をいわゆる自由化率と呼ぶ。日本の総品目数（タリフライン）はHS9桁で9018品目あるが，WTO加盟国に対してMFNベースで約3640品目（鉱工業品3150品目，農水産品約490品目）について関税が撤廃されている。更にEPAによって日本は関税を撤廃する品目数を上乗せしている。これまで日本は東アジアを

第1-3表　日本の経済連携協定（EPA）の自由化率

EPA相手国	発効	日本側		相手国側
		品目数ベース	貿易額ベース	貿易額ベース
シンガポール	2002年11月	84.4%	94.7%	100.0%
メキシコ	2005年4月	86.0%	86.8%	98.4%
マレーシア	2006年7月	86.8%	94.1%	99.3%
チリ	2007年9月	86.5%	90.5%	99.8%
タイ	2007年11月	87.2%	91.6%	97.4%
ブルネイ	2008年7月	84.6%	100.0%	99.9%
インドネシア	2008年7月	86.6%	93.2%	89.7%
ＡＳＥＡＮ	2008年12月	86.5%	93.2%	―
フィリピン	2008年12月	88.4%	91.6%	96.6%
スイス	2009年9月	85.6%	99.3%	99.7%
ベトナム	2009年10月	86.5%	94.9%	87.7%
インド	2011年8月	86.4%	97.5%	90.3%
ペルー	2012年3月	87.0%	99.7%	99.9%
豪州	2015年1月	88.4%	93.7%	99.8%
モンゴル	―	85.5%	96.0%	100.0%
TPP	―	95%	95%	99.0～100.0%

（資料）　外務省，内閣官房TPP政府対策本部資料，衆議院外務委員会。

中心に 15 本の経済連携協定を 17 ヵ国と締結しているが，その中で自由化率が最も低いのが，日本にとって最初の EPA であるシンガポール（2002 年 11 月発効）で 84.4％，最も高いのがフィリピンおよび豪州との EPA で 88.4％である（第 1-3 表）。

日本は 2013 年 7 月，「アジア太平洋地域の成長を日本に取り込む」こと，更には「アジア太平洋地域の新たな貿易・経済活動のルールの礎」となる可能性があることを踏まえ，TPP 交渉に参加した。TPP は例外なき関税撤廃を目指すことを基本に交渉が進められ，2015 年 10 月に米アトランタで開催された閣僚会合で約 5 年半の交渉の末，大筋合意に達した。日本の TPP における自由化率は 95％であり，少なくとも日本は 7 ％分程度の自由化率が上乗せされた。

日本は，TPP 交渉に先立ち，コメ，麦（小麦・大麦），牛肉・豚肉，牛乳・乳製品，甘味資源作物（砂糖・でんぷん）を指す農林水産物の重要 5 項目について，衆参両院の農林水産委員会は関税撤廃対象から除外または再協議の対象とする「聖域」とするよう政府に求めてきた。これら重要 5 項目はタリフラインベースで 586 品目であり，タリフライン全体の 6.5％を占めていたが，これらのうち 174 品目で関税撤廃を決断した。

日本政府は TPP 交渉への参加直前である 2013 年 5 月，TPP の経済全体および農林水産物生産に与える影響について，政府統一の試算を公表した。これによれば，日本は TPP 参加に伴う関税撤廃のみによって農林水産物の生産額が 3 兆円減少する一方，実質 GDP 全体では 0.66％（約 3.2 兆円）分が底上げされると試算している。0.66％の内訳は，消費拡大効果が 0.61％，輸出拡大効果は 0.55％，そして投資が 0.09％である。一方，輸入拡大による GDP の減損効果は▲0.6％である。TPP は，関税削減交渉（物品市場アクセス）に加えて，非関税措置の削減やサービス，投資の自由化等全体の交渉範囲は 21 分野にのぼり，電子商取引や労働等は WTO でもルール化されていない。これら広範囲な分野で「21 世紀型新通商ルール」が取り入れられた TPP が大筋合意したことは，前進が困難になっている WTO を補完する意味でも，また他のメガFTA に刺激を与えたという意味でも，大きな転換点を迎えた。

3. 日本企業の海外展開の進展と第三国間 FTA

　日本企業の対 ASEAN 進出は，概して 1950〜60 年代の輸入代替工業化時代に始まる。しかし，同政策をベースとした経済成長・工業化に限界を感じた ASEAN 各国は，輸出指向型投資を積極的に受け入れることで経済成長を目指す輸出指向型工業化路線に切り替えた。その輸出指向型工業化に追い風となったのが「プラザ合意」である。1985 年 9 月，米国ニューヨークのプラザホテルで行われた先進 5 ヵ国蔵相・中央銀行総裁会議，いわゆる G5 で，米国の貿易・経常赤字解消を目的に，ドル高是正のため G5 各国が為替相場に協調介入することで合意した。当時，為替相場は 1 ドル 240 円台で推移していたが，プラザ合意の発表後に急激に円高が進行，同年内には誘導目標であった 1 ドル 200 円を割り込んだ。しかし，それ以降も円高の流れは止まらず，2 年後の 1987 年には 150 円を切った。

　急激な円高ドル安により，日本国内で生産・輸出していた企業は汎用品を中心に価格競争力を喪失した。そのため，新たな製造・輸出拠点を賃金のより安

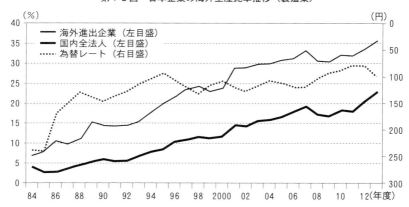

第 1-2 図　日本企業の海外生産比率推移（製造業）

（注 1）　2001 年度に業種分類の見直しを行ったため，2000 年度以前の数値とは断層が生じている。
（注 2）　「海外現地法人」とは，「海外子会社」（日本側出資比率が 10% 以上の外国法人）と「海外孫会社」（日本側出資比率 50% 以上の海外子会社が 50% 超の出資を行っている外国法人）の合計。
（資料）　海外事業活動基本調査（経済産業省）各年版。

価なアジア，特に ASEAN に求める企業が相次いだ。プラザ合意を境に，日本企業は ASEAN を中心としたアジアにラッシュ的に進出，第三国向け輸出拠点を次々と設置した。その結果，ASEAN は汎用品を中心に，日本企業の欧米等第三国向け輸出拠点の役割を担うようになった。

　ASEAN 各国はプラザ合意以降も，度々円高に悩まされた日本企業の投資の受け皿となった。プラザ合意があった 85 年からの 10 年間は，日本企業にとって円高への対応が常に求められた 10 年であったと言えよう。1995 年には円の対ドル為替レートが過去最高値となる 79 円 75 銭を記録するなど 80 円をも割り込んだ。継続的な円高傾向により，日本企業は生産拠点を次々と ASEAN にシフトさせていった。

　その動きは日本企業の海外生産比率にも表れている。海外事業活動基本調査（経済産業省）によれば，1985 年度時点で日本企業の製造業全体における海外生産比率は 2.9％であった。一方，海外に拠点を持つ企業を対象とした海外生産比率は 8.0％であった。以降，円高傾向の継続に伴い，海外生産比率も右肩上がりで上昇を続けた。直近の 2013 年度では，日本の製造業全体における海外生産比率は 22.9％，海外進出企業に絞った海外生産比率は 35.6％に達している。海外に生産拠点を有する企業についてみれば，生産額全体の 3 分の 1 超を海外で生産するまでになった（第 1-2 図）。

　海外生産比率の上昇を牽引したのは機械分野である。業種別で統計が遡れる約 20 年前の 94 年度と 2013 年度とを比較すると，中でも輸送機械について 94 年度の海外生産比率（対象は全国内法人）は 16.9％であったが，2013 年度には 43.7％へと大幅に上昇している。自動車等に代表される最終アッセンブラーの海外進出が，サプライヤーの海外投資および海外生産拡大をもたらした。またこの間，13.0％であった電気機械は，分類の変更により同機械と情報通信機械に分かれたが，各々17.7％，30.4％となった。当時，7.5％であった一般機械は，汎用機械，生産用機械，業務用機械に再分類され，各々27.6％，13.6％，18.4％となるなど，特に汎用機械分野で海外への生産シフトが行われた。

　1985 年のプラザ合意以降，日本企業の海外展開は，中間所得層の拡大に伴う内需指向型投資もあるが，概して円高への対応を迫られた結果，特に汎用品の輸出を中心とする製造拠点を海外に移していった側面が強い。日本企業の海

第1-4表　東アジア各国・地域のFTAカバー率（2014年）
(単位：%)

	往復貿易	輸出	輸入
日本	22.3	20.7	23.7
ASEAN	59.9	58.7	61.1
中国	18.7	15.3	22.8
韓国	41.1	43.1	39.0
インド	17.2	19.9	15.3
豪州	44.1	43.8	44.5
NZ	48.9	51.1	46.9

（資料）　世界貿易投資報告（2015年／ジェトロ）。

外進出・生産は，特に初期段階を中心に，日本での生産に用いていた資本財・中間財・原材料等をそのまま供給するなど，日本からの輸出を誘発した。しかし進出を果たした企業は，為替変動に伴うリスクの回避や調達コスト削減を目的に，徐々に現地調達やASEAN周辺国からの調達の比率を向上させていくとともに，輸出先も多様化させていった。このように日本企業の海外拠点での生産機能の拡充や調達先・輸出先の多角化に加え，1993年から始まったASEAN自由貿易地域（AFTA）や，2000年前後を境に，ASEANがFTA構築に舵を切ったことから，ASEANにはより有利な通商環境が整備され，在ASEAN日系企業は中国や韓国など日本とはEPAがない国・地域であっても，より低廉なFTA特恵関税で輸出できるようになっている。

東アジア地域においてFTAカバー率はASAENで最も高く約6割（59.9%）に達する。FTAを戦略的かつ積極的に構築してきた韓国をも大きく上回っている。ASEANは東アジアで最も通商条件が優れている地域と言える（第1-4表）。

4. ASEANのFTAを活用する日本企業

ASEANに進出している日系製造業について，インドネシア，タイを除き概して輸出指向型が中心である。ジェトロが実施した日系企業活動実態調査によ

第2節 FTA利用とそのメリット　17

第1-5表　在ASEAN日系製造企業の売上高に占める平均輸出比率と輸出先内訳

(単位：％)

	平均輸出比率	輸出全体	日本	ASEAN	中国	米国	欧州	その他	回答企業数
ASEAN	49.9	100.0	41.9	29.1	5.8	5.1	4.8	13.2	1,245
カンボジア	80.0	100.0	73.1	13.6	5.7	7.1	0.0	0.4	15
インドネシア	35.9	100.0	39.3	28.7	4.2	4.8	6.1	16.9	268
ラオス	78.3	100.0	43.8	56.2	0.0	0.0	0.0	0.0	6
マレーシア	55.2	100.0	30.8	40.4	8.1	5.4	3.7	11.8	186
ミャンマー	44.4	100.0	47.5	5.0	5.0	2.5	10.0	30.0	8
フィリピン	63.6	100.0	53.4	16.8	4.6	5.9	4.1	15.3	88
シンガポール	63.6	100.0	15.5	56.2	6.8	1.4	6.2	14.1	50
タイ	37.3	100.0	39.1	29.1	6.5	5.2	5.4	14.8	354
ベトナム	67.4	100.0	53.7	22.3	5.3	5.8	4.0	8.9	270

(資料)　アジア・オセアニアの日系企業活動実態調査 (2014年／ジェトロ)。

れば，在ASEAN日系製造企業の売上高に占める平均輸出比率と輸出先内訳をみると，平均輸出比率は最もインドネシアが低く35.9％，これにタイが37.3％で続くなど，これら両国は内需向けに製品を供給している企業も多い。一方，後発加盟国を除き，輸出比率が高いのはフィリピンとシンガポールで平均63.6％，これにマレーシアが55.2％で続く。その結果，ASEAN全体での平均輸出比率は49.9％である（第1-5表）。

一方，輸出先は概して日本とASEAN域内に集中している。在ASEAN日系製造企業の輸出全体を100とした時，平均の日本向け比率は41.9％，これにASEAN向けが29.1％で続く。その結果，日本とASEAN向け輸出だけで輸出全体の7割を超える。これに中国が5.8％で続く。ASEANは，日本とASEAN域内，中国との間でそれぞれFTA／EPAを締結しており，在ASEAN日系企業は，より有利な特恵関税で輸出出来る環境にある。

日本企業では，もともとASEANを第三国向け輸出拠点と位置付けている企業も多く，その場合，投資誘致機関から資本財や原材料・部材の免税措置を取得しているケースや，フィリピンに代表されるように，最終生産品は輸出向

第1-3図　在ASEAN日系企業のFTA・EPA利用率

(注)　2006〜09は製造業のみ。以降、全産業。
(資料)　在アジア・オセアニア日系企業活動実態調査（ジェトロ）各年版。

けを前提にしているため、輸出入に関税が課されない輸出加工区（EPZ）に立地している企業も多い。しかし、ASEAN自体が毎年高い経済成長を続け、徐々に市場として見做されるようになってきたこと、ASEAN域内で継続的にAFTA特恵関税が低減してきたこと、ASEANのFTAネットワークが東アジアに拡大していること、等と相俟ってFTAが活用されるようになってきた。

　在ASEAN日系企業のFTA利用状況について、2006年時点での利用率は輸出入とも2割以下にとどまっていた（輸出：19.7%、輸入：16.0%と）[2]。以降、輸出は2010年で4割、輸入は2013年で4割を超え、2014年には輸出で42.6%、輸入で42.4%となった（第1-3図）。

　その中で、ASEANがFTAを締結している国・地域と貿易取引を行っている在ASAEN日系企業に対し、FTA毎に利用の有無を聞いた（第1-6表）。まず輸出について、在ASEAN日系企業の中で実際にASEAN域内向けに輸出している企業のうち、AFTAを利用している企業は46.0%にのぼる。AFTAは在ASEAN日系企業の中でも広範に認知されている。特に業種別で、輸送機械器具分野での利用率は63.6%に達し、電気機械器具（39.8%）、一般機械器具（39.3%）を大きく引き離している。非製造業では卸売・小売が

第1-6表　在ASEAN日系企業の東アジア域内輸出入におけるFTA利用

(単位：社・%)

FTA	輸出					輸入				
	有効回答	利用中	利用率	利用を検討中	利用していない	有効回答	利用中	利用率	利用を検討中	利用していない
AFTA	770	354	46.0	94	322	657	303	46.1	73	281
ACFTA	320	130	40.6	31	159	522	199	38.1	55	268
対日FTA	802	257	32.0	86	459	1100	403	36.6	142	555
AKFTA	146	67	45.9	10	69	174	68	39.1	11	95
対インドFTA	233	97	41.6	24	112	85	34	40.0	8	43
対豪FTA	150	59	39.3	14	77	49	17	34.7	5	27
対NZFTA	78	19	24.4	13	46	25	7	28.0	2	16

(資料)　在アジア・オセアニア日系企業活動実態調査（2014年／ジェトロ）。

47.6%（80社/168社）で利用率が高い。2015年1月にはAFTAの下で、ベトナムを筆頭とする後発加盟4ヵ国が総品目数の7%とセンシティブ・高度センシティブ品目を除き関税を撤廃したことから、今後、利用企業比率の上昇が期待される。

　一方、ASEAN域内からの輸入がある企業のうちAFTAを利用して調達している企業の割合は46.1%であり、ほぼ輸出と同水準である。ここでも輸送用機械器具の利用割合が63.6%に達するなど、同分野がAFTA利用を牽引している。非製造業では卸売・小売が56.7%（85社/150社）であった。

　特に、AFTAは現在までに、先発加盟6ヵ国の自由化率はタリフラインベースで99.2%に達している。一方、後発加盟4ヵ国でも同比率は90.8%、その結果、ASEAN全体での自由化率は96.0%になり、2015年10月に大筋合意に到った日本のTPPにおける自由化率約95%を既に上回るなど、例外品目が非常に少ない、高水準のFTAとなっている。

　もともと1993年にAFTAが導入された当初は、関税の引き下げ幅が限定的であったこと、すでに各国投資誘致機関の輸出指向型投資誘致政策の一環で、輸出向け製品に使われる輸入原材料・部品などに対し関税の減免恩典を付与していたこと等により、企業側のAFTAに対する関心は決して高いとはい

えなかった。しかし，ASEANがアジア通貨危機下の困難時もAFTA特恵税率を着実にかつ約束通りに引き下げた結果，予見可能性が高く，企業にとって戦略を策定しやすいFTAとの評価もあり，徐々に利用する企業が増えていった。

1993年当時，ASEANに加盟していた6ヵ国の平均AFTA関税率は12.76％であった。1997年のアジア通貨危機にあってもASEANはむしろ一層の関税削減を指向し企業を驚かせた。1998年の第12回AFTA評議会では，ASEAN先発加盟国が2003年までに予定していた「ILの0～5％化」を「0％化」へと深掘りすることを決めている。1995年以降，ベトナム，ラオス，ミャンマー，そして1999年にはカンボジアもASEANに加盟するとともにAFTAにも参加，より市場規模が拡大したことでASEANの魅力が増大した。これら後発加盟4ヵ国の平均AFTA特恵税率は7.51％，全加盟国平均で4.43％であった。

先発加盟国で「ILの0～5％化」の期限であった2003年における先発加盟国の平均AFTA特恵税率は1.51％，関税撤廃期限の2010年には0.05％へとそれぞれ引き下がったことで，先発加盟国の一連のAFTAに対する取り組みはほぼ終了した。

2010年以降のAFTAの焦点は，後発加盟4ヵ国に移った。2010年時点で平均2.61％であった後発加盟4ヵ国のAFTA税率は，2015年にはセンシティブまたは高度センシティブ品目に指定された未加工農産品，および総品目数の7％を除き，域内関税を撤廃した。その結果，後発加盟国のAFTA特恵税率は0.55％になった。2015年に関税撤廃が猶予された7％の品目は，3年後の2018年に撤廃される（第1-4図）。

一方，近年，顕著にみられるのは中国との貿易におけるACFTAの利用企業割合の高まりである。中国向けに輸出をしている企業のうち，ACFTAを利用している企業は40.6％，輸入で38.1％にのぼる。ただし，業種別で回答企業数20社以上の業種を抜き出し比較すると，AFTAとは異なる特徴がある。前述の通りAFTA利用を牽引していたのは自動車および自動車部品に代表される輸送用機械器具分野であるが，ACFTAの場合，同分野は50％（17社／34社）であったのに対して，化学・医療が70.7％（29社／41社）と大きく上回

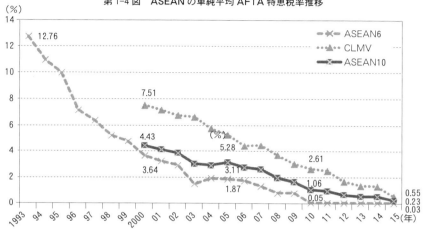

第1-4図　ASEANの単純平均AFTA特恵税率推移

（注1）　カンボジア（CLMV中）の2015年のデータは，暫定的なATIGA譲許表（TRS）による。
（注2）　計測時点は，2007年：7月，08年・09年：8月，10年：3月，11年：5月，12年：6月，13年：11月，14年：9月，15年：2月。
（資料）　ASEAN事務局（2015年4月）より入手した情報をもとに作成。

る。輸入では，非製造業の卸売・小売が51.5％（68社／132社）と最も高く，これに輸送用機械器具（48.1％，25社／52社），化学・医療（40.4％，21社／52社）が続く。今や在ASEAN日系企業にとってFTAは欠かすことが出来ない「利用すべき制度」として浸透している。

　前述のとおり，在ASEAN日系製造企業にとって最大の輸出仕向地は日本であり，輸出全体に占める割合は41.9％にのぼる。しかし，在ASEAN日系企業のFTA利用率は輸出で32.0％，輸入で36.6％であり，他のFTAと比べ高いとは言えない。輸出については，日本では多くの品目でMFNベースで関税が既に撤廃されていることが要因として挙げられる。日本のMFNベースでの自由化率は全体で52.9％，非農業生産品に着目すると55.7％である。これは例えばASEAN最大の市場であるインドネシア（全体：12.7％／非農業生産品：13.4％）や中国（全体：6.9％／非農業生産品：6.9％），韓国（15.4％／17.0％）と比べ，敢えてFTAを使う必要がない関税0％の品目が多いことが影響している。一方，輸入については，既に投資誘致機関から免税措

置を取得しているケースや，EPZに立地している企業も多いことから，FTAの利用割合は自ずと下がることになる。しかし，ASEANの経済成長が続き，中間層の厚みが増すなどASEANの内需がより拡大すれば，輸出向けまた国内向けなど原材料・部品の用途が問われないFTAを利用する企業の割合は増えてくるものとみられる。

おわりに

　WTOドーハ・ラウンドは，交渉開始から15年の歳月が過ぎようとしている。その間，欧米先進国や新興国の対立等もあり，停滞を余儀なくされている。WTOは対等な競争環境や世界共通のルールを構築することを通じて，グローバルに広がるビジネスの円滑化・簡素化実現を求める企業の期待を背負う。しかし，WTOが自らの運営ルール等に縛られて機能障害を起こし，その役割が十分に果たせない現在，新たな通商ルールの策定はセカンドベストとも言えるメガFTA，特に東アジアではTPPとRCEPの双肩にかかっている。メガFTAがWTOに先駆け，「21世紀型通商ルール」を採用出来れば，その通商ルールは将来的にグローバルに拡がることが期待出来る。

　現在までにASEANは5つのASEAN＋1 FTAを構築したが，自由化の水準や原産地規則など物品貿易に加え，サービス貿易や人の移動の自由化でも条件が異なっており，利用企業にとっては複雑に映る。そのため，5つのASEAN＋1 FTAを包含するRCEPでの単一ルールの採用，高い自由化水準の実現が期待される。

　2011年11月，ASEAN議長国インドネシアは首脳会議で初めてRCEP構想を打ち出した。ASEANは自らRCEPを打ち出すことで，「ASEAN中心主義」，「投資に対する求心力」等の堅持を狙った。2015年8月，ASEAN経済相会議にあわせて開催された第3回RCEP閣僚会合では，予定より約1年遅れで物品貿易のモダリティが漸く決まった。しかし自由化水準は「当初65%で10年かけて80%にする」（マレーシア・ムスタパ国際貿易産業相）と満足いく水準とは到底言えない。

加盟国同士で大きな経済格差を抱え，更に地域全体を俯瞰・牽引する政治的リーダー不在の ASEAN が，インドや中国など巨大新興国が入った RCEP 交渉で渉り合い，リーダーシップを発揮することは難しい。しかし，ASEAN は産業界の声を真摯に受け止め，ビジネス環境の改善に向けて不断に取り組む揺ぎ無い意思を有する。TPP 交渉には ASEAN からはシンガポール，マレーシア，ベトナム，ブルネイが，そして東アジアからは日本，豪州，NZ が参加している。ASEAN が今後も「ASEAN 中心主義」，「投資に対する求心力」を体現していくには，TPP の交渉過程で形成してきた「21 世紀型新通商ルール」を，産業界の声を踏まえた形で ASEAN の経済統合，そして RCEP での取り入れに向け，TPP に参加している関係国間で連携して，粘り強く働きかけていくことが重要である。ASEAN が東アジアで最も魅力ある経済圏の地位を堅持するには，これら弛まない努力が必要である。

（助川成也）

【注】

1) 2014 年 11 月，米国とインドとの間で貿易円滑化協定と食料安全保障目的の公的備蓄の扱いについて合意，これを踏まえ同月に開催された一般理事会では以下の 3 点につき合意が成立した。ⅰ) 食料安全保障目的の公的備蓄について，各国は WTO 紛争処理手続きに提訴しないとする措置が，恒久的解決が採択されるまで継続することを確認，恒久的解決を 2015 年末までに得られるよう最大限努力すること，ⅱ) 貿易円滑化協定を WTO 協定に追加するための改正議定書を採択，ⅲ) ポスト・バリ作業計画を 2015 年までに策定する。
2) FTA を有する国との輸出入を行っている企業が，いずれか 1 つでも FTA を使っていれば「利用している」にカウントされる。

【参考文献】

深沢淳一・助川成也著（2014）『ASEAN 大市場統合と日本』文眞堂．
石川幸一・清水一史・助川成也（2013）『ASEAN 経済共同体と日本』文眞堂．
助川成也（2013）「RCEP と ASEAN の課題」山澤逸平・馬田啓一・国際貿易投資研究会編著『アジア太平洋の新通商秩序』勁草書房．
ジェトロ（各年版）『アジア・オセアニアの日系企業活動実態調査』．
ジェトロ『世界貿易投資報告書』（2015 年版）．
経済産業省（各年版）「海外事業活動基本調査」．
内閣官房 TPP 政府対策本部「TPP 協定交渉について」．http://www.cas.go.jp/jp/tpp/pdf/siryou/150312ver_siryou.pdf

第 2 章

日本企業の FTA 利用の現状と展望

はじめに

　FTA[1]) を既に利用している企業，これから利用を始めたいとする企業，いずれからの相談においてもよく聞かれるのは，海外，特にアジアをはじめとする新興国での市場の開拓と拡大への期待である。急激な少子高齢化に起因する国内マーケットの縮減を懸念し，代替市場を国外に求めたいとするもので，企業規模や業種によらず今後の経営に強い危機感を抱いている。同時に，こうした海外市場開拓のための有効な手段として FTA を認識していることも明らかだが，物品貿易において輸入国での関税減免効果をもたらす FTA への理解レベルには，企業間で大きな開きが見られる。
　FTA に対する企業の取組み姿勢は，この通商制度を自社の国際ビジネス戦略強化のための手段として経営層が認識しているか，単なる手続問題と片付け，担当者任せにしているかで大きく異なる。現実には，後者のケースがより多く観察され，FTA 活用効果を自ら制約していると危惧される。世界で急拡大する FTA ネットワークを，自社の国際ビジネス展開に取込めなければ，海外市場を希求しても期待する効果を得られない可能性が高まっているからである。
　本章では，日本企業による FTA 利用の現状を概観し，FTA の有効性と課題を確認した上で，その高度利用について考察したい。第 1 節において，日本企業が FTA を利用するに至る経緯を分析し，利用の結果に対する企業の反応を概観する。第 2 節では，FTA の貿易創出効果を輸出面で検証し，日本の FTA 利用の中心である第三者証明制度の特徴を整理する。最後の第 3 節にお

いて日本のFTAにおける問題点を分析した後，それら問題点への対策を通じたFTA活用の展望を考察する。

第1節　FTA利用の経緯と活用事例

1. FTA利用の背景ときっかけ

　日本企業がFTA利用に至った「きっかけ」は，ほとんどが受身の理由によるものである。即ち，取引先からの要請に応じて止むなく利用を始めるケースである。輸出者は輸入者から，生産者は輸出者から，生産の下請け企業は発注元からの取引上の要求を受け，いずれも初めてFTAの存在を知り，FTAに不案内ながらも取引成立のために，この制度への取組みを始めるのが大半である。中には，輸入者から数次にわたってFTA利用による輸出の要求を受けていながら，その要求を断り続けた結果，関税相当額を輸出者が負担するという内容の契約書を送り付けられた事例や，関税相当額の値引きを取引条件とされた事例などが見られ，いずれも渋々FTAの利用を開始している。FTAへの関わりを躊躇した理由は，関税減免の恩恵は輸入者に留まり輸出者に及ばないばかりか，手間とコストだけが発生するからなど，取引上の直接のメリットを期待できないというものが多い。

　一方，内外のサプライチェーン高度化などを目的に，主体的にFTA利用に至った事例は限定的で，中堅以上の企業が中心である。

2. FTAを利用した効果

(1) FTA利用企業の一般的な反応

　利用の契機の大半は受動的だが，FTAを利用した後の企業は，概してその効果を高く評価している。具体的には，「顧客満足（輸入者など）の増進を図ることができた」，「輸入関税を削減でき，日本からの輸出品の現地での価格競争力を強化できた」，「現地生産のコスト削減に向けたサプライチェーンの効率化に役立った」など，様々なメリットを指摘している。こうしたFTAの効用を通じて，取引の安定化が促進されたり，売上増加や新規の取引に繋がったり

と，海外市場の確保という日本企業の多くが望むビジネス展開が，期待通りに実現しているのである。

FTA の効果を実感した企業では，それまでの消極的な姿勢が一変し，FTA 常用企業へと 180 度方向転換するケースが少なくない。前述の輸入関税の負担を取引先から求められた企業はまさにこの典型例で，今や FTA を国際ビジネスの基盤に据えているほどである。

(2) 個別企業の FTA 活用事例

通商白書 2014 年版には FTA 利用企業が数社紹介され[2]，いずれも FTA 活用によって具体的なメリットを得たとしている。取引先からのコストダウン要請に対応できた，自社製品の価格競争力を強化できた，収益の改善につながった，顧客の獲得に有効であった，などである。

さらに，外務省のホームページにも幾つかの事例が紹介されている[3]。①日メキシコ FTA を使って原材料をメキシコに供給し，関税減免効果によって年間 1500 万円のメリットを得た飲料メーカー。②某調味料メーカーは，チリでの粉末ジュースの生産に当たって，日本から原材料を FTA により供給し，チリでの輸入の度に 2 万 4 千ドル程度の関税削減の恩恵を受けている。③タイに日本産水産物を輸出し，それを原料にタイで水産加工食品を製造して，日タイ FTA で日本に輸入している水産物専門商社は，日本での輸入関税を年間約 900 万円節税できている。

ここで，筆者が FTA の利用を直接アドバイスした事例の幾つかを紹介したい。自動車部品を取り扱うファブレス・メーカーの M 社は，環太平洋地域のみならず東欧にも生産拠点を有し，世界に分散する生産機能を効率的に結合させ，拠点間での資材補完を効果的に行う物流高度化に取組んでいた。M 社は，この戦略実現のために FTA の研究を進めた結果，最終組立地を同社製品の成長市場である ASEAN に据え，ASEAN＋1 の FTA 網を活用して，日本のみならず中国，韓国からの部材供給に FTA を幅広く活用している。

次に，日本食品をタイに FTA で輸出し，現地で評価を受けている中小食品商社の事例。日本企業が多数進出するタイは，国民所得の向上と健康食ブームが追い風となって，日本食材への需要が急拡大している。こうした需要に逸早く応えたこの食品商社は，旬の食材から調味料まで幅広い日本食品を FTA で

タイへ送り続けている。数百に上るアイテムを管理しているのは役員と担当者の2人だけ。いずれもFTA専任ではなく，日タイFTA発効時から経験を積み重ね，日々新製品が発売される食品業界にあっても，効率よくFTA原産地証明書を取得して，今日もタイに向けて日本食品を輸出している。

　従業員50人の中小機械メーカーH社は個別受注生産が中心で，高性能の伸線・巻線装置などを生産，輸出している。ASEANの輸入者の要求を受けて初めてFTAに取組んだが，部品点数が数万点に上る装置の原産性立証作業に苦心した。セミナーへの参加や各種ガイダンスの分析など持ち前の研究熱心さで課題を克服し，高額の同社装置をFTA特恵関税で相手国に搬送，輸入者から大いに評価された。今やFTAに自信を深め，FTA相手国の要請に迅速に対処している。

(3) 業界ごとのFTAへの対応状況

　業界を構成する企業のうち，中小企業が占める割合が比較的高い業界においてのFTAの利用状況を概観してみたい。

① 繊維業界：FTAによる化学繊維等の輸出は2種類に大別される。自動車産業向けなど産業用の高機能繊維をFTAで供給するケースと，輸入用アパレル製品を現地で縫製するための生地の供給にFTAを活用するケースである。いずれもASEANにおける生産拡大を受けて，FTA利用が増加している。

② 金型業界：日本の高い技術力に支えられた金型を，FTAを利用して関税減免でタイなどアジア新興国に供給する受注が増加している[4]。

③ 化学品業界：界面活性剤などは繊維品の表面処理などにも利用される。産業用繊維のFTAでの供給が増加していることもあり，界面活性剤も同様にFTAを活用しての輸出が拡大している。

④ 化粧品業界：アジア新興国における国民所得の向上などを背景に，日本製化粧品の需要が増加している。最近のネールカラーなどへの新規需要も加わって，化粧品業界では，日本からの輸出にFTAの利用が急速に拡大している。

⑤ 文房具業界：単価の小さい文房具では，FTAによる関税減免効果は価格競争面で重要である。さらに，日本発の世界的キャラクターをブランド・

イメージとして利用することの多い文房具業界にとっては，FTAは関税の減免効果に加え，知的財産権保護も重要なテーマである．FTAは同業界の国際ビジネスに不可欠の存在となりつつある．
⑥ 自動車部品業界：裾野の広い自動車産業では1次部材メーカーが現地生産を通じてASEANやインドにおける自動車産業の基盤を構成している．この1次部材生産のための2次部材，3次部材を日本からFTAを活用して供給する事例が急速に増加している．2次部材，3次部材などは中小企業が生産を担う割合が大きく，取引先からの要請を受け，多種にわたる高品質，高性能の日本製部材を，FTAを利用して1次部材生産国に送り出している．

3. FTA関税率の調べ方

FTAを結んだ相手国での輸入関税の状況を把握しておくことは，FTA活用ビジネスでは重要である．関税減免効果が大きければ，輸入者がFTAの利用を要請してくる確率が高まると予想される．同時に，減免される関税の大きさは，取引上の交渉内容にも大きく影響すると考えられるからである．

(1) FTA関税率の調べ方の2方式

日本貿易振興機構（JETRO）のサイトから国際物流会社が運営するWorld Tariff（http://www.jetro.go.jp/theme/trade/tariff/）を利用（日本国内利用につき無料）し，FTA相手国での輸入特恵関税率を確認できる．もう1つは，各FTAに定める相手国の譲許表を直接調べる方法である．

(2) 譲許表について

譲許表とは，FTAによる優遇税率適用の対象品目とルールを一覧にしたものである．発効済みの14FTAのうちシンガポールを除く13FTAにおける相手国の譲許表が，FTA原産地証明書の指定発給機関のサイトに国別に掲載されている．FTA相手国の国旗をクリックすると，この譲許表が表示される仕組みだが，FTAごとに譲許表の表示方式が異なるので注意を要する．

譲許表の見方は，まず，輸出産品のHSコードが関税譲許の対象に含まれているかを確認し，該当する場合は，次に関税減免のスケジュールを確認する．第2-1表「A」に該当する産品は，FTA発効と同時に関税が撤廃される．こ

第 2-1 表　譲許表の表示例と FTA 発効翌年からの関税引下げ期日

<譲許表の表示例>

A	FTA 発効と同時に関税が撤廃されゼロ関税となる品目
B (n)	関税が n 年かけて段階的に引下げられ，最終的にゼロ関税になる品目。通常，FTA 発効時点で 1 回引下げられ，その後は FTA で定めた日に，毎年 1 回引下げられる。(例：B5 であれば，5 年かけて 1+5＝6 回に分けて均等に引下げられる。)
P 等	優遇関税について特別の定めがされている品目
X	関税撤廃・削減の対象外とされた品目

<FTA 発効翌年からの関税引下げ期日>

1 月 1 日	マレーシア，インドネシア，スイス
4 月 1 日	タイ，ブルネイ，フィリピン，ベトナム，カンボジア，ラオス，ミャンマー，インド（注），メキシコ，ペルー，オーストラリア

(注)　インド FTA のうち HS84082020，HS87084000 については 1 月 1 日。
(出所)　経済産業省ホームページ：EPA/FTA ガイドライン。

れに対し，段階的に関税が引き下げられる産品（第 2-1 表「B」）の場合は，基準税率と引下げ年数（n）を確認し，基準税率を n＋1 で除した割合が FTA 発効時に引下げられる。翌年以降は FTA ごとに定まった期日に均等に引下げられて，n 年後に関税が撤廃される。

第 2 節　FTA 利用の深化

1. FTA による貿易創出効果と原産地証明書

　日本は 15 の FTA（2015 年 7 月 31 日現在）を発効・締結させており，これら FTA の相手国との貿易総額の合計が日本の総貿易額に占める割合（これを「FTA カバー率」と呼ぶ）は，22％を僅かに上回る程度である。

(1) FTA による貿易創出効果

　発効済み 14FTA のうち，FTA 原産地証明書による日本からの輸出が多いタイ，インドネシア，インド，マレーシア，ベトナム上位 5 ヵ国について，各国への輸出額の推移を比較しながら FTA の効果を見てみたい。第 2-3 表に示すように，それぞれの FTA が発効した翌年から 2014 年までの日本からの輸

第 2-2 表　FTA の発効状況（2015 年 7 月 31 日現在）

分類	発効年	FTA（発効月）
発効済み (14)	2002 年	シンガポール（11 月）
	2005 年	メキシコ（4 月）
	2006 年	マレーシア（7 月）
	2007 年	チリ（9 月）　　　タイ（11 月）
	2008 年	インドネシア（7 月）　ブルネイ（7 月） ASEAN（12 月）　　フィリピン（12 月）
	2009 年	スイス（9 月）　　　ベトナム（10 月）
	2011 年	インド（8 月）
	2012 年	ペルー（3 月）
	2015 年	オーストラリア（1 月）
発効待ち		モンゴル

（資料）　政府 HP より筆者作成。

出の伸びは（暦年，金額ベース），インドネシアが最も大きく，79.4%の増加であった。次いでベトナムの 75.1%増，マレーシア 28.0%増，タイ 8.8%増と続く。発効後の年数が短いインドを除いては顕著な増加を示しており，輸出面での FTA による貿易創出効果が確認できる（第 2-3 表）。

さらに，チューリッヒ大学の P. Ziltener 博士の調査によって，FTA による関税減免効果の大きさが，日スイス FTA で確認されている。その概要は以下の通りである。① 日スイス FTA 発効から約 4 年間（2009 年 9 月〜2013 年 12

第 2-3 表　FTA 利用が多い相手国への輸出状況の変化と原産地証明書の増加

輸出先国	日本との FTA 発効年月	輸出額（100 万円）		増加率	原産地証明書増加率 （発効翌年度→2014 年度）
		発効翌年	2014 年		
タ　イ	2007 年 11 月	3,051,463	3,319,814	8.8%	335.4%
インドネシア	2008 年 7 月	869,687	1,560,452	79.4%	284.9%
イ ン ド	2011 年 8 月	845,360	860,979	1.9%	163.3%
マレーシア	2006 年 7 月	1,169,009	1,496,673	28.0%	273.5%
ベトナム	2009 年 10 月	715,559	1,252,797	75.1%	428.0%

（資料）　税関統計および経済産業省資料より筆者作成。

月）で，スイスの輸入者は総額4100万スイスフラン（約47億円）の輸入関税を削減できた。②品目別では，車両関係（自動車，トラック，バイク）輸入の82％が免税となり，プラスチック・ゴム製品の45％，鉄鋼製品の17％，繊維製品の約3分の1が関税減免効果に浴した。

(2) FTA原産地証明書の発給件数の伸長

この間，FTAに基づく原産地証明書の発給件数は，いずれの相手国に対しても急増している。二国間FTA発効翌年度から2014年度までの各FTAの原産地証明書発給件数の増加率（年度ベース，第2-3表参照）は，日ベトナムFTAの428％を筆頭に，発効後の年数が短い日インドFTAでも1.6倍以上に発給件数が増加している。原産地証明書は輸出行為の度に必要であり，輸出額に拠らないため，前掲の5ヵ国への輸出額と原産地証明書の件数との相関関係を見出すことは困難であるが，各国への輸出においてFTA原産地証明書の利用割合が高まっていることは明白である。これらの国々に日本原産品を輸出する場合に，FTA原産地証明書が必須の要件として定着化しつつある状況が確認できる。

2. 原産地証明方式によるFTA利用度の比較

FTAを活用して輸入国で関税減免の恩恵を受けるためには，輸出された産品が「原産品」（日本から輸出の場合は日本原産品）であることを証明する書類（原産地証明書[5]）を輸入国税関に提出することが必要である。この原産地証明書は，発行する主体によって，第三者証明制度，認定輸出者制度，完全自己証明制度の3形態に分類される。

日本のFTAでは，第三者証明制度は全てのFTAに導入されている一方，認定輸出者制度はスイス，メキシコ，ペルーの3FTAのみ，完全自己証明制度はオーストラリアFTAで初めて採用されたばかりである。

注目すべきは，各制度の利用企業数の大きな格差である。正確な利用事業者数は不明または推計の域を出ないが，唯一利用企業数が公表されている認定輸出者制度にあっても，公表リストは社名の公開を了承した企業に限られており，全ての事業所を網羅しているか不明である。また，第三者証明制度の利用者の数は，各種データからの推計に留まる。完全自己証明制度では，その実態

第 2-4 表　原産地証明手続の 3 制度

第三者証明制度	認定輸出者制度	自己証明制度		
		輸入者 自己証明	輸出者 自己証明	生産者 自己証明
原産地証明書	原産地申告	原産地証明文書		
FTA 締約国政府もしくはその政府が指定する発給機関が原産地証明書を発行する制度。	締約国政府が，自国企業の申請を受け，その企業を「認定輸出者」と公認。スイス，メキシコ，ペルー各 FTA のみ。	FTA 締約国の企業が自ら原産地証明書を発行。発行主体により輸入者自己証明，輸出者自己証明，生産者自己証明と呼ばれる。		
日本の全ての FTA に導入されている。	認定輸出者は，自社製品を FTA 締約国に輸出する場合，自ら原産地にかかる証明書を発行できる。	日本の FTA では，日オーストラリア FTA で初めて導入された。米国やオーストラリアなどでは既に一般的な原産地証明方法。		
日本では日本商工会議所が指定発給機関。	わが国では，認定輸出者による証明書の件数などは公表されず不明。	自己証明制度は，TPP でも導入される。		
利用は全国で約 1 万社（推計）	日本の認定輸出者は 12 社（公表分）	不明		

（資料）　経済産業省，税関資料から筆者作成。

を把握することは，この制度の性格からして不可能である。しかしながら，現状を俯瞰してみれば，日本からの FTA 利用による輸出は，第三者証明制度に大きく傾斜している現状が見えてくる。

　日本企業がこれほどまでに第三者証明制度に依拠する理由は，この制度だけが全ての FTA に採用されている事実を除けば，以下の理由によるものと考えられる。① FTA 自体に馴染む期間が，欧米など FTA 先進国に比べて短い（最長でも 10 年），② 輸出品の原産性を立証するための法的根拠である原産地規則に不案内で経験不足，③ 認定輸出者制度，完全自己証明制度を活用できる FTA が限られている，などである。原産地規則の理解を誤り，輸出品の原産性立証に過誤が生じることへの強い懸念から，日本政府（実際には指定発給機関）による輸出前確認を経ることにより，原産地についての「安心感」を確保しておきたいとの思惑が強く働く結果と考えられる。こうした意識は，社内人材が限られる中小企業にあって，より強くは作用するであろうと想像できるのである。

3. 第三者証明制度から見た日本からの輸出におけるFTA利用上の特徴

日本企業がFTAによる輸出の際に依存する比率が高い第三者証明制度を通じて，FTA利用状況とその特徴を概観する。

(1) 原産地証明書発給件数の動向

第三者証明制度での原産地証明書の発給件数は，2014年度で20万6304件となり，初めて20万件台に達した。前年度に比べ12.5％の増加である。

FTA締約国への輸出額が単年度では2桁の伸びを示さない一方で，輸出行為ごとに必要な原産地証明書の発給件数が過去10年間，毎年高い伸びを示してきたことは，日本からの輸出においてFTAが着実に浸透していることを示唆していると理解できよう。

2014年度で最も利用が多かったのは日タイFTAで，発給件数全体の34.4％を占めた。第2位はインドネシアの22.1％，第3位インド15.7％，第4位マ

第2-5表　第三者証明制度による原産地証明書発給件数の推移

(単位：件，％)

年度	2005	2006	2007	2008	2009	2010	2011	2012	2013	2014
メキシコ	4,859	5,917	5,762	5,735	5,365	6,035	5,241	5,058	6,378	8,006
マレーシア		1,018	5,335	6,194	6,934	8,349	9,228	11,289	13,552	14,593
チリ			1,503	4,460	3,613	4,788	4,356	4,695	4,310	3,948
タイ			6,678	21,129	28,255	44,132	47,175	58,957	66,469	70,875
インドネシア				6,579	16,013	23,672	30,096	33,911	41,464	45,625
ブルネイ				0	3	13	30	25	36	32
フィリピン				225	2,477	4,255	4,457	5,575	6,216	6,475
スイス					1,277	3,065	3,507	3,557	3,081	3,796
ベトナム					500	2,294	2,749	4,572	7,026	9,819
インド							7,696	19,822	26,147	32,365
ペルー							5	468	1,115	857
オーストラリア										569
ASEAN					239	2,832	4,490	4,653	5,288	7,575	9,344
合計	4,859	6,935	19,278	44,561	67,269	101,093	119,193	153,217	183,369	206,304
前年度増加率	—	42.7	177.9	131.1	51.0	50.3	17.9	28.8	19.7	12.5

(出所)　経済産業省，各年度合計および前年度増加率は筆者。

レーシア 7.1％，第 5 位ベトナム 4.8％という結果であった。

(2) 輸出品目

輸出品目別（関税 97 分類）では，鉄鋼，機械，自動車・同部品，電気機器，化学品，ゴム，プラスチック，繊維・繊維製品，精密機器などの FTA 利用が多いことが報告されている[6]。鉄鋼は主に自動車の車体製造を目的としたものであり，ゴムにはタイヤなどを含んでいると見られる。また，繊維・同製品は衣類用のみならず産業用繊維が含まれていると推測される。即ち，FTA による日本製品の輸出は，生産財を中心とした輸入国への供給と考えられる。

一方，日本の輸出全体（2014 年，輸出総額 74.7 兆円）における上位品目[7]は，① 輸送用機器（17.3 兆円，23.2％），② 一般機械（14.5 兆円，19.4％），③ 電気機器（13.0 兆円，17.4％），④ 原料別製品（9.6 兆円，12.9％），⑤ 化学製品（7.8 兆円，10.4％）であった。以上から，FTA 原産地証明書を使って輸出されている産品は，日本の主要な輸出品目と概ね同じカテゴリーに含まれることが分かる。日本が国際競争力を有する分野である生産財が，FTA 相手国に対しても輸出品目の中心であることが確認できる。

注目すべきは，一般消費財の FTA による輸出が，近年，急増している事実である。原産地証明書の発給件数からは未だ僅かな比率に留まっていると見られるが，タイなどの新興国で国民所得が著しく上昇し，日本製の食料・食品や化粧品，履物などへの需要が拡大している。このため，輸入国側からの要請急増を受けて，これら消費財を，FTA 原産地証明書を付けて輸出する事例が増加しつつある。先に述べた業界動向に示す通り，多くの業界が FTA の影響を顕著に受け始めている。

(3) FTA 利用事業所数

次に，第三者証明制度を利用する企業数について検証する。この制度を利用するためには，指定発給機関に，企業概要および申請担当者の登録が必要である。申請の第 1 ステップである原産品判定申請（輸出品が日本原産品であることの確認を求める申請）は輸出者もしくは生産者に限られ，登録済みの企業であることが前提となる。続く原産地証明書の発給申請は，登録済みの輸出者だけが申請できる。即ち，第三者証明制度における FTA 利用企業とは，こうした登録企業に限定されることになる。その総数が 1 万社であったとしても，こ

れら企業を支える企業群（国内での委託生産の受託企業，部材・原材料の供給事業者など）は，その実態が第三者証明制度では統計上埋没してしまい，計数的把握は不可能である。

第3節　日本企業にとってのFTAの課題と展望

　公表されている原産地証明書の発給件数や個別企業の事例などを見れば，日本企業はFTAを有効に活用しているような印象を抱きやすいが，問題点も多く存在する。メガFTAと呼ばれる多国間FTAの交渉と新たな二国間FTA交渉が同時並行で進行し，数年内に日本が締結するFTAの数が，現在の倍近くに増大する可能性の下で，日本企業は真に有益にFTAを活用できるだろうか？　本節では現状の課題と今後の展望について論じる。

1. FTAの問題点
(1) FTAカバー率の低さ
　日本はFTAの数においては，世界の主要貿易国に概ね比肩している。世界貿易機関（WTO）に通報された各国・地域のFTAの数を見れば（発効，署名完了のFTAの合計，2015年7月現在），EUの37件は群を抜いているものの，米国14件，韓国14件，中国14件[8]，などであり，15FTAを有する日本は有数のFTA立国と言える。しかし，日本が大きく劣後するのがFTAカバー率である。例えば韓国は，中国とのFTAなど署名完了したものを含めると，貿易総額の約6割をFTAでカバーし，日本の3倍近いカバー率を誇っている。この差は，日本が中国，米国，EU，韓国，台湾など主要な貿易相手国・地域とのFTA関係を未だ構築できていないことに起因する[9]。

　FTAを結んだ相手国の制約により，日本企業が国際ビジネス戦略としてFTAを思惑通りに活用できない状況にあることが，日本の問題点の1つとして指摘できる。

(2) 業種や品目によってFTAの利用度に大きな差が生じている
　前述の通り，日本が国際競争力を有する生産財分野においては，FTAの利

第 2-6 表　主要貿易相手国の貿易額シェア（2014 年）と交渉中 FTA

貿易相手国	1位：中国	2位：米国	3位：韓国	4位：オーストラリア	5位：台湾
貿易額シェア	20.1%	13.1%	6.0%	4.4%	4.2%
交渉中のFTA	日中韓 FTA RCEP 10)	TPP（合意）	日中韓 FTA RCEP	日豪 FTA（発効）TPP（合意），RCEP	（該当なし）

（注）　オーストラリアへの日本からの輸出額順位は第 9 位。
（資料）　税関統計より筆者編集。

用が進んでいることが観察される。一方，一般消費財では，近年，FTA による日本からの輸出要請が一部の新興国から強まっていることを受けて，FTA の利用水準が向上しているが，その比率は生産財に及ばない。そもそも，食品や雑貨などは，日本全体の輸出構造から見ても低位に留まっていることからして，一般消費財が生産財に並ぶほどに FTA 主要輸出品として一挙に躍進することは予想しがたい。

　その他の業界でも FTA の利用が低水準である。一例が，医薬品業界である。競争力に富み，輸出実績のある業界だが，主たる海外市場が欧米であることから，FTA がこれまでほとんど利用されていない。TPP や日-EU・FTA など先進国・地域との FTA ネットワークが数年内に成立すれば，同業界の姿勢が一変すると予想される。市場としての欧米に対し，特恵関税での日本製医薬品の供給において FTA は有効な手段となる。同時に，開発に巨額の資金と年月を要する医薬品分野は，TPP などで交渉される知的財産権も関心の的である。新薬に係る権利の保護期間の長さが，今後の開発の動向に大きな影響を及ぼすからであり，物品市場アクセスと知的財産権との関係も，医薬品業界における FTA の利用を左右する要因となろう[11]。

(3)　FTA 締約国の国内政策による影響

　FTA の利用は，相手国の国内政策にも大きく影響を受ける。第三者証明制度の利用が最も進むタイで，2015 年 1 月に新投資奨励策が発効，約 50 業種が従来の恩典対象から除外された。この結果，進出日系企業の多くが，機械や補修部材，原材料など日本からの輸入品に対する関税減免メリットを，従来の投資優遇措置から FTA に切替えることで維持しようとしている。

このように，FTA相手国との取引内容は変わらないが，相手国の国内政策の変更に伴い，関税免除を代替する方法としてFTAの利用が促進される場合がある。また，相手国が保守色の強い政策に転じ，行政手続きの運用強化などを実施すれば，見えざる貿易障壁が生じる懸念が強まり，FTAの利用促進を阻害する恐れもある。FTAでは予見できない相手国における国内政策の動向について，日本企業は輸入者等を通じてFTA相手国に係る情報収集に努め，自社への影響を検討することが重要である。同時に，政府や関係機関は，的確な情報を，速やかに日本企業に提供することが求められる。

(4) 産業構造の多様化に伴うFTA利用の表面には現れない企業群の拡大

第2節3 (3) FTA利用事業者数のところで述べたように，FTA利用企業として表出するのはごく一部の企業に限られ，それら企業を支援する多くの企業の実態が埋没しているのが現状である。こうした状況がもたらす問題は，これら表出しない企業の多くが中小企業であると推測され，これら中小企業では，概してFTAに係る情報が不足し，さらに人的余力に欠けるなど，FTAに係る諸々の負担が集中しやすいことである。

FTAでの産品輸出では，それが原産品であることを立証しなければ，輸入国で特恵関税の適用を受けられない。このため，輸出産品の生産を支援する中小企業もFTAの趣旨をよく理解し，原産性立証のための必要な役割を担うことが求められる。第三者証明制度においての中小企業の役割は，これら企業が製造・提供する部材や原料が日本産であること証明する「サプライヤー証明書」に収斂するのが一般的である。サプライヤー証明書とは，自社の供給部材や原料が，利用するFTAの原産地規則に照らして原産品であることを，サプライヤー自らが証明する書類である。即ち，サプライヤーはFTAを十分に理解し，自社の供給部材や原料が，FTA原産地規則に合致する事実を立証できることを前提としているのである。問題は，この前提がどの程度まで現実を反映しているかである。

万一，サプライヤー証明書の記載内容に誤りがあり，供給品が原産品でなければ，輸出品そのものが原産地規則を満たさないという危険性を孕んでいる[12]。中小企業の比率が高いサプライヤーは，自社内で問題のないレベルにまでFTAに関する情報やその対処法を整理できているケースは限定的と推測

される。政府は，速やかに必要な手立てを講じて，これら中小企業をしっかりと支援する必要があり，中小企業を中心に，日本の産業界全体でFTAへの対応力を高めることが重要である。しかしながら，実態の把握が極めて困難なため，適切な方策の実施が難しいことも問題点として指摘できる。

2．FTAの利用拡大に向けて

(1) メガFTAの早期発効への期待

日本企業がFTAを積極的に活用するためには，交渉中のメガFTAの早期の妥結と速やかな発効が望まれる。日本の主要貿易相手先である中国，米国，EU，韓国などとFTAで結ばれることを通じて，日本の貿易実体とFTAとが結合し，貿易取引におけるFTA利用のインセンティブが高まるからである。メガFTAの成立により，わが国FTAの貿易カバー率は80％を超えると試算され[13]，現状の22％に比べて4倍近い拡大となる。もはや，FTAとは無関係と言える日本企業は皆無に近くなる状況が，数年先に迫っているのである。

FTAカバー率の上昇を受け，日本全体，さらには各地方においても輸出の増加が期待できよう。このことは，中小企業による輸出拡大に寄与すると考えられる。大企業の多くが大都市圏に集中する現状から，相対的に，地方での中小企業比率は高くなる。各地方の主たる輸出先である中国や韓国などとFTA関係が構築されれば，日本の各地から，中小企業によるFTAを利用した輸出が必然的に増加すると予測される。政府の『日本再興戦略』に謳われる「中堅・中小企業による輸出額を2020年までに2010年に比べて倍増させる」との目標達成が，現実味を帯びることになるのである。

さらに，欧米市場へのアクセス強化を待ち望む医薬品業界などでは，メガFTAを通じた国際ビジネス戦略の強化が期待される。同時に，現状，FTA利用率の低い業界にも，強力な刺激となることが予想される。

(2) FTA利用高度化のための中小企業支援の強化

TPP（環太平洋経済連携協定）では交渉分野に「中小企業」が含まれ[14]，TPPの条文に独立の章として規定される。TPP交渉における「中小企業」議論のポイントは，①中小企業がTPPを活用するために必要な情報を提供する方法，②中小企業にとってのTPPの有用性を定期的にレビューする仕組みの

創設，などである。こうした議論の背景には，TPP は中小企業の国際展開にも大いに貢献するツールであり，中小企業が TPP の恩恵を十分に享受できるようなサポート体制の構築が必要との基本認識があると言われる。

　TPP では，FTA における中小企業の役割が重視され，その支援の在り方等が明文化される可能性が大きい。日本では，前述のように，FTA 利用における中小企業の実態が埋没しがちであるが，今後の FTA の活用にあっては，中小企業も大企業と同様に主役の座に就くことが期待される。そのためには，FTA に関係する中小企業の実態を正確かつきめ細かく把握し，必要な支援策を効果的に実施することが重要である。その際，政府のみならず自治体も政府と連携しつつ，FTA に関する地元企業へのサポートを実体化していくことが求められる。

　一方，支援を受ける企業側も，FTA を有効に活用して，自社の国際ビジネスを強化するとの戦略的な経営方針を確立すべきである。このため，FTA 対応に向けた社内体制の整備，サプライヤーなど協力企業との連携を，FTA を視野に強化すべきである。しかしながら，中小企業がこうした体制整備を進めるには諸々の制約が予想され，独力での実現は容易ではないであろう。政府や自治体の支援を受けつつ，FTA 専門家を積極的に活用して，着実で効率的な FTA 対応のための体制整備を進めることが有効であると考える。

（麻野良二）

【注】

1）　本章では，日本の経済連携協定を含め全ての自由貿易協定を FTA と表記する。
2）　経済産業省（2014）292-295 ページ。
3）　外務省（2012）P17：http://www.mofa.go.jp/mofaj/gaiko/fta/pdfs/kouka.pdf。
4）　背景については本章第 3 節（3）参照。
5）　名称は証明制度ごとに異なる。第 2-4 表参照。
6）　経済産業省（2014）287 ページ。
7）　日本税関貿易統計より。
8）　WTO に通報されていないが，台湾との FTA を含んだ件数。
9）　県単位でも類似の状況が見られる。例えば，岡山県の上位輸出先国は，① 韓国，② 中国，③ 台湾，④ 米国，⑤ タイと続き，上位 4 ヵ国（FTA 未締結国）への輸出割合合計は 64.7％に上る。鳥取県では，第 1 位の中国と第 2 位の香港だけで同県の輸出額の 66.3％を占めるのが現状である（各県の貿易統計から）。
10）　東アジア包括的経済連携協定。ASEAN10 ヵ国と日中韓，印豪 NZ の計 16 ヵ国で交渉中。

11) その他，化学品ではFTA輸入国での国内規制のために，関税減免効果が有効に活かされにくい現状が報告されている。
12) 原産地規則については第6章を参照されたい。
13) 貿易統計における各国との貿易比率を合計した結果による。
14) 内閣官房TPP政府対策本部（2015年）25ページ。

【参考文献】
FTAビジネス研究会編（2014）『FTA/EPAでビジネスはどう変わるか』東洋経済新報社。
麻野良二（2014）「原産地規則」公益財団法人日本国際フォーラム『平成25年度外務省委託事業「経済連携協定（EPA）を検証する」調査研究報告書』。
石川幸一・馬田啓一・渡邊頼純編著（2014）『TPP交渉の論点と日本―国益をめぐる攻防―』文眞堂。
石川幸一・清水一史・助川成也編著（2013）『ASEAN経済共同体と日本』文眞堂。
上田大祐（2008）「諸外国のFTA政策」国立国会図書館『調査と情報　第618号』。
外務省（2012）『経済連携協定の効果』。
黒岩郁男（2014）『東アジア統合の経済学』日本評論社。
黒柳米司（2014）『「米中対峙」時代のASEAN』明石書店。
経済産業省（2014）『2014年版通商白書』。
経済産業省（2015）『2015年版不公正貿易報告書』。
菅原淳一（2015）「東アジアFTA網構築は終盤へ」みずほ総合研究所『みずほインサイト』。
鈴木洋太郎（2015）『日本企業のアジア・バリューチェーン戦略』新評論。
田中友義（2015）「TTIP交渉協議の経緯と主要な関心分野・争点」国際貿易投資研究所『ユンカー委員長の下，成長を目指すEU』。
内閣官房TPP政府対策本部（2015）『TPP協定交渉について』。
一般社団法人日本機械工業連合会（2015）『平成26年度「TPP交渉と近畿地域の機械産業への影響調査」報告書』。
日本中小企業学会編（2014）『アジア大の分業構造と中小企業』同友館。
深沢淳一・助川成也著（2014）『ASEAN大市場統合と日本』文眞堂。
（ホームページ）
外務省：www.mofa.go.jp/gaiko
経済産業省：http://www.meti.go.jp/policy/trade_policy/epa/index.html
税関：http://www.customs.go.jp/kyotsu/kokusai/
内閣官房TPP政府対策本部：http://www.cas.go.jp/jp/tpp/index.html
World Trade Organization, www.wto.org

第3章

東アジア貿易における FTA 効果とサプライチェーン

はじめに

　東アジアにおける貿易の自由化の動きは加速化している。既に AFTA（ASEAN 自由貿易地域）はもちろんのこと，ASEAN 中国 FTA（ACFTA）や日 ASEAN 包括的経済連携協定（AJCEP）のような ASEAN＋1 は完成している。

　メガ FTA の 1 つである TPP（環太平洋経済連携協定）の交渉は，2015 年 10 月に大筋合意に達し，2016 年にも署名の可能性がある。また，ASEAN は現在，日中韓と豪・NZ・インドを包含する RCEP（東アジア地域包括的経済連携）の主要メンバーとして交渉を進めている。同時に，日中韓 FTA，米国と EU の FTA（TTIP），日 EU 経済連携協定（日 EU・EPA）のようなメガ FTA の交渉が並行して行われている。

　こうした中で，「中国と ASEAN」や「ASEAN 域内」の貿易が拡大している。これは，ACFTA や AFTA の関税削減効果が現れているためと考えられる。

　一方，日本は ASEAN との間で EPA（経済連携協定）を締結しているが，2005 年以降においては，「日本と ASEAN」との貿易の伸びが「中国と ASEAN」や「ASEAN 域内」の貿易の伸びを下回っており，日本の EPA の貿易創出効果が ACFTA/AFTA よりも相対的に低く現れている。

　したがって，メガ FTA などの交渉が活発化する中で，日本企業の FTA/EPA の利用による貿易の促進は待った無しの状況にある。今後は日本企業の FTA/EPA の活用を促進し，日本の ASEAN との EPA とともに

ACFTA/AFTAなどの第三国間FTAをテコにした貿易の拡大やサプライチェーンの形成を図っていくことが求められる。

さらに，TPPや日中韓FTA，RCEPなどの発効が迫る中，メガFTAを利用した貿易拡大の戦略を検討する必要性が一段と高まっていくものと思われる。

第1節　日中韓におけるEPA/FTAの推進とその効果

1.　日本のFTAの締結・交渉の動き

日本は2002年にシンガポールとのEPAを発効させたことを手始めに，メキシコや他のASEANとのFTA交渉を順次進めていった。その結果，日本は2005年にはメキシコ，2006年にはマレーシア，2007年にはチリとタイ，2008年にはインドネシア・ブルネイ・フィリピン，2009年にはスイスとベトナムとの間で二国間EPAを発効させた。

日ASEAN包括的経済連携協定（AJCEP）は，2008年12月から順次発効した。2011年にはインド，2012年にはペルー，2015年1月にはオーストラリアとの間でEPAを発効させ，2015年2月にはモンゴルとの間でEPAに署名している。

また，日本はカナダ，コロンビアとの間で二国間EPAを交渉中であるし，TPPでは大筋合意に至ったものの，RCEP，日中韓FTA，日EU・EPAらの3つのメガFTAの交渉を行っている。一方では，日韓FTAの交渉を中断しているし，湾岸協力会議（GCC）とのFTA交渉を延期している。

2.　韓国・中国におけるFTA交渉の現状

韓国はこれまでFTAの締結を積極的に進めてきた。韓国は，2004年にはチリ，2006年にはEFTA（欧州自由貿易連合）およびシンガポール，2007年にはASEAN，2010年にはインドとの間でFTAを発効させた。

韓国は2011年にはEUとペルー，2012年には米国，2013年にはトルコ，2014年にはオーストラリア，2015年にはカナダとの間でFTAを発効させている。これに加えて，2015年2月，コロンビアとのFTAではコロンビアの国

会批准審議が終了した。2015年3月には，ニュージーランドとのFTA，2015年6月には中国とのFTAに正式署名している。しかし，韓国と日本との間で

第3-1表 日本のFTAの動向（2015年10月現在）

		発効・署名年	FTAカバー率
	発効済み・署名済み		22.6
発効済み・署名済み(15)	日シンガポールEPA	2002年11月発効	1.8
	日メキシコEPA	2005年4月発効	0.9
	日マレーシアEPA	2006年7月発効	2.9
	日チリEPA	2007年9月発効	0.6
	日タイEPA	2007年11月発効	3.7
	日インドネシアEPA	2008年7月発効	3.0
	日ブルネイEPA	2008年7月発効	0.3
	日ASEAN・EPA	2008年12月発効	14.8
	日フィリピンEPA	2008年12月発効	1.2
	日スイスEPA	2009年9月発効	0.7
	日ベトナムEPA	2009年10月発効	1.6
	日インドEPA	2011年8月発効	1.0
	日ペルーEPA	2012年3月発効	0.2
	日豪EPA	2015年1月発効	4.4
	日モンゴルEPA	2015年2月署名	0.0
交渉中等(9)	交渉中等		61.8
	日カナダEPA		1.3
	日コロンビアEPA		0.1
	日中韓FTA		26.0
	東アジア地域包括的経済連携（RCEP）		45.4
	日EU・EPA		9.7
	TPP（環太平洋パートナーシップ）	2015年10月大筋合意	30.7
	日韓EPA（交渉中断中）		6.0
	日トルコEPA		0.2
	日GCC・EPA（交渉延期）		11.1

（注） FTAカバー率は，日本とEPA/FTAを締結（交渉）している相手国・地域との2013年における往復貿易額の全体に占める割合。ただし，RCEPとTPPにおいては輸出額の割合。
（資料） 外務省・経済産業省ホームページ，ジェトロJ-Fileより作成。

第3-2表 中国・韓国のFTAの動き（2015年10月現在）

		中国	韓国
アジア太平洋	ASEAN	発効済み（2005年）	発効済み（2007年）
	インド	APTA（アジア太平洋貿易協定，2001年5月発効）加盟国	韓国インド包括的経済連携協定（CEPA）発効済み（2010年），APTA加盟国
	オーストラリア	豪中FTAに署名（2015年6月）	豪韓FTAが発効（2014年12月）
	ニュージーランド	発効済み（2008年10月）	FTA正式署名（2015年3月）
	日本	—	交渉中断中
	中国	—	中韓FTAに正式署名（2015年6月），APTA加盟国
	韓国	中韓FTAに正式署名（2015年6月），APTA加盟国	—
	日中韓	交渉中	交渉中
	RCEP（東アジア包括的経済連携）	交渉中	交渉中
	台湾	発効済み（2010年9月）	—
	パキスタン	発効済み（2007年7月）	—
	スリランカ	中国スリランカFTA交渉中，APTA加盟国	APTA加盟国
北米・中南米	米国	—	発効済み（2012年3月）
	カナダ	—	韓国カナダFTA（2015年1月発効）
	メキシコ	—	交渉中
	チリ	発効済み（2006年10月）	発効済み（2004年4月）
	ペルー	発効済み（2010年3月）	発効済み（2011年8月）
	コロンビア	共同研究	FTAに正式署名(2013年2月)，コロンビア国会批准審議終了（2015年2月）
	コスタリカ	発効済み（2011年8月）	韓国中米FTA共同研究終了(2011年4月)
欧州	EU	—	韓国EU・FTA発効（2011年7月）
	EFTA	—	発効済み（2006年9月）
	スイス	発効済み（2014年7月）	EFTA加盟国
	ノルウエー	交渉中	EFTA加盟国
	アイスランド	発効済み（2014年7月）	EFTA加盟国
その他	トルコ	—	韓国トルコFTA発効（2013年5月）
	TPP（環太平洋パートナーシップ）	—	参加意思を表明
	湾岸協力会議（GCC）諸国	交渉中	交渉中

（資料） ジェトロ J-File などから作成。

は，2003年にFTA交渉が開始されたものの，翌年には中断することになり，いまだもって再開されていない。

したがって，韓国は2015年10月現在において，日本とメキシコを除くTPP交渉参加国のほとんどとFTAを締結ないし署名を行っている。

また，中国がアジアと締結した主なFTAには，ASEANと中国とのFTA（ACFTA）があるし，台湾との中国台湾海峡両岸経済協力枠組み協定（ECFA），がある。この他にも，中国はシンガポール，パキスタン，マカオ，香港，ニュージーランド，チリ，ペルー，コスタリカ，アイスランド，スイスとの間でFTAを発効させている。これらの中国のFTAは，ほとんどが2005年以降の発効になる。

さらに，中国は特恵関税協定であるアジア太平洋貿易協定（APTA，2005年にバンコク協定からAPTAに改称）を韓国・バングラデシュ・インド・ラオス・スリランカとの間で締結している。これにより，中国は加盟国との間で4000品目以上の特定品目について関税削減を実施している。

そして，中国はオーストラリア，韓国との間のFTAに署名している。また，ノルウエー，湾岸協力会議（GCC）との間でFTAを交渉中である。こうしたことから，中国の2013年におけるFTAカバー率（FTA発効済みの国・地域との往復貿易が全体に占める割合）は，18.8％に達している。2013年の韓国のFTAカバー率は36％であり，日本は18.2％である（第3-1表の22.6％は，2015年発効の日豪EPAを含んだ割合）。中国のFTAカバー率は韓国の半分であるが，日本とほぼ同じである。これは，それだけ中国のFTAに対する意気込みが決して弱くはないことを示している。

第2節　格差が現れた中国の日本・韓国・ASEANとの貿易におけるFTA効果

1. 高い中国のASEANとの貿易伸び率

第3-1図と第3-2図は，2005～2013年における中国の国別輸出入の年平均成長率を国別に計測したものである。これらの図によると，中国の世界への輸

出における 2005〜2013 年の年平均成長率は 14.2％であり，世界からの輸入では 14.5％であった。これに対して，中国の同期間における日本への輸出の年平均成長率は 7.5％，日本からの輸入は 6.2％であった。また，中国の韓国への輸出の平均成長率は 12.7％，輸入は 11.4％であった。

一方，中国はインドネシア，マレーシア，タイ，ベトナムの ASEAN 4 ヵ国との貿易を世界平均と同等かそれ以上に拡大している。中国の ASEAN 4 ヵ国への輸出の年平均成長率は 20％〜31％，輸入で 13％〜27％に達する。この結果，2005 年以降，中国の ASEAN 4 ヵ国との貿易の伸びは，日韓との貿易の伸びよりも大きく拡大している。

中国は ACFTA を通じて，ASEAN 4 ヵ国との間で 2005 年から関税の削減を実施している。ACFTA の発効が，中国の ASEAN 4 ヵ国との貿易の伸びと日韓との貿易の伸びの間に格差を生んだ大きな原因と思われる。また，近年の ASEAN の経済成長率が日本や韓国よりも高いことも，ASEAN 4 ヵ国と中国との貿易を拡大させた要因であると考えられる。

実際に，ACFTA の関税削減効果を分析したところ，2014 年のインドネシア，タイが中国からの輸入で ACFTA の利用により削減できた関税額はそれぞれ 13 億ドル，20 億ドルに達した。これは，これら 2 ヵ国の中国からの輸入

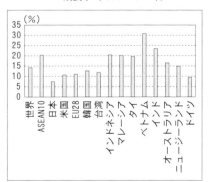

第 3-1 図　中国の国・地域別輸出の年平均成長率（2005－2013 年）

（資料）　Global Trade Atlas（GTA）。GTI より作成。

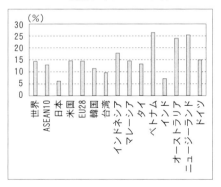

第 3-2 図　中国の国・地域別輸入の年平均成長率（2005－2013 年）

（資料）　第 3-1 図と同様。

額の 5.0%（関税削減率）に相当する。つまり，ACFTA により，これら 2 ヵ国の中国からの輸入に課せられる関税額は平均で 5％も減るのであるから，関税の削減効果が働いていることは明白である。品目によっては，20％や 30％の関税削減効果を得られる場合がある。ちなみに，ACFTA を利用した中国の ASEAN10 からの輸入での関税削減額は 53 億ドルで，その輸入額に対する割合である関税の削減効果（関税削減率）は 2.7％であった。

　この関税額の削減効果は，全品目の輸出入に ACFTA を利用するという前提で計算されているので，実際よりも過大に見積もられている。しかし，ACFTA で関税が削減されたことで，さらに新たな輸出入が誘発されるので，それを毎年積み上げていくと最終的には大きな効果に結びつくことになる。つまり，この累積的な関税効果を考慮すれば，中国の ASEAN との貿易の方が，中国の日本・韓国との貿易よりも，確実に FTA 効果の分だけ増加圧力を受けていると考えられる。

　また，中国の日本と韓国との貿易における年平均成長率を比較すると，輸出入ともに韓国の方が日本を上回っている。これは，中国と韓国との間で，中国と日本よりも貿易の流れを促進する要因があることを示唆している。

　具体的には，中国と韓国との間の特恵関税協定である APTA の影響があるものと思われる。すなわち，韓国は中国との輸出入で APTA を活用することにより，通常の輸入で支払う関税率（MFN 税率）よりも割安な特恵関税率を利用することができる。

　さらに，中国の日本との輸出入を財別に見てみると，2013 年の中国から日本への輸出の 37.4％を占める中間財の年平均成長率（2005〜2013 年）が 8.3％であり，中国の日本からの輸入の 67％を占める中間財の平均成長率が 5.7％にとどまっている。

　一方，中国の韓国への輸出の 56％を占める中間財の年平均成長率（2005〜2013 年）は 13％の増加であり，中国の韓国からの輸入の 78％を占める中間財の伸びは 12％の増加であった。中間財という主力な財における中国の韓国との輸出入の伸びが日本よりも高かったことが，中国の日本と韓国との貿易で成長率格差を生んだ要因である。

　この中間財における中国と日韓との間の伸び率の違いは，韓国の対中投資の

拡大に応じて，韓国は中間財の輸出入を増加するビジネスモデルを推進しているが，日本は対中投資の進展により，中国との輸出入を現地生産・現地販売に切り替えていることが背景にあると考えられる。

2. 中国自動車市場で ASEAN よりも輸出競争力を低下させる日本

中国，タイ，日本が世界から輸入した乗用自動車の輸入単価を比較すると，中国では1台当たり4万0101ドル，タイは1万9402ドル，日本は3万0560ドルであった。

中国がタイから輸入した乗用自動車の輸入単価は2万3531ドルで，通常の輸入で支払う関税率（MFN税率）は25％であった。したがって，中国のタイからの乗用車輸入におけるMFN税率込みの輸入単価は2万9413ドル（輸入単価2万3531ドル×MFN税率25％）となる。中国はタイとの間でACFTAを結んでいるので，ACFTA利用時のFTA税率（ACFTA税率）は15％である。したがって，ACFTA税率込みの輸入単価は，第3-3図のように，2万7071ドル（輸入単価2万3531ドル×ACFTA税率15％）となる。この結果，ACFTA利用による乗用車の輸入単価の削減額は2342ドル（MFN税率込み輸入単価2万9413ドル－ACFTA税率込み輸入単価2万7071ドル），輸入単価の削減率は10％（輸入単価削減額2342ドル÷輸入単価2万3531ドル）となる。

一方，中国の日本からの乗用自動車の輸入単価は2万9442ドルで，MFN税率は25％であった。したがって，MFN税率込みの輸入単価は3万6802ドルとなる。中国と日本とはEPA/FTAを結んでいないためMFN税率が適用されることになり，活用するFTAのFTA税率込みの輸入単価は3万6802ドルとMFN税率込みの輸入単価と同じになる。このため，輸入単価削減額と輸入単価削減率はともに0となる。日本は中国とFTA効果を発揮できないため，中国の乗用自動車市場において，タイからの輸入と比較すると1台当たり2342ドルの関税削減額分だけ競争力を低下させている。

中国の米国からの乗用自動車の1台当たりの輸入単価は4万1878ドルである。中国と米国とはFTAを結んでいないので，MFNとFTA活用による税込み輸入単価は共に25％増の5万2348ドルとなる。同様に，ドイツからの輸

第2節 格差が現れた中国の日本・韓国・ASEANとの貿易におけるFTA効果 49

第3-3図 中国の乗用車のFTA活用による輸入単価の変化

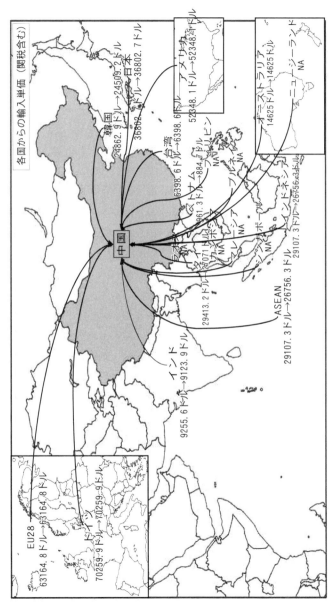

(注1) 矢印の左側はMFN税率込みの輸入単価、右側はFTA税率込みの輸入単価。
この差分が輸入単価の削減額で、これを輸入単価で割ると輸入単価の削減率になる。
(注2) 1台当たりの輸入単価は2013年の輸入額を輸入台数で割って求めた。
ACFTA税率は2014年の値である。したがって、この乗用車の輸入単価は2014年の輸入単価とACFTA税率を用いている。
(注3) 本章のFTA利用による輸入単価の変化の分析では、各品目のMFN税率とFTA税率を単純平均で計算している。したがって、8章における加重平均による品目別の関税削減率表などより作成。
(資料) Global Trade Atlas (GTA), GTI、各国実行関税率表などより作成。

入単価は5万6208ドルで，MFNとFTA活用による税込み輸入単価は7万0260ドルとなる。米国とドイツの輸入単価削減額と輸入単価削減率は，日本同様に共に0である。

また，中国の韓国からの乗用自動車の輸入においては，輸入単価が1万9890ドルであった。中国の韓国からの乗用車輸入でのMFN税率は25%であるが，FTA税率はAPTAの活用により，23.2%にやや低下する。このため，MFN税率の税込輸入単価は2万4863ドルで，FTA活用の税込輸入単価は2万4509ドルになる。中国の韓国からの乗用自動車1台当たりの輸入単価削減額は354ドルで，輸入単価削減率は1.8%であった。

つまり，中国市場においては，米国とドイツからの乗用自動車の輸入は日本と同様にFTAを活用できないため，米独は日本とはFTA活用による競争力において差は生じない。しかし，韓国はAPTAにより輸入単価を1台当たり354ドル節約でき，FTA活用による競争力を1.8%上昇させる。APTAは中国のインドからの乗用自動車の輸入においても活用できるので，インドは韓国と同程度に中国市場で日本や米独に対して競争力を高めることができる。

このように，ASEANと韓国は中国の乗用車市場において，FTAを活用した価格競争力で日米独よりも優位に立つが，実際の乗用車輸入額の割合ではドイツや米国，日本よりも低い。中国で現地生産している乗用車よりも高品質で高額なものを中心にした輸入乗用車の競争においては，ASEANや韓国のFTAのメリットは薄まってしまうと考えられる。

もしも，将来において，日中韓FTAやRCEPが発効すれば，日本は乗用車の中国市場への輸出において，米独に対して価格競争力で有利になる可能性がある。中韓FTAでは自動車は除外されたが，中韓が日中韓FTAやRCEPで，日本などに対して乗用車のFTA税率をどのように段階的に削減するのかが注目される。

第3節 タイとの貿易で中国・ASEAN・韓国よりもFTA効果が低い日本

1. タイの貿易で韓国の伸びに後れを取る日本

　2013年のタイの世界への輸出は2250億ドルで，輸入は2498億ドルであった。また，タイの日本への輸出は219億ドルであり，タイの韓国への輸出の約4.8倍であった。タイの日本からの輸入は410億ドルであり，韓国からの輸入の4.5倍であった。

　このことからわかるように，タイの日本との輸出入金額は，タイと韓国との貿易額を大きく上回っており，これまでは韓国はタイとの貿易額で日本に後れを取っていたと考えられる。タイにとって日本は国単位では中国を上回る最大の輸入相手国である。

　2013年のタイの全輸入に占める日本からの輸入の割合は16.4%であり，ASEANは17.6%，中国15.1%，EU8.8%，米国5.8%，韓国は3.6%であった。タイの輸出先としては，ASEAN（シェア25.9%）と中国（11.9%），米国（10.0%），EU（9.8%）が日本（9.7%）を上回っている。タイの韓国向けの輸出の割合は2.0%であった。

　第3-4図，第3-5図のように，タイの世界への輸出における年平均成長率（2005〜2013年）は9.4%，輸入は9.8%であった。タイの他のASEANへの輸出の年平均成長率は11.8%であり，輸入は8.4%であった。タイの中国への輸出は14.5%であり，輸入は16.4%と非常に高い成長率を示した。なお，タイとFTAを締結済みであるインドやオーストラリア向け輸出の年平均成長率は，タイのASEANへの輸出以上に高く16%に達している。

　タイのASEANや中国との輸出入の年平均成長率（2005〜2013年）は，タイのASEANからの輸入を除いては，世界平均よりも伸びが高かった。インドネシアも同様であるが，ACFTAやAFTAの効果が強く現れている。

　また，タイの日本への輸出の年平均成長率は4.8%であり，輸入は5.8%であった。タイの韓国への輸出の年平均成長率は9.1%であり，輸入においては

第3-4図 タイの国・地域別輸出の年平均成長率（2005－2013年）

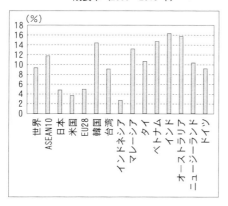

（資料） 第3-1図と同様。

第3-5図 タイの国・地域別輸入の年平均成長率（2005－2013年）

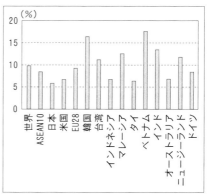

（資料） 第3-1図と同様。

11.2％と高い成長率であった。したがって，インドネシアと同様に，タイは韓国との輸出入のいずれにおいても，日本よりも大きく年平均成長率を拡大している。

タイの韓国への財別輸出の2005～2013年までの年平均成長率においては，中間財である加工品の伸びが高く13.5％であった。タイの韓国からの財別輸入では，79.1％のシェアを占める中間財の成長率が12.6％であった。タイの日本との貿易を見ると，シェアが46.4％の中間財と49％の最終財の輸出では，その年平均成長率はそれぞれ4.4％と6.0％にすぎなかった。タイの日本からの輸入では，76.6％を占める主力の中間財の年平均成長率は6.6％にとどまっている。

したがって，タイと日本との輸出入は年平均成長率でタイの世界平均を下回っており，FTAの効果が相対的に低く現れている。これに対して，タイと中国・ASEAN・韓国との輸出入では，インドネシア同様に，FTAの効果が日本よりも高めに現れている。

日本は依然としてタイにとって国単位では最大の輸入相手国であるが，ASEANや中国，韓国の追い上げがあり，いつまでも安穏としてはいられない。日本のタイへの投資拡大により，輸出から現地生産に切り替わっているこ

とも，日タイ間の輸出入の伸びが低下している原因の1つであると考えられる。しかし，日本からタイへの投資が拡大しても，輸出を増やすことは可能であり，これまで以上に日タイEPA（JTEPA）やASEAN日本経済連携協定（AJCEP）の効果を発揮することによって伸び率を高めることが期待される。

2. タイでは日本車はASEANからの輸入車よりもFTA効果が低い

タイのインドネシアからの乗用自動車の輸入単価は1万4793ドルで，MFN税率は70.1％であった。このため，MFN税率込みの輸入単価は7割増しの2万5168ドルとなる。タイはインドネシアとはAFTAの加盟国同志であり，乗用車のAFTA税率は0％である。

したがって，第3-6図のように，タイのインドネシアからの乗用車の輸入においては，AFTA税率込みの輸入単価は1万4793ドルのままであり，元々の輸入単価と変わらない。この結果，タイのインドネシアからの乗用車1台当たりの輸入単価の削減額は1万0375ドル（2万5168ドル－1万4793ドル），輸入単価の削減率は70.1％となる。

タイの日本からの乗用自動車の輸入においては，AJCEPかJTEPAを活用できる。2014年時点においては，MFN税率は70.1％であり，JTEPAを利用した関税率（FTA税率）は49.1％に減少する。タイの日本からの乗用自動車の輸入単価である2万2890ドルは，MFN税率込みの輸入単価で3万8945ドル，JTEPA税率込みの輸入単価で3万4139ドルに上昇する。この場合の輸入単価削減額は4805ドル，輸入単価削減率は21％である。

日本はタイとの貿易でEPAを活用できるが，AFTAよりも関税削減率が低いため，インドネシアよりも乗用自動車1台当たりの輸入単価削減額で5570ドル（1万0375ドル－4805ドル）も関税削減効果が低いことになる。

タイの米国からの乗用車の輸入単価は1万0115ドル，韓国からは8424ドル，ドイツからは3万3885ドルであった。米国とドイツはタイとFTAを結んでいないので，輸入単価削減額と輸入単価削減率は0である。韓国は，ASEAN韓国FTA（AKFTA）を使った輸入単価削減額では1726ドルとなり，日本の半分弱の水準であった。しかし，輸入単価削減率では20.5％と日本と同様の結果である。

54　第3章　東アジア貿易におけるFTA効果とサプライチェーン

第3-6図　タイの乗用車のFTA活用による輸入単価の変化

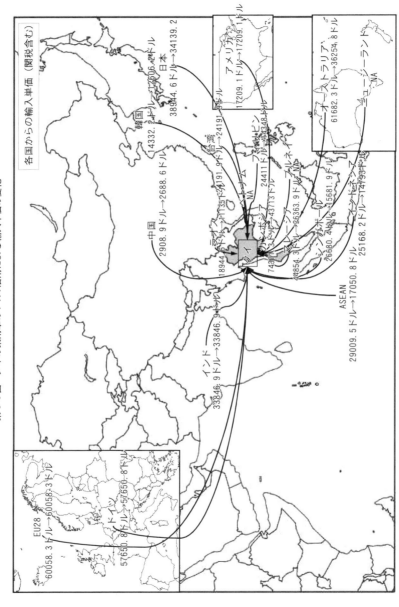

(注) および (資料) 第3-3図と同様。

すなわち，日韓はタイの乗用自動車市場でFTAを活用することにより，米国とドイツに対して，1台当たりの輸入単価で20%程度の競争力を高めている。しかしながら，米独がタイで乗用自動車を生産・販売し，他のASEANで生産したものをタイに輸出すれば，この日韓とのFTA活用による競争力の低下は解消されることになる。

第4節　韓国よりも低い日本のFTA利用率

1. 求められる中小企業のFTA活用の促進

第3-3表は，タイ，マレーシア，ベトナムの輸出における主要FTA別の利用率を示したものである。2012年のタイの韓国への輸出におけるASEAN韓国FTA（AKFTA）の利用率は44.8%であり，日本向け輸出への日タイEPA/AJCEPの利用率の27.3%を大きく上回る。

第3-3表　タイ，マレーシア，ベトナムの輸出におけるFTAの利用状況

	FTA	利用率（%）	
		2010年	2012年
タイ	AFTA	31.6	26.2
	ACFTA	34.4	42.4
	ASEAN韓国	24.4	44.8
	ASEAN日本，日タイ	23.7	27.3
マレーシア	AFTA	17.5	30.4
	ACFTA	17.8	26.4
	ASEAN韓国	65.4	72.3
	ASEAN日本，日マレーシア	14.6	17.0
ベトナム	AFTA	14.0	23.6
	ACFTA	30.6	22.1
	ASEAN韓国	65.1	83.6
	ASEAN日本，日ベトナム	30.3	31.3

（注）　各FTAの利用率は，輸出でのFTAの利用額を総輸出額で割ったもの。
（資料）　2013年ジェトロ世界貿易投資報告より作成。

さらに，マレーシアの韓国向け輸出におけるAKFTAの利用率は72.3％に達し，日本への輸出における日マレーシアEPA/AJCEPの利用率の17.0％を大きく上回る。ベトナムでも，輸出におけるAKFTAの利用率は83.6％であり，日ベトナムEPA/AJCEPの利用率は31.3％という結果であった。

　こうしたタイ，マレーシア，ベトナムの韓国向け輸出におけるFTAの利用率の高さは，第1に韓国では通常の輸入で徴収される関税率（MFN税率）が日本よりも高く，FTAを使うメリットが高いことが挙げられる。

　第2には，これらの国と韓国との間でFTA利用を拡大するための整備を着々と進めていることが背景として考えられる。例えば，2012年8月にカンボジアで開かれたASEAN韓国経済相会議では，2012年1月までにノーマルトラック対象品目の関税撤廃が実現したことを歓迎するとともに，相互譲許既定の見直しや運用上の証明手続の簡素化などについても合意が行われた。こうしたAKFTAの活用を支援する取り組みが，韓国のFTA利用の高さにつながっていると思われる。

　また，韓国の対EU輸出においてもAKFTA並みの利用率を実現しているようだ。これは，韓国では特に中小企業へのFTA利用促進策が進展しているためと考えられる。韓国では，200人もの原産地証明制度等を担当する職員を抱えており，中小企業のFTA利用への手厚い支援を実施している。これらの豊富な人材と民間企業との交流が進むことにより，さらにFTA利用が活発になっているようである。

　韓国の中小企業向けの主な支援策として，① 中小企業へのコンサルティング，② 原産地判定システムの提供，③ 輸出品の原産性が承認されるかどうかの事前確認，などの実施が挙げられる。また，ウエブサイトで相手国のFTA関税率，原産地規則の実態，FTA利用の成功例などを提供しているし，コールセンターを設置し，FTA利用の相談にも対応している。さらに，韓国は人材育成にも熱心で，実務者に対して原産地規則等の講座を無料で開いている。

　ジェトロによる2013年度の日本企業におけるFTA利用上の課題に関するアンケートでは，① 輸出のたびの証明書発給申請が手間，② 原産地基準を満たすための事務的負担，③ 品目ごとの原産地判定基準の違いが煩雑，④ 原産地証明書発給にかかる手数料負担，⑤ 原産地証明書発給までの時間が長い，

などの問題があるとの回答が多かった。また，資本金の規模が 1000 万円以下の企業においては，EPA/FTA の制度や手続きを知らない企業も少なくない。これは，事業規模が小さければ小さいほど FTA の手続きや関連情報を知りうる機会が少ないことを意味しており，何らかの行政的なサポートが必要である。

また，資本金が 1 億円以上の企業の輸出における FTA 利用率は 3 割を超えるが，1000 万円以下の企業では 13% にとどまる。この利用率は，輸出を行っている企業を母数としているので，もしも輸出を実行していない企業を含めるならば，1000 万円以下の企業の利用率はもっと低くなる。

2. FTA 利用の課題と対策

FTA の関税削減効果を測る 1 つの指標として，「関税率差」がある。これは，FTA を利用しない時に一般的に支払う関税率（MFN 税率）と FTA を利用した時の関税率との差分を表している（関税率差＝MFN 税率－FTA 税率）。

今，タイに進出した日系企業が ACFTA を利用して中国から T シャツを 1000 万円ほど輸入する場合，関税率差は 30% であるため，300 万円の関税額を削減することが可能だ。このように，高い関税率差がある場合には，企業は躊躇することなく FTA の利用を決断する。しかし，もしも関税率差が 5% まで縮まった場合，1000 万円の輸入で 50 万円の関税削減となるので，FTA を利用するかしないかは，その 50 万円の利益を得るためにかかるコスト次第ということになる。

2014 年度のジェトロの日本企業の海外事業展開に関するアンケート調査によれば，日本企業が FTA 利用を決める関税率差はどれくらいかという問いに対し，25.7% の企業が「3〜5%」と回答した。次に，18.4% の企業が「5〜7%」，そして 14% の企業が「1〜3%」と答えている。

関税率差の回答をよく見ると，大企業と中小企業との間で明確に違いが現れている。大企業の場合は，関税率差が「1% 以下」でも利用すると回答した企業は 10.4% もあるが，中小企業では 5.3% にとどまっている。さらに，中小企業では，関税率差を「9% 以上」と答えた割合は 13.7% にも達しており，全体

的に大企業よりもFTA利用を決断する関税率差がやや高い傾向がある。

既存の広域FTAであるACFTAの関税率差を見てみると，2013年の中国の全品目平均の関税率差は2.5％であった。インドネシアは4.2％，マレーシアは3.6％，タイは4.1％，ベトナムは1.7％であった。つまり，ACFTA各国の平均的な関税率差は2～4％の範囲ということになる。これに対して，AFTAの平均的な関税率差は各国とも4～6％の範囲であり，ACFTAよりも利用を決断しやすいFTAとなっている。

AFTAの関税率差は平均的に高いため，日本の中堅・中小企業でも，FTAの利用を決断する上であまり支障にはならない。しかし，ACFTAでは，特に中国やベトナムに進出した日系企業においては，関税率差が相対的に低いため，FTAの利用を躊躇する品目も少なくない。

したがって，メガFTAの誕生が迫っている中，今後の中堅・中小企業のFTA利用を拡大するためには，関税率差が低い場合でもFTAの利用につながるような対策を練る必要がある。具体的には，原産地証明書を取得する際の手続きの簡素化や海外のFTAを含めた段階的な関税削減に関する情報提供等が考えられる。

日本の原産地証明手続においては，第3者証明[1]が一般的である。第3者証明においては，原産地証明の依頼から承認まで1週間以上かかることもあるし，1件当たり2500円の手数料が必要である。また，証明書の現物を受け取りに行く手間などを考慮すると，電子化の促進が望まれる。

一部の日本のFTAでは自己証明を基本とする認定輸出者証明[2]が採用されているが，この初回登録免許税は9万円である。そして，3年毎の認定の更新手続きが必要である。この認定輸出者証明を適用できるFTA/EPAを増やすことは，大企業だけでなく中堅・中小企業においても選択の範囲が広がることになる。

こうした行政手続きの簡素化やコストの削減はもとより，MFN税率やEPA/FTA税率の定期的情報提供，さらには日本が締結しているEPAだけでなくACFTA/AFTAなどの海外のFTAにおけるステージング（段階的関税削減）の社内管理用の情報提供などを推進することが望まれる。

また，企業のFTA活用における社内体制の整備が不可欠である。FTAを

活用するにあたっての関税分類番号（HSコード）の管理と原産地証明書の書類作成等の手続き，あるいは海外事務所や国内の事業所とのやり取りのために，本社内に数名の担当者が必要である。そして，社内のイントラネットを活用したFTA関連の情報発信などの体制整備が求められる。

　さらに，これまでも行われてはいるものの，中小企業向けのFTA利用のコンサルティング，原産地証明手続きの研修などのワンストップサービス機能の拡充を図ることも肝要である。

（高橋俊樹）

【注】
1）　原産地規則に照らし，原産資格があると判断された場合，特定原産地証明書により，その資格を輸入国税関に証明する必要がある。第3者証明とは，日本商工会議所のような指定発給機関が特定原産地証明書を発給する制度のことを指す。
2）　認定輸出者証明とは，認定を受けた輸出者が，自ら原産地申告を作成する制度のことを指す。日スイスEPA，日ペルーEPA，日メキシコEPAでは，経済産業大臣から認定された輸出者が自ら作成した特定原産地証明書を利用することができる。

【参考文献】
高橋俊樹（2014）「メガFTA活用の支援体制を急げ」国際貿易投資研究所「コラム」23。
高橋俊樹（2013），『東アジアの貿易におけるFTA効果とサプライチェーンへの影響』，国際貿易投資研究所，季刊『国際貿易と投資』第94号。
高橋俊樹（2012），『ASEAN中国FTA（ACFTA）の運用実態と活用方法』，国際貿易投資研究所，季刊『国際貿易と投資』第89号。
『平成26年度 ASEAN中国FTA（ACFTA）およびASEAN日本FTA（AJCEP）の品目別関税削減効果　調査事業報告書』，国際貿易投資研究所，平成27年2月。
『平成24年度 ASEAN中国FTA（ACFTA）の運用状況に係る現地調査結果報告書』，国際貿易投資研究所，平成25年3月。

第 4 章

自動車産業と FTA
~AEC 実現を目指す ASEAN の例を中心に~

はじめに

　自動車産業は，東アジア各国にとってきわめて重要な戦略産業である。自動車産業は，完成車メーカーだけではなく，部品産業や素材産業など幅広い裾野産業を抱え，各国の経済発展にきわめて大きな影響を与える。東アジア各国は，発展にとって重要な戦略産業として自動車産業を育成してきた。日本においても韓国においても同様であった。また ASEAN 諸国においても，タイやインドネシアに見られるように，産業政策によって自動車産業を保護育成し，同時に日本メーカーを中心に外資を導入しながら，自動車産業を急速に発展させてきた。他方，現在，多くの FTA が構築されてきている。ASEAN の ASEAN 自由貿易地域（AFTA），ASEAN プラス 1 の FTA が確立し，現在では，環太平洋経済連携協定（TPP），東アジア地域包括的経済連携（RCEP）などメガ FTA の交渉が始まっている。FTA は各国の色々な産業に影響を与えるが，自動車産業においても大きな影響を与える。

　自動車産業と FTA に関しては，ASEAN の例が，東アジアにおける最も重要な事例と言える。ASEAN は 1980 年代から関税削減を含めた自動車関連プログラムを実践し，東アジア各国に先駆けて FTA を確立して，自動車と自動車部品に関しても関税を撤廃している。すなわち 1980 年代末からのブランド別自動車部品相互補完流通計画（BBC スキーム）に始まり，関税の引き下げを含めて域内での自動車関連プログラムを着実に実践し，1992 年からは AFTA の確立を目指してきた。2010 年 1 月には，先発 6 ヵ国で AFTA を確

立し，自動車と自動車部品を含めて関税を撤廃した。そして ASEAN の現在の目標は，2015 年末の ASEAN 経済共同体（AEC）の実現である。

　ASEAN 自動車産業において日系自動車メーカーの占める位置は大きく，ASEAN は日本の自動車産業にとっても，最重要な生産・販売拠点の 1 つである。そしてこれまでの ASEAN の自動車関連プログラムや AFTA は，一貫して日系自動車メーカーの ASEAN 域内での部品補完と自動車生産ネットワーク構築を支えてきた。

　本章では，自動車産業と FTA に関して，ASEAN の例を中心に述べる。第 1 節で ASEAN の自動車産業について概観し，第 2 節で ASEAN 自動車産業と FTA に関してこれまでの ASEAN の例を述べる。第 3 節では ASEAN における FTA と生産ネットワーク形成の典型的な例であるトヨタ自動車（トヨタ）の革新的国際多目的車（IMV）について述べ，第 4 節で ASEAN 自動車産業と AEC について分析する。

第 1 節　ASEAN 自動車産業

1. 最近の ASEAN 自動車産業

　先ず現在の ASEAN 自動車産業について見ておこう。2008 年からの世界金融危機は，ASEAN と ASEAN 諸国にとっても打撃となったが，他の世界各国に比べて ASEAN 各国は危機から急速に回復し，2010 年にはタイ，インドネシア，マレーシア，フィリピンの販売台数は 4 ヵ国とも過去最高を記録した。ASEAN は世界の有力な成長センターの 1 つとなり，成長と所得の向上による急速な内需の拡大が期待されるようになっている[1]。

　世界金融危機は，世界の自動車産業に対しても大きな転換を迫った。自動車各社は，中国や ASEAN のような新興国向け車や環境対応車へのシフトを急速に進めている。ASEAN における自動車と部品の生産は，危機後の ASEAN 内の需要の拡大と新興国向けの輸出を含め，大きな可能性を有する。

　また ASEAN においては，2015 年末の AEC の確立を目指している。2010 年 1 月 1 日には，AFTA による先行 6 ヵ国による関税の撤廃がほぼ完成した。

タイなどASEAN各国のAFTAの利用，とりわけ自動車と自動車部品に関する利用も拡大してきている。自動車と自動車部品の域内国際分業は，更に加速する可能性がある。また2010年1月1日には，ASEANを軸として日中韓，インド，オーストラリア，ニュージーランドとのFTA網が完成に近づいた。ただし，たとえばASEAN中国自由貿易地域（ACFTA）において，自動車と自動車部品では関税撤廃の例外品目が多く，自動車と自動車部品に関しては，ASEAN域内の協力と統合が先行している。

2. ASEAN各国の自動車産業

　ASEAN主要国の自動車産業の現状について，主要な3国であるタイ，インドネシア，マレーシアの自動車産業について触れておきたい。タイはASEANの自動車産業の核であり，政情不安，アジア経済危機や世界金融危機，大洪水等の多くの影響を受けながらも，自動車生産と販売を大きく拡大させてきた。日系の主要なメーカーが生産を行っており，日系自動車メーカーの一大集積地となっている。また日系を含め2000社以上の第1次から3次の部品メーカーが集積している。販売では約90％を日系自動車が占め，日系メーカーの世界における重要な生産基地と市場である。また最近では年に100万台以上を輸出する自動車輸出国である。需要においては，1トン・ピックアップトラックの需要が大きかったが，最近では乗用車の需要も増えてきている。

　インドネシアは，ASEANで最大の人口を抱えながら成長を続け，生産と販売が大きく拡大してきている。インドネシアにおいても日系の主要なメーカーが生産を行っており，日系自動車メーカーの主要な生産基地と市場となっている。また日系を含め1000社以上の部品メーカーが集積している。販売では，タイを上回る約95％のシェアを日系自動車が占めている。また最近では20万台ほどを輸出している。需要においては，7人乗りなどのミニバンの需要が大きく，ミニバンを含めた乗用車の割合が大きい。

　マレーシアは，他のASEAN各国と異なり，1980年代から独自の国民車を生産して来ており，プロトン，プロデュア（ダイハツが資本参加している）に代表される国民車の生産と販売の割合が大きい。完成車の輸出は2013年でも2万台程度である。自動車の需要に関しては，乗用車中心でやや成熟した市場

3. ASEAN の自動車生産

　タイ，インドネシア，マレーシア，フィリピン，そして 1995 年に ASEAN に加盟したベトナムの主要な自動車生産国 5 ヵ国の自動車生産台数は，ASEAN 各国の成長にともない急速な拡大が続いてきた。2010 年には 310.2 万台であったが，2011 年にはタイの洪水の影響があり 299.5 万台に減少したものの，2012 年には 423.8 万台，2013 年には 443.9 万台に拡大した。ただし 2014 年にはタイの生産減少により 398.5 万台に減少した（第 4-1 図参照）[2]。

　2013 年の生産状況を見ると，2012 年の 423.8 万台から 443.9 万台へ 4.8%増加し，過去最高を更新した。それらのうち，タイが 245.7 万台，インドネシアが 120.8 万台，マレーシアが 60.1 万台，フィリピンが 7.9 万台，ベトナムが 9.4 万台であった[3]。シェアを見ると，タイが 55.4%，インドネシアが 27.2%で，

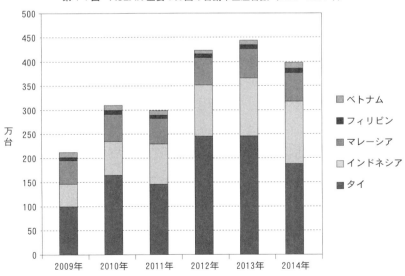

第 4-1 図　ASEAN 主要 5 カ国の自動車生産台数（2009 − 2014 年）

（注）　各国自動車工業会資料等より FOURIN 作成。
（出所）　FOURIN（フォーイン）『アジア自動車調査月報』2015 年 2 月号，23 ページから作成。

タイとインドネシアで 82.6％を占めた。

2014 年の生産状況を見ると，5 ヵ国合計で 398.4 万台へと大きく減少した。特にタイが 188.0 万台と大きく減少し，インドネシアが 129.9 万台と 7.5％増で，マレーシアが 59.6 万台と微減，フィリピンは 8.9 万台へと拡大，ベトナムも 12.1 万台と拡大した[4]。2014 年のシェアでは，タイとインドネシアで 79.8％，タイとインドネシアとマレーシアの 3 国で 94.7％を占め，依然として圧倒的である。

4. ASEAN の自動車販売

タイ，インドネシア，マレーシア，フィリピン，ベトナム，シンガポール，ブルネイの ASEAN の主要 7 ヵ国の自動車販売台数は，ASEAN 各国の成長にともない拡大が続き，2010 年から過去最高を更新して 2013 年に 359.2 万台に達した。しかし 2014 年には，とりわけタイが，政情不安や 2011 - 12 年度に実施した「ファーストカー購入政策」（初めて自動車を購入する消費者に物品税を払い戻す政策）による需要の先食いの影響があり，販売が大きく落ち込み，ASEAN 主要 7 ヵ国で約 324.9 万台となった（第 4-2 図参照）[5]。

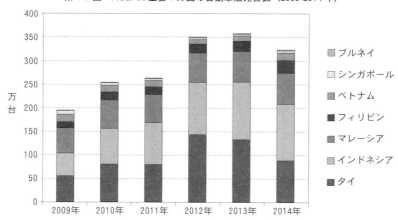

第 4-2 図　ASEAN 主要 7 カ国の自動車販売台数（2009-2014 年）

（注）各国自動車工業会資料、AAF 資料等より FOURIN 作成。
（出所）FOURIN（フォーイン）『アジア自動車調査月報』2015 年 2 月号，22 ページから作成。

国別では，タイが133.1万台，インドネシアが123.0万台，マレーシアが65.6万台，フィリピンが21.3万台，ベトナムが11.1万台，シンガポールが3.4万台，ブルネイが1.9万台であった。シェアを見ると，タイが37.1％，インドネシアが34.1％で，タイとインドネシアで71.3％を占めた[6]。

2014年の販売状況を見ると，7ヵ国合計で324.9万台へと大きく減少した。特にタイが88.2万台と大きく減少し，インドネシアが120.8万台と微減で，マレーシアが66.6万台と微増，フィリピンは26.9万台へと拡大，ベトナムも15.8万台と拡大，シンガポールも47.0万台と拡大，ブルネイが1.8万台と微減であった[7]。2014年のシェアでは，タイとインドネシアで64.3％，タイとインドネシアとマレーシアの3国で84.8％を占め，依然として圧倒的である。2015年も不振が続いているが，ASEAN自動車販売は長期的には拡大を続けるであろう。

5. 日系自動車メーカーの優位

ASEAN自動車販売においては，日系ブランドが80％を越え，圧倒的シェアを握っている。規模の小さいブルネイを除くASEAN主要6ヵ国において，日系ブランドのシェアは，2013年に85.2％，2014年にも84.1％である。特にインドネシアでは，2013年に95.5％，2014年に96.2％と圧倒的で，タイにおいてもそれぞれ89.4％，89.2％と圧倒的である。またトヨタのシェアは，2013年に30.5％，2014年に29.9％ときわめて大きく，マレーシアとシンガポールを除くASEAN主要国でそれぞれ30％を越えるシェアを有する[8]。

ASEAN市場は，日系メーカーにとって日本や北米と並ぶ最重要市場である。中国市場と比べても，中国市場は規模が大きいが日系ブランドのシェアが小さいため，日系企業にとっては，ASEAN市場と中国市場はほぼ同等の300万台クラスの市場であり，ASEAN市場は最重要な巨大販売市場である。

6. ASEAN自動車産業の輸出拠点化

ASEANの自動車生産と販売を比べてみると，生産が販売を上回っており，これらの差は主として輸出を反映している。2004年からはトヨタのIMVがタイとインドネシアで生産開始され，タイやインドネシアからのIMVの輸出が

拡大してきた。また 2010 年にはタイで日産の小型乗用車のマーチが生産開始され，ASEAN 各国や日本への輸出が拡大してきた。輸出の拡大はこれらを反映する。

　ASEAN における主要な自動車輸出国のタイは，2000 年代半ばから ASEAN の輸出拠点となり，2013 年に自動車輸出が 112.1 万台に達し，2014 年においても，国内販売と生産が大きく縮小する中で，輸出は 112.2 万台と若干ではあるが拡大した。2013 年の輸出では，乗用車が 39.2 万台，1 トン・ピックアップトラックが 67.0 万台である。トヨタの IMV などの 1 トン・ピックアップトラックが大きな割合を占めるが，マーチなどの乗用車の輸出も拡大している。2014 年の輸出は，乗用車が 41.3 万台，1 トン・ピックアップトラックが 64.5 万台であった[9]。インドネシアの輸出も，トヨタの IMV の輸出が始まった 2004 年には 1 万台弱であったが，2008 年に 10 万台を越え，2013 年には約 17 万台，2014 年度には約 20 万台に達し，インドネシアも ASEAN の輸出拠点となりつつある[10]。

　輸出の拡大においては，次節で見るように AFTA などによる関税削減の効果も大きい。今後，更に AFTA と AEC の実現，ASEAN＋1 などの FTA の整備が進められ，輸出が拡大するであろう。輸出の拡大と生産の拡大は，ASEAN 経済全体の成長を導くであろう。

第 2 節　ASEAN 自動車産業と FTA
　　～BBC スキーム・AICO・AFTA～

1．ASEAN 域内経済協力と BBC スキーム

　本節では，AFTA と AEC の実現に至る ASEAN の域内経済協力と自動車産業の急速な発展を見ていくことにしよう[11]。ASEAN は 1976 年の第 1 回首脳会議と「ASEAN 協和宣言」より域内経済協力を開始した。1976 年からの域内経済協力は挫折に終わったが，プラザ合意を契機とする世界経済の構造変化を基に，1987 年の第 3 回首脳会議を転換点として，「集団的外資依存輸出指向型工業化戦略」による域内経済協力へと転換した。この戦略のもとでの協力

を体現したのは，日本の三菱自動車工業（三菱自工）が ASEAN に提案して 1988 年に調印された，ブランド別自動車部品相互補完流通計画（BBC スキーム）であった。BBC スキームは，ASEAN の域内経済協力の中で最も早くから着実に実践されてきた協力でもあった。

当時のタイ，インドネシア，マレーシア，フィリピンの 4 ヵ国における販売台数は，1988 年には約 41 万台だったが，1995 年に約 137 万台，1996 年には約 145 万台へと急速に拡大していた。この ASEAN 市場の中で日系自動車メーカーのシェアは圧倒的であり，たとえば最大のタイ市場で 90％以上のシェアを占めてきた。自動車産業は多くの裾野産業を有し域内各国経済に大きな影響力を持つため，ASEAN 各国は自動車産業を成長のための戦略産業として保護育成し，完成車の輸入に障壁を設けるとともに国産化義務付け等により，完成車並びに部品の国産化を目指した。日系を中心とする外資系メーカーは，各国に合弁の形態で直接投資を行い，自動車の生産と販売を行ってきたが，その際，部品の国産化規制をクリアーしながら二重投資を避け，同時にスケールメリットを発揮して生産を行うことを模索してきた。BBC スキームは，この状況に適合するものであった。

三菱自工の提案と 1987 年からの ASEAN 域内経済協力の変化を基に，1988 年 10 月の第 20 回 ASEAN 経済相会議において「BBC スキームに関する覚書」が調印された。BBC スキームは，各メーカーのブランド内における部品の ASEAN 各国間補完流通を目的とし，各外資系メーカーが部品の集中生産とその域内流通を行うことを，ASEAN が制度化するものであった。それはまた，各外資系メーカーと関与して国産化を進めていた ASEAN 各国の意向にも沿うものであった。BBC スキームによって，各メーカーには，「特典」として ① 部品の国産化認定と ② 最少 50％の特恵（関税のカット）が与えられた。ただし「必要条件」として，BBC 製品の ASEAN 各国における付加価値は 50％以上とされた。

BBC スキームは，三菱自工，トヨタ，日産等により実践されてきた。三菱自工は，BBC スキーム構想が動き出した 1987 年より ASEAN 各国間部品補完を始め，その認可と同時に同スキームに乗せてきた。トヨタは，ASEAN 域内での部品の相互補完と集中生産のために，1990 年に新たにトヨタ・オート

パーツ・フィリピン（TAP）とマレーシアの T&K オートパーツを設立し，1992年からはフィリピンの TAP で集中生産したトランスミッションを域内各国へ，同じくマレーシアの T&K オートパーツで集中生産したステアリングギアを域内各国へ，BBC スキームを使いながら補完し，ASEAN 域内での部品補完は急速に拡大した。

2. AICO・AFTA と自動車部品補完

ASEAN の域内経済協力は，アジア冷戦構造の変化や中国の改革・開放による急成長などの 1991 年から生じた ASEAN を取り巻く政治経済構造の歴史的諸変化を受け，更に域内経済協力の深化と拡大が迫られた。1992年には AFTA に合意し，1993 年から実際に関税の切り下げを開始した。AFTA は，「AFTA のための共通効果特恵関税（CEPT）協定」により，適用品目（IL）を，当初は2008年までに0〜5％に引き下げる構想であった。

また BBC スキームは，AFTA に対応した新たなスキームへの転換を迫られた。同時に各国自動車産業は，先進国や WTO により保護撤廃と市場開放を迫られていた。こうして BBC スキームの AFTA への統合と自動車と自動車部品の AFTA への編入が焦点となり，1996年4月の ASEAN 非公式経済閣僚会議で「ASEAN 産業協力（AICO）スキームに関する基本協定」が調印され，同年11月に発効した。他方，冷戦構造の変化を契機に，1995年にはベトナムがインドシナ諸国で初めて ASEAN に加盟し，1997年にはラオス，ミャンマーが加盟，1999年にはカンボジアも加盟した。

「AICO スキームに関する基本協定」によると，AICO の目的は，工業部門の基礎の強化や域内投資の拡大とともに，域外からの投資の促進である。製品の範囲は自動車に限定されず，原産地規則も BBC スキームの場合（50％以上）よりも条件が緩くなった。AICO 製品に対しては「特典」として，① 関税0〜5％の範囲で各加盟国が決定する特恵譲許，② 国産化認定，③ 非関税恩典の特典が与えられ，BBC スキームに比べ恩典も拡大した。しかし，各個の AICO の決定権は ASEAN 各国に委ねられており，認可は各国の利益を反映した。また実際の認可の際に貿易のバランスが考慮され，不均衡の際には認可されない場合があった。

1997年半ばからは，ASEAN経済並びにASEAN自動車産業を揺るがす，アジア経済危機が発生した。90年代に急速に成長していたASEAN各国の成長は，鈍化更にはマイナスとなった。またASEANにおける需要の減退は顕著であり，インドネシア，マレーシア，フィリピン，タイの4ヵ国の合計の自動車販売台数は，1996年に144.7万台であったが，1997年には129.9万台へと減少し，1998年には65.6％減の44.6万台へと激減した[12]。

AICOスキームは，1996年11月の受付開始以来1年以上認可が降りなかったが，アジア経済危機のもと，1998年に入ってから認可が下りるようになった。1999年8月時点で30件が認可され，そのうち自動車部品関係が23件となった。2003年2月時点では101件が認可され，そのうち90件は自動車関連であった。トヨタが27件，ホンダが26件と過半を占め，他にデンソー7件，日産5件，三菱自工2件等であった[13]。

3. AECへ向けてのAFTAの加速と自動車産業

2003年10月第9回ASEAN首脳会議の「第2 ASEAN協和宣言」は，AECを実現することを宣言した。アジア経済危機を契機に，ASEANを取り巻く世界経済・東アジア経済の構造が大きく変化したからであった。AECは，2020年（現在では2015年末）までに物品・サービス・投資・熟練労働力の自由な移動に特徴付けられる単一市場・生産基地を構築する構想であった。

AECの柱であるAFTAの確立も加速を迫られた。当初は各国がAFTAから除外してきた自動車と自動車部品も，徐々に適用品目に組み入れられてきた。最後まで除外してきたマレーシアも，2004年にはそれらを適用品目へ組み入れ関税を引き下げ，2007年には関税を5％以下に引き下げた。「第2 ASEAN協和宣言」に基づき，2004年11月に調印された「ASEAN優先統合分野枠組み協定」も，自動車分野を対象として優先的に関税を引き下げることを求めた。

一方，AICOに関しては2004年4月のASEAN非公式経済相会議で，シンガポール，マレーシア，インドネシア等6ヵ国で関税を撤廃することに合意し，AFTAに比較して一定の優位を得た。AICOは，2008年9月時点では150件が認可されており，そのうち134件が自動車関連であった。トヨタが33件，

ホンダが51件，デンソーが12件，ボルボが8件，日産が7件等であり，日系自動車メーカー・部品メーカーの利用が大勢を占めた[14]。

ASEAN各国の自動車販売・生産は，アジア経済危機から回復し，タイ，インドネシア，マレーシア，フィリピンの4ヵ国の販売台数は1998年の44.6万台から2007年には167.1万台，2008年には189.6万台へ，また生産台数は1998年の41.9万台から2007年に220.5万台，2008年に259.3万台へと大きく拡大した[15]。AICOはこれらの生産を支援してきた。

2008年からの世界金融危機は，ASEANとASEAN諸国にとっても打撃となり，2008年から2009年にかけて販売台数も生産台数も減少した。しかし他の世界各国に比べてASEAN各国経済は危機から急速に回復し，2010年には販売と生産は過去最高を記録した。

2010年1月には先発加盟6ヵ国で関税が撤廃され，AFTAが完成した。自動車関連品目の関税撤廃を含めて，先発加盟6ヵ国では品目ベースで99.65％の関税が撤廃された。新規加盟4ヵ国においても，全品目の98.96％で関税が0～5％となった。各国のAFTAの利用も大きく増加し，たとえばタイのASEAN向け輸出（一部を除きほぼすべてで関税が無税のシンガポール向けを除く）に占めるAFTAの利用率は，2000年の約10％，2003年の約20％から，2010年には38.4％へと大きく拡大した[16]。

2010年のタイの各国向けの輸出に占めるAFTA利用率は，インドネシア向け輸出で61.3％へ，フィリピン向け輸出で55.9％に達した。その後2011年から2012年には大洪水の影響で利用率が低下したものの，2013年上期には60.3％に回復した。またタイのAFTAの利用上位品目は自動車関連品目が多く，毎年AFTA利用輸出額上位5品目をほぼ独占し，たとえば2013年上期には，1位の商用車，2位の乗用車（ガソリン／1から1.5L）など，上位5品目すべてが自動車関連品目であった[17]。またAFTAの関税率の引き下げとともに，AICOからAFTAへの切り換えが進められ，2011年にはAFTAに切り換えられた。

以上のように，各国が保護してきた自動車産業においても，BBC，AICO，AFTAによって，自動車産業のASEAN全体の自動車部品補完・生産ネットワーク形成が支援されてきた。そして各社は，主要な部品補完を基に，

ASEAN 大での自動車生産を進めてきた。

第 3 節　ASEAN 自動車生産ネットワークと FTA
　　〜トヨタ自動車の IMV の例〜

1. トヨタ自動車 IMV プロジェクトとその特徴

　トヨタの革新的国際多目的車（IMV）プロジェクトは，これまでの ASEAN 域内経済協力の支援の延長にあり，ASEAN における FTA と生産ネットワーク形成の典型的な例である[18]。IMV は，最初に 2004 年 8 月にタイで生産開始した，1 トン・ピックアップトラックベース車を部品調達から生産と輸出まで各地域内で対応するプロジェクトである。日本にベースとなる車種とマザー工場を持たず，日本製部品にほとんど頼らない。また生産の多くを輸出する。そしてこれまでの域内での部品の集中生産と補完を基に，域内分業と現地調達を大幅に拡大し，多くの部品をタイと ASEAN 各国で生産している。

　IMV は，ピックアップトラック「ハイラックス」とアジア専用ミニバン「TUV」（インドネシアのキジャン等）の後継の統合モデルである。新たに開発した車台を使い，ピックアップトラック（タイでは「ハイラックス・ヴィーゴ」）を 3 種（シングルキャブ，エクストラキャブ，ダブルキャブ），ミニバン（「イノーバ」），SUV（「フォーチュナー」）の計 5 車種を製造している。タイ，インドネシア，南アフリカ，アルゼンチンの 4 ヵ国が IMV の主要生産拠点で，そこからアジア，ヨーロッパ，アフリカ，オセアニア，中南米，中近東に供給する。4 つの生産拠点の中でも世界最大の生産拠点が，タイである。

2. IMV の生産と輸出

　トヨタは ASEAN 各国に生産拠点を有するが，IMV に関してはタイとインドネシアを主力生産拠点とし，マレーシア，ベトナム，フィリピンでも生産を行っている。タイは，IMV の最大の生産拠点であり，ピックアップトラックと SUV のマザー工場である。また IMV 用のディーゼル／ガソリンエンジンの世界供給拠点である。インドネシアはタイに次ぐ IMV の拠点であり，ミニ

バンのマザー工場である。また IMV 用のガソリンエンジンの世界供給拠点である。

　最大の拠点のタイでは，たとえば2010年には43.5万台を生産した。2010年のタイの自動車生産台数のうち，トヨタ自動車の生産台数は63.1万台で38.3％を占め，IMVの生産台数（43.5万台）だけで，タイの商用車生産台数の39.9％，全自動車生産台数でも26.5％を占めた。尚，IMVに関しては，インドネシアでも2010年に8.8万台を生産した。部品の現地調達率に関しても，タイでIMV以前の現地調達率は約60％程度であったが，IMVのタイの主要モデルの調達率（トヨタの調達）は約90％を達成した。またインドネシアのモデルでも約80％を達成してきた。

　IMVプロジェクトでは輸出も大きな特徴であり，前例がない。輸出では，たとえばタイから2010年には27.1万台を輸出していた。2010年におけるIMVの生産に占める輸出の割合は，62.3％に達した。またインドネシアからも2010年には2.7万台を輸出した。

3. IMVにおける自動車と自動車部品補完の拡大

　トヨタは，これまでBBCスキームにはじまりASEAN域内経済協力スキームを利用して，ASEAN域内における主要部品の集中生産と補完による生産体制を構築してきた。IMVにおける集中生産と補完は，これまでのそれらをより発展させたものである。IMVの主要部品に関しては，ディーゼルエンジンをタイで，ガソリンエンジンをインドネシアで，マニュアルトランスミッションをフィリピンとインドで生産し補完している。同時に世界各国へも輸出している。また完成車もASEAN域内で補完し，かつ世界各国へ輸出している（第4-3図参照）。そしてIMVに関するASEAN域内補完に関しては，AFTAを利用している。先述した現地調達率においても，インドネシアでは約80％，マレーシア，フィリピンでは約40％であるが，タイからの調達を含めてASEAN調達で見ると約90％と高くなっている。ASEAN域内での主要部品の集中生産と相互補完流通の成果である。

　IMVプロジェクトにともない，部品各社もASEAN各国での生産や投資と部品補完を拡大した。デンソーは，ASEAN域内ではタイ，インドネシア，マ

第4-3図　トヨタ自動車IMVの主要な自動車・部品補完の概念図

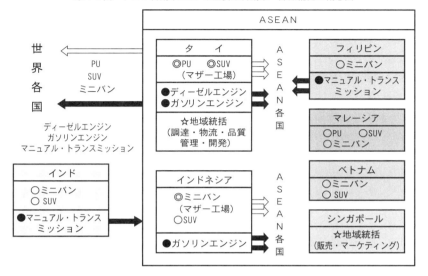

(注)　ヒアリングをもとに筆者作成。
(出所)　清水 (2011), 73ページ。

レーシア，フィリピン，ベトナムに製造会社を有して事業展開し，AICOやAFTAを利用しながら，ASEAN域内を中心に一部インドも含めて，熱機器，電気・電子，パワートレイン製品・部品等を補完してきており，IMVの生産の拡大に伴い，部品の生産と補完も急速に拡大した。

　以上のように，IMVプロジェクトは，トヨタの自動車と部品の集中生産と相互補完だけではなく，1次部品メーカーの代表であるデンソーの部品の集中生産と相互補完をも拡大し，1次部品メーカー，2次部品メーカーや素材メーカーを含め，ASEANにおける重層的な生産ネットワークを拡大してきている。FTAと企業の生産ネットワーク構築から見ても，それらの合致であり，大きな成果と言える。またASEAN内の生産の拡大や現地調達，技術向上も促進されてきている。IMVは，2015年5月から新モデルの生産が開始された。今後，更に生産と輸出，現地調達と部品補完が拡大するであろう。

第4節　ASEAN自動車産業とAEC

1. 2015年末のAECの実現

　現在，ASEANは，2015年末のAECの実現を目指している。AECは，2015年末までに物品・サービス・投資・資本・熟練労働力の自由な移動に特徴付けられる単一市場・生産基地を構築する構想である[19]。2007年11月に発出された「AECブループリント」がAECの2015年までのロードマップであり，4つの戦略目標と17の分野を提示した。4つの戦略目標とは，A.単一市場と生産基地，B.競争力のある経済地域，C.公平な経済発展，D.グローバルな経済統合であった。「A.単一市場と生産基地」では，①物品の自由な移動，②サービスの自由な移動，③投資の自由な移動，④資本の自由な移動，⑤熟練労働者の自由な移動が述べられた[20]。

　現在，「AECブループリント」の「A.単一市場と生産基地」で，その中心である物品（財）の自由な移動において，関税の撤廃に関しては，AFTAとともにほぼ実現に向かっている[21]。AFTAは東アジアのFTAの先駆であるとともに，東アジアで最も自由化率の高いFTAである。先行加盟6ヵ国は2010年1月1日にほぼすべての関税を撤廃した。2015年1月1日には，新規加盟4ヵ国（CLMV諸国）の一部例外品目を除き，全加盟国で関税の撤廃が実現された（尚，CLMV諸国においては，関税品目表の7％までは2018年1月1日まで撤廃が猶予される）。2015年1月には，カンボジアで約3000品目，ラオスで約1000品目，ミャンマーで約1200品目，ベトナムで約1700品目の関税が新たに撤廃され，ASEAN10ヵ国全体での総品目数に占める関税撤廃品目の割合は95.99％に拡大した[22]。また，原産地規則も，利用しやすいように改良されてきた。原産地証明の自己証明制度の導入や税関業務の円滑化，ASEANシングル・ウインドウ（ASW），基準認証も進められている。非関税措置の撤廃も進められているが，その課題の達成は先進国においても難しく2016年以降の課題となるであろう。サービス貿易の自由化，投資や資本の移動の自由化，人の移動の自由化も進められている。

「B. 競争力のある経済地域」と「C. 公平な経済発展」に関係する，輸送プロジェクトやエネルギープロジェクト，経済格差の是正，知的財産における協力等多くの取り組みもなされている。これらは2015年を通過点として更に2016年以降の課題となるであろう。「D. グローバルな経済統合」は，ASEAN＋1のFTA網の整備やRCEP交渉の進展によって，目標に比べて大きく進展しており，2015年末に当初予想よりも達成される分野である。

2015年末に，「AECブループリント」で述べられた目標のすべてが実現するわけではないが，AFTAの実現によりASEANにおける関税の撤廃はほぼ実現され，域外とのFTAも整備される。1990年代前半のAFTAが提案された状況からは，ASEANの統合は大きく進展してきた。

2. AECがASEAN自動車産業に与えるインパクト

AECの実現は，ASEANの自動車産業に更に大きなインパクトを与えるであろう。とりわけAFTAによる関税の撤廃は，大きな影響を与える。2010年1月1日には，AFTAによる先行6ヵ国による関税の撤廃がほぼ完成した。自動車産業の発展とともに，自動車と自動車部品の域内国際分業が更に加速してきている。ただし，タイとインドネシアに自動車産業が更に集積してきており，タイとインドネシアから完成車と部品を輸出する可能性が大きくなっている。タイとインドネシアが，相互に得意な車種を一層集中生産して域内へ輸出する可能性もある。

他方，2010年1月の関税撤廃はフィリピンの自動車産業に負の影響を与え，タイなどからの自動車輸入が拡大している。経済統合の進展は，全体のパイを拡大するが，常に各国間の分配の問題を発生させる可能性がある。ASEANにとっては，域内での分配問題や格差問題を抱えながら，どのように統合を深化させていくことができるかが課題である。

2015年1月1日には，CLMV諸国においても，一部を除いて関税が撤廃された。ただし7％の品目に関しては2018年1月1日まで撤廃が猶予されており，ベトナムでは自動車と自動車部品の撤廃を猶予している。ベトナムでは，2015年には50％掛かっている完成車の関税が撤廃されると，ベトナムで生産する自動車よりも輸入車の方が安くなる可能性があり，2018年1月1日の関

税撤廃によって各社がベトナムでの生産を維持できるかが問われている。ベトナムでの生産の維持は，ベトナム政府がどのような自動車政策を採るかにも関わるであろう。また各メーカーにとっては，長期でのベトナムでの需要の拡大を考えながら，少数の車種の生産を残すことも検討されるであろう。

現在の ASEAN では，「タイ・プラス・ワン」のような新たな域内国際分業が拡大してきていることも注目される。タイなどの主要国の賃金が上昇し失業率がきわめて低下しているからである。自動車産業においても，矢崎総業，トヨタ紡織，デンソーなどの例があげられる。たとえば矢崎総業は，2012 年 12 月にタイ国境に近いカンボジアのコッコン経済特区でワイヤーハーネスの分業工場を稼働させ，タイ工場を補完している。最終的な納入先は，トヨタや三菱自工のタイ工場である[23]。新たな域内国際分業は，CLMV 諸国の自動車部品産業を発展させるであろう。そしてこれらの新たな域内国際分業は，関税の撤廃や貿易の円滑化，輸送インフラの整備などの AEC の実現によって支援されるであろう。

2016 年以降には，関税以外の各国の税や自動車の各国基準等の非関税障壁の削減も行われる可能性がある。非関税障壁の削減，貿易の円滑化，サービスや投資などの自由化，インフラの整備を含め，2016 年以降の AEC の深化は，更に自動車産業に影響を与えるであろう。

おわりに〜FTA が自動車産業に与える影響〜

現在，ASEAN は世界の有力な成長センターの 1 つとなり，自動車の生産・販売・輸出も大きく拡大してきている。BBC，AICO，AFTA によって，ASEAN 全体の自動車部品補完・生産ネットワーク形成が支援されてきた。トヨタの IMV は，ASEAN における FTA と生産ネットワーク形成の合致の典型的な例を示す。そして AFTA を含めた AEC の実現は，ASEAN の自動車産業に更に大きなインパクトを与えるであろう。

最後に，AFTA 以外の FTA について，いくつか述べておきたい。現在，ASEAN と日本，ASEAN と中国，ASEAN と韓国，ASEAN とインド，

ASEAN とオーストラリア・ニュージーランドとの ASEAN プラス 1 の FTA 網が実現してきている。日本 ASEAN 包括的経済連携（AJCEP）や，日本タイ経済連携協定（JTEPA）などの二国間 EPA においては，AFTA ほどではないが，自動車関連品目の関税が引き下げられ自動車関連企業にとっても役に立つ FTA となってきており，今後更に貿易が拡大する可能性がある。ACFTA においては，自動車と自動車部品では関税撤廃の例外品目が多く，自動車と自動車部品に関しては ASEAN 統合が先行している。しかし今後，ACFTA などにおける自動車と自動車部品の関税撤廃が進めば，現在以上に自動車と自動車部品の貿易が拡大する可能性がある。

　また現在，2011 年 11 月に ASEAN が提案した，東アジア広域のメガ FTA である RCEP が交渉中である。RCEP の実現は，東アジア全体での物品・サービスの貿易と投資を促進し，東アジア全体の生産ネットワークの整備を促進し，ASEAN だけではなく東アジア自動車産業全体に影響するであろう。これまで実現できなかった日中韓の FTA が，RCEP によって実現する可能性もある。

　アジア太平洋のメガ FTA である TPP についても，2015 年 10 月に遂に大筋合意に至った。日米間の自動車においても，かなり長期ではあるがアメリカで乗用車に現在 2.5% 掛かっている関税が，TPP 発効後の 25 年目には撤廃される予定である。更に自動車部品に関しては，87.4% の品目において関税が即時撤廃される予定である。またカナダにおいては，乗用車に掛かる 2.5% の関税が 5 年目には撤廃され，ベトナムにおいても 3000cc 超の乗用車に掛かる約 80% の関税が 10 年目には撤廃される。そして今後 TPP 交渉が妥結に向けて進展し，その影響を受けて RCEP 交渉も進展する可能性，AEC も更に加速する可能性が大きい。

　自動車産業においては，本国からの輸出だけではなく，現在では世界各国での生産と輸出も拡大している。それゆえ各企業にとっては，FTA においても，本国と他国の FTA だけではなく，第三国間の FTA も重要になっている。たとえば，日系自動車メーカーは，ASEAN 各国からの輸出をそれぞれの FTA を使って行っている。また米韓 FTA において，在米日系自動車メーカーが，米韓 FTA を利用してアメリカから韓国への自動車輸出を行う。

自動車は，戦略産業として各国が保護あるいは育成しようとしており，関税撤廃に反対し，あるいは他の非関税障壁によって守ろうとする例が多い。TPPの日米間交渉においても，アメリカは日本からの自動車輸入に掛かる関税の撤廃を拒み，交渉における大きな課題となってきた。しかしAFTAのように，FTAによって関税が撤廃された例もあり，自動車分野のFTAの利用は大きな意味がある。今後，各国間の分配の問題を抱えながらも，FTAは輸出と生産の拡大，生産ネットワークの拡大等を支援して各国の成長を促すであろう。

現在，日本の企業は，大企業とともに中小企業においても，FTAを利用しながらASEANや東アジア各国に輸出する例が増えてきている。またASEANや東アジア各国に直接投資を行って現地生産を行う，あるいはそこから日本や第三国へ輸出する例も増えている。ASEANや東アジアへの貿易と投資には，大きなビジネスチャンスがある。ただし当然リスクもある。貿易や投資を行う前に，本書等を参考にして頂くとともに，是非，日本貿易振興機構（ジェトロ）やASEAN各国の日本人商工会議所等の専門家とお会いして，情報を集めることをお奨めしたい。

今後，AECの実現とともに，更には他のFTAの実現とともに，ASEANそして東アジアの自動車産業がどのように発展していくかを，更に検討していくこととしたい。

（清水一史）

【注】
1) ASEANの自動車産業に関して詳細は，清水（2015）を参照。
2) フォーイン『アジア自動車月報』2015年2月号，23ページ。
3) 同上。
4) 同上。
5) 『アジア自動車月報』2015年2月号，22ページ。
6) 同上。
7) 同上。
8) フォーイン（2015），32-35ページ。
9) フォーイン（2015），84ページ。
10) フォーイン（2015），100ページ。
11) 以下，第2節に関して詳細は，清水（2010，2011，2015），参照。またASEAN域内経済協力とBBCスキームに関して詳しくは，清水（1998），第5章を参照されたい。
12) フォーイン『世界自動車調査月報』1999年3月号，4ページ。

13) ASEAN 事務局資料による。
14) ASEAN 事務局資料による。
15) フォーイン『アジア自動車月報』2010 年 2 月号，14 ページ。
16) 助川成也 (2013a)，50-51 ページ。AFTA に関しては，助川 (2013a, 2015) 等，参照。
17) 同上。
18) 以下，本節の記述は，清水 (2011) に基づく。詳しくは，清水 (2010, 2011, 2015) を参照頂きたい。
19) AEC に関しては石川・清水・助川 (2009, 2013)，石川・朽木・清水 (2015) の第 2 部等を参照。
20) AEC ブループリント並びにスコアカードに関しては，石川 (2013, 2015) 等を参照。
21) AEC の進捗状況に関して石川 (2015)，物品貿易の自由化・円滑化，サービス貿易や投資の自由化に関して，助川 (2013a, 2013b, 2015) 等，参照。また AEC の様々な分野における状況に関しては，石川・清水・助川 (2013) の各章を参照頂きたい。
22) 『通商弘報』2015 年 3 月 16 日号。
23) フォーイン (2015)，171 ページ。

【参考文献】
石川幸一 (2013)「ASEAN 経済共同体はできるのか」，石川・清水・助川 (2013)。
石川幸一 (2015)「ASEAN 経済共同体の創設と課題」，石川・朽木・清水 (2015)。
石川幸一・朽木昭文・清水一史編 (2015)『現代 ASEAN 経済論』文眞堂。
石川幸一・清水一史・助川成也編 (2009)『ASEAN 経済共同体―東アジア統合の核となりうるか』日本貿易振興機構 (JETRO)。
石川幸一・清水一史・助川成也編 (2013)『ASEAN 経済共同体と日本』文眞堂。
上山邦雄編著 (2014)『グローバル競争下の自動車産業』日刊自動車新聞社。
助川成也 (2013a)「物品貿易の自由化・円滑化に向けた ASEAN の取り組み」石川・清水・助川 (2013)。
助川成也 (2013b)「サービス貿易および投資，人の移動の自由化に向けた取り組み」石川・清水・助川 (2013)。
助川成也 (2015)「AFTA と域外の FTA」石川・朽木・清水 (2015)。
高橋俊樹 (2015)「輸入よりも輸出で効果が高い日本の EPA」『貿易と投資』(国際貿易投資研究所)，100 号。
野村俊郎 (2015)『トヨタの新興国車 IMV―そのイノベーション戦略と組織―』文眞堂。
フォーイン『アジア自動車月報』。
フォーイン (2011)『アジア自動車産業』フォーイン。
フォーイン (2012)『アジア自動車部品産業』フォーイン。
フォーイン (2014)『インドネシア自動車産業』フォーイン。
フォーイン (2015)『ASEAN 自動車産業』フォーイン。
清水一史 (1998)『ASEAN 域内経済協力の政治経済学』ミネルヴァ書房。
清水一史 (2010)「ASEAN 域内経済協力と生産ネットワーク」日本貿易振興機構 (JETRO)『世界経済危機後のアジア生産ネットワーク―東アジア新興市場開拓に向けて―』。
清水一史 (2011)「ASEAN 域内経済協力と自動車部品補完―BBC・AICO・AFTA と IMV プロジェクトを中心に―」，『産業学会研究年報』，26 号。
清水一史 (2013)「世界経済と ASEAN 経済統合」石川・清水・助川 (2013)。
清水一史 (2015)「ASEAN の自動車産業―域内経済協力と自動車産業の急速な発展―」石川・朽

木・清水 (2015)。

第 5 章

企業から見た FTA の利用と課題

はじめに

　日系企業が多く進出しているアジア地域には，現在，多くの FTA が締結されている。同じ輸出国と輸入国の間でも，二国間，地域間，多数国間など，複数の FTA が活用可能なことがある。その場合，企業は関税の削減率が一番低い FTA を選択して活用し，FTA 関税率が同じ場合は，より簡便で，効率的に活用できる規則の FTA を選択するだろう。

　企業にとって，多数国間の広域 FTA が締結されるメリットの 1 つは，FTA 活用時の規則が，異なる仕向国で統一されることである。しかし，FTA 関税率がこれまで活用してきた FTA と同じで，広域 FTA を活用するための規則が，より厳しい，複雑なものであったならば，せっかく合意された広域 FTA を企業が使わない場合もあるだろう。このように多くの FTA が複層的に存在するアジア地域で FTA を活用する際には，企業自ら活用可能な FTA を確認し，比較し，自社にとって一番有利な FTA がどれであるか，検証する必要がある。

　そういった FTA 活用の過程で，企業はいくつかの課題に直面することがある。そこで，本章では，企業が支払い関税の減免という FTA のメリットを享受しようとした際に直面する課題を幾つか例示し，それを克服するための手法について検討したい。

第1節　FTA活用の受益者

　政府間でFTAが締結されても，自動的に関税が減免されるわけではない。企業が，FTAを活用して輸入関税の減免を受けるためには，適切な書類をタイムリーに輸入国税関に提出する必要がある。そのためには，多くの関係者の連携・協力が必要である。第5-1図でFTA活用時の関係者を例示する。

　輸入国税関に対し，FTA原産地証明書を提示し，関税の減免を受けるのは，輸入者である。そのため，第一義的には，輸入者がFTA活用の受益者であると言える。しかし，受益者が輸入者だと考えるだけではFTA活用は輸出振興につながらない。そこで，それぞれが受益者となるための条件について考えてみる。

1. 輸入者

　輸入者は，貨物の輸入通関時に，税関にFTA原産地証明書の原本を提出することによって，輸入関税の減免を享受することができる。貨物の引き取り時

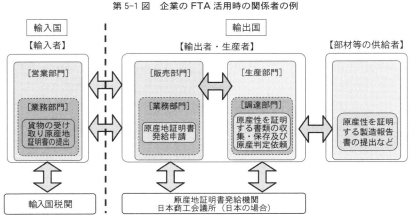

第5-1図　企業のFTA活用時の関係者の例

（資料）　各種情報より著者作成。

に，FTA原産地証明書が輸入者の手許になければ，関税の減免を受けることはできない。そのため，輸入者は，輸出者からタイムリーにFTA原産地証明書の原本を受け取る必要がある。（FTA原産地証明書の提出が遅れた場合，後日提出することによって関税の還付が受けられる国もある。関税還付の仕組みはFTAではなく，それぞれの国の国内法で定められている。）

輸入者が受益者となる場合は，企業で輸入を担当している部署が，輸入品の生産国などを鑑み，FTAを活用して支払い関税を削減できないか検討し，輸出者にFTA原産地証明書の発行を要望する。輸入者が直接関税を支払っている場合のみに限らず，コストに支払い関税が含まれている場合は，輸入者から輸出者・生産者に対し，積極的にFTA原産地証明書を要望することが，FTA活用の基本であると言える。

2. 輸出者・生産者

輸出者・生産者は，輸出国でFTA原産地証明書を取得して，輸入者に送付し，輸入通関時に関税の減免を受けるよう指示することにより，関税減免のメリットを間接的に享受する。

輸出者と生産者は同じ企業である場合も，別会社である場合もあるだろう。輸出者・生産者がFTA活用の受益者となろうとした場合は，両者が密に連携する必要がある。製品の価格交渉にFTA活用のメリットを積極的に織り込むためには，輸出者の販売部門が輸入者と営業活動を行う段階で，その製品がFTA原産地証明書を取得できる品目なのかどうかを，予め生産者の生産部門と確認しておかなければならない。そうすれば，輸入者との価格交渉で，他国の製品と競争する場合にも，他国からの輸入品と，自国からの輸入品のFTA活用時の関税率を比較して，そのメリットを輸入者に訴えることも可能になる。FTAの知識を持っていれば，メリットがある場合には，輸出価格を関税減免分値上げする交渉をしたり，輸入国での市場競争力を高めたいと考えて，輸入者に対して，関税減免分，市場価格を下げて更に多く販売する交渉をしたりすることも考えられる。また，輸入者からFTA原産地証明書を要望された場合でも，関税の減免率がわずかで証明書取得のコストが高く，メリットがないと考えた場合は，FTA活用をしないという決断も可能になる。

3. 生産者への部材等の供給者

　部材等の供給者は，自社の製品を輸出していなくても，生産者がFTA原産地証明書を取得するために，製品の原産性を証明する製造報告書を提出するよう要望されることがある。その場合，供給者にとっては，追加的な作業や書類保存が必要となるので，予めFTA活用の知識を持って，FTAに基づく製造報告書の提出についても，事前に協議しておくことが望ましい。基幹部品を供給している場合には，原産性を証明することが可能であることを，製品のセールスポイントとすることも可能である。

4. 輸出国の企業が留意すべきこと

　支払い関税については，多くの場合，輸出者より実際に関税を支払う輸入者の方が敏感である。十分な事前協議がないまま，輸出国の生産者が，輸入者から言われるままにFTA原産地証明書を取得すると，輸出国の企業はFTA原産地証明書を取得するコストと手間とその後のコンプライアンス上のリスクだけを負うことになり，FTA活用の受益者にはなれない。そのため，政府が輸出振興に資するFTA活用を普及させたいと考えた場合には，輸出国側で部材等の供給者を含めた企業全般を対象とした十分な情報提供と，FTA活用ノウハウを持った人材育成を行う必要がある。

　このように，輸出国でFTAのメリットを享受しようとする場合，輸出者の販売部門やマーケティング担当者がFTAをよく理解し，生産部門の手間に見合うだけのコスト削減が可能であることを，生産部門に能動的に説明しなければならない。このような活動を行うためには，コンプライアンス上のリスクも鑑み，販売部門と生産部門が一体となって，担当者レベルではなく，組織としてFTA活用を行う仕組みを構築していく必要がある。

第2節　FTA情報の収集

　それでは，FTA活用時には，関係者はどのような情報が必要だろうか。FTAを活用するために必要な情報の例を，第5-1表に挙げる。

第5-1表　FTAを活用する際に必要な情報の例

必要な情報	注意事項
① 輸出製品のHSコード	輸入国側のHSコードを確認する
② FTA関税率	通常の関税率との差を確認する
③ FTA原産地規則	付加価値率，関税番号変更など，HSコードごと，FTAごとに異なる
④ FTA原産地証明制度	第三者証明制度，自己証明制度などFTAごとに異なる
⑤ 直送基準の例外規則	物流や商流が第三国を経由する場合の規則がFTAごとに異なる

（資料）　各種情報より著者作成。

まず，FTA活用したい製品の，① 輸入国でのHSコードが必要である（HSコードについては，第3節で別途説明する）。次に，② 通常の関税率とFTA関税率の差を確認する。稀に，通常の関税率よりFTA関税率の方が高いという逆転現象が生じているので，注意が必要である[1]。また，同じ国どうしが複数のFTAを締結している場合は，どのFTAを使うと一番メリットが大きいか，確認する。輸入国でのHSコードと輸入関税については，一般的なことは輸出国側でも調べられるが，実際の税関での運用については輸入国側で確認しておく必要がある。

次に，③ FTA原産地規則を確認する。同じ製品を輸出する場合でも，活用するFTAが異なれば，充足すべきFTA原産地規則も異なるため，FTAによって原産と認められることもあれば，認められない場合もある。FTA原産地規則が異なれば，原産性を証明するための保存書類も異なる。また，書類を保存すべき期間もFTAごとに異なっている。

更に，企業は，④ FTA原産地証明制度，を確認し，複数から選択可能な場合は，それぞれの証明制度のメリット，デメリットを検討し，活用する証明制度を決定する。日本が締結しているFTAを例に挙げると，現在日本が締結しているすべてのFTAで，日本商工会議所がFTA原産地証明書を発行する「第三者証明制度」を使用することができる。メキシコ，スイス，ペルーとのFTAでは，経済産業省に認定を受けた輸出者は，「認定輸出者自己証明制度」が選択できる。また，2015年1月15日に発効した日豪FTAでは「自己申告制度」が選択可能になった。日本以外の国のFTAでは，「輸入者自己証明制度」や「登録輸出者自己証明制度」などがある。2015年10月5日に大筋合意

した環太平洋経済連携（TPP）協定では第3者証明制度は使えず，自己申告制度のみが採択される可能性がある。このように，FTAごとに原産地証明制度も多様である。

また，ほとんどのFTAで，FTAを活用する製品は輸出国から輸入国へ直送することが義務付けられているが，物流が第三国を経由する場合でもFTAが活用可能となる，⑤ 直送基準の例外に関する規則がある。例えば，中国からの輸出で香港を経由する場合，ASEAN域内の取引でシンガポールにストックポイントがある場合などが想定される。この規則もFTAごとに異なるため，確認が必要である。

このように，FTAに必要な情報は多種多様である。また，第1節でも述べたとおり，FTA活用には，社内外の多くの関係者の協力が必要である。つまり，FTAに関する情報は，一部の専門家だけではなく，多くの人が簡単に入手し，利用できるようになっていなければ，活用の裾野は広がらないと言える。

第3節　FTA活用時の課題

1. HSコード

HSコードは，世界税関機構（WCO）で定められた，「商品の名称および分類についての統一システム（Harmonized Commodity Description Coding System）」と呼ばれる体系である[2]。各国の税関は，この番号を用いることにより，輸出入された製品が何であるのか，共通に理解できる。世界共通のHSコードは6桁であり，各国はその6桁の後に更に数字を加えて，8桁〜10桁の各国独自の関税分類番号を輸出入に使っている。

ところが，実際には，同じ製品に対するHSコードの判断が，輸出国と輸入国で異なる場合がある。FTA活用時に，輸出国と輸入国でHSコードの判断が異なると，輸出国側で，FTA原産地証明書を取得する際に更に煩雑な作業を強いられる。つまり，輸入関税の決定権限は，輸入国税関にあるため，FTA活用時には，輸入国税関のHSコードにあわせて書類作成をする必要があり，同じ製品であるのに，A国向けにはAAというコード，B国向けにはBBとい

うコードで書類を作成する必要が生じる。輸出国の原産地証明書発給機関に対し，異なるHSコードで発給申請する際の説明も必要になり，輸出国の発給機関が柔軟な対応を行わない場合は，FTA活用自体ができない[3]。

例えば，日本では「炊飯器（Electric Rice Cooker）」を電熱機器（8516）の「その他の電熱機器」として851679に分類しているが，日本以外の国では，「クッカー（Cooker）の一種」として851660に分類することが多い。家庭用パン焼き機（Home Bakery）は，捏ねる機能を主とみるか，焼く機能と捏ねる機能を同等とみるかでコードが異なったり，名前だけでToasterと同分類にされたりすることもある。

また，HSコードは新製品を分類し，不明確な分類を修正するため，5年に1度（直近では2012年，次回は2017年）改訂されているが，昨今の新製品の開発スピードには全く追いついていない。今後，更に多くの新製品や融合製品が開発され，HSコードの解釈が分かれる製品が増えることが想定される。

その一方で，日本のFTAでは，FTA交渉時のHSコードをそのまま使うように運用規則が定められている。例えば，日メキシコ協定を活用する際に

第5-2表　FTA活用時と通関時のHSコードのバージョンの相違

日本のFTA締結相手国	通関時	FTA活用時
シンガポール，メキシコ，マレーシア，チリ，タイ，インドネシア，ブルネイ，ASEAN，フィリピン	HS2012	HS2002
スイス，ベトナム，インド，ペルー		HS2007
オーストラリア		HS2012

（資料）　各種情報より著者作成。

第5-3表　HSコードのバージョンによって番号の異なる品目の例

製品	HS2002	HS2007	HS2012
リチウムイオン電池	850780		850760
家庭用掃除機	850910	850811	
音楽用CD（記録していないもの）	852432	852340	852341
ビデオカメラ	852540	852580	
カラーテレビ	852821	852872	

（資料）　各種情報より著者作成。

は，2002年のHSコードを使ってFTA原産地証明書を発行する必要があるが，通関書類では最新の2012年のHSコードを使っているため，番号が異なることがあり，不慣れな企業の担当者を悩ませている[4]。

2. FTA関税率

日本からの輸出を振興させるためには，FTAを活用すると，輸入国の関税がどのように下がるのかが，簡単にわかることが重要である。

FTAが発効しても，すべての品目の関税が即時撤廃される訳ではない。関税撤廃から除外される品目もあるし，日本が締結しているFTAでは，相手国の関税はほとんどの品目で段階的に撤廃される。FTA原産地証明書を取得し[5]，発送し，原産性を立証する書類を保存するにはコストがかかるため，企業は，どこまで関税率が下がった時点でFTAを活用し始めるか，見極める必要がある。もちろん，いずれ活用するつもりならば，早いうちから準備をしておくことが望ましい。しかし，将来に亘る段階的なFTA関税率の変化についてそれぞれの協定を調べるには，ある程度のノウハウが必要である。

FTAの協定原文を調べる場合，第5-4表が一般的な協定の関税撤廃スケジュールの表（譲許表）である。この表から実際の関税率を確認するためには，右端のColumnの「Category」の意味を読み解き，協定の発効日や関税

第5-4表　一般的な協定の譲許表の例
Part 2　Schedule of India

Column 1	Column 2	Column 3	Column 4
Tariff item number	Description of goods	Base Rate	Category
0101	Live horses, asses, mules and hinnies.		
010110	Pure-bred breeding animals		
01011010	Horses	30	B10
01011020	Asses	30	B10
01011090	Other	30	B10
010190	Other		
01019010	Horses for polo	30	B10
01019020	Asses, mules and hinnies as livestock	30	B10
01019090	Other	30	B10

（出所）　日インド協定[6]より。

率の変更の月を調べて計算する必要がある。一般的に「Category」のBIOは10年間での段階的関税撤廃を示す。

一方，第5-5表のように比較的関税率の変化がわかりやすい表となっている

第5-5表 関税撤廃スケジュールが分かりやすい協定の例
Section 2 Schedule of Thailand

Column 1	Column 2	Column 3	Column 4	Column 5										
Tariff item number	Description of goods	Category	Note	Rate of customs duty										
				1st year	2nd year	3rd year	4th year	5th year	6th year	7th year	8th year	9th year	10th year	As from 11th year
	Chapter 1 Live animal													
01.01	Live horses, asses, mules and hinnies													
0101.10	-Pure-bred breeding animals	A		0	0	0	0	0	0	0	0	0	0	0
	-Other :													
0101.901	---Horses	A		0	0	0	0	0	0	0	0	0	0	0
0101.909	---Other	B		26.67%	23.33%	20.00%	16.67%	13.33%	10.00%	6.67%	3.33%	0	0	0
01.02	Live bovine animals.													
0102.10	-Pure-bred breeding animals	A		0	0	0	0	0	0	0	0	0	0	0
0102.90	-Other	A		0	0	0	0	0	0	0	0	0	0	0

（出所）　日タイ協定7）。

第5-6表 日本の輸入関税の撤廃スケジュールの例
日インド EPA（2015年4月版）

統計細分 (2014.4.1〜)	ex	2015/ 4/1〜	2016/ 4/1〜	2017/ 4/1〜	2018/ 4/1〜	2019/ 4/1〜	2020/ 4/1〜	2021/ 4/1〜	2022/ 4/1〜	2023/ 4/1〜	2024/ 4/1〜	2025/ 4/1〜	2026/ 4/1〜
200840219		4.1%	3.4%	2.7%	2.0%	1.4%	0.7%	無税	無税	無税	無税	無税	無税
200840291		4.9%	4.1%	3.3%	2.5%	1.6%	0.8%	無税	無税	無税	無税	無税	無税
200840299		2.9%	2.5%	2.0%	1.5%	1.0%	0.5%	無税	無税	無税	無税	無税	無税
200850110		8.2%	6.8%	5.5%	4.1%	2.7%	1.4%	無税	無税	無税	無税	無税	無税
200850190		8.2%	6.8%	5.5%	4.1%	2.7%	1.4%	無税	無税	無税	無税	無税	無税
200850210		3.3%	2.7%	2.2%	1.6%	1.1%	0.5%	無税	無税	無税	無税	無税	無税
200850290		3.3%	2.7%	2.2%	1.6%	1.1%	0.5%	無税	無税	無税	無税	無税	無税
200860110		8.2%	6.8%	5.5%	4.1%	2.7%	1.4%	無税	無税	無税	無税	無税	無税
200860190		8.2%	6.8%	5.5%	4.1%	2.7%	1.4%	無税	無税	無税	無税	無税	無税
200860210		6.5%	5.5%	4.4%	3.3%	2.2%	1.1%	無税	無税	無税	無税	無税	無税
200860290		3.3%	2.7%	2.2%	1.6%	1.1%	0.5%	無税	無税	無税	無税	無税	無税
200870111		14.6%	13.3%	12.0%	10.7%	9.3%	8.0%	6.7%	5.3%	4.0%	2.7%	1.3%	無税

（出所）　税関HP，「EPAごとのステージング表」日インド協定8）。

協定もある。それでも「1st year」がいつなのか，その年の何月に関税率が変わるのか，などはこの表だけでは不明である。（1月1日に関税率の変更を行うFTAが多いが，日本が締結するFTAでは4月1日が変更日であるものもある。EU韓国FTAのように，発効日（7月1日）を基準に1年後，2年後……に関税削減を行うものもある。）

また，これら協定の表のHSコードは，協定の交渉当時のものであることが多いので，現在のHSコードを過去のHSコードに照らし合わせて確認する必要がある。

日本では，輸入時の段階的関税撤廃スケジュール（ステージング表）が，分かりやすい一覧表で提供されている（第5-6表）。こちらは，毎年新しいHSコードに更新されている。可能ならば，「無税」という漢字表記が「"Free"または"0％"」等の英語表記であれば，輸入者と輸出者が資料を共有しやすい。

ジェトロが提携しているFedEx社の「世界各国の関税率[9]」のデータベースでは，日本が締結しているFTAについて，段階的撤廃の関税スケジュールも検索可能である。そのような資料を提供しているFTA相手国政府はまだ少ないため，輸出相手国ごとに，異なる形式のデータベースを検索したり，協定の原文を地道に調べたりする必要がある。

ここで，FTA活用を戦略的に検討する場合を想定してみる。

【ケース1】　市場と製品を限定して，FTA活用を検討

ベトナムにカラーテレビ（852872）を供給する場合に，どこの原産国から供給すると，ベトナムでの支払い関税が減免できるかを考えてみる。この場合，FTA相手国ごとのベトナムのFTA関税率の変化は，第5-2図のようになる（主要国のみ記載）。① 韓国とはFTAがあるが，カラーテレビは関税撤廃品目から除外されている。② 日本との二国間FTAでは10年かけて関税が撤廃される。③ 中国とのFTAでは早期に関税が減免されるが，0％にはならない。④ ASEANとのFTAでは，すでに5％まで下がっているが，関税が0％になる時期は2015年から2018年に延期された。これら複数のFTA関税率を考慮しながら，現地生産がよいのか，海外から供給するのがよいのかを検討することになる。

第5-2図　ベトナムにおける原産国別のカラーテレビのFTA関税率の変化

（資料）各種情報より著者作成。

【ケース2】　輸出国と輸入国を限定してFTA活用を検討

　次に，日本からベトナム向けにいくつかの製品を輸出することを考えてみる。製品は，エンジン始動用鉛蓄電池（850710の一部[10]）とラジオ付カーオーディオ（852721）を第5-3図で例示する。日本とベトナムの間には，日ASEAN協定（AJCEP）と日ベトナム協定（JVEPA）の2つのFTAがあり，それぞれ協定別，品目別に関税削減スケジュールが異なっている。例えば，①この鉛蓄電池はAJCEPでは関税撤廃から除外されているが，②JVEPAを使用すると10年かけて段階的に関税撤廃される。一方，カーオーディオは，③FTAが発効した当初はAJCEPを活用する方がFTA関税率が低かったが，④2011年以降はJVEPAを活用した方が低くなり，JVEPAの方が4年早く関税が撤廃される。2023年以降はどちらも0％になる。

　日本とベトナム間には今後TPP協定，東アジア包括的経済連携（RCEP）協定なども締結される見込みであり，それらとの比較も必要になる。

第5-3図　日本からベトナムに輸出する場合の製品ごとのFTA関税率の変化

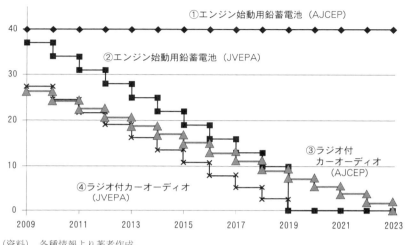

(資料)　各種情報より著者作成。

3. FTA原産地規則

　調査したFTA関税率を製品に適用するためには，その製品がFTA原産地規則を充足し，それを証明する書類を保存しておく必要がある。FTA原産地規則は，FTAごとに異なっているので注意が必要である。

　鉱工業品の一般的なFTA原産地規則には，① 付加価値基準，② 関税番号変更基準，などがある。① は，産品の生産工程における原産資格割合を価格換算し，その割合が一定の基準を超えた場合にその産品を原産品であると認める基準であり，品目ごと，FTAごとに35％～70％程度に定められている。アジアでは40％以上という基準が多いが，品目別・FTA別には更に高い割合を要するものがある。② は，部材と輸出する完成品のHSコードが変わっていることを示すことによって，その国で実質的な加工がされていると判断するものである。価格変動に左右されないため，比較的証明書類の保存がしやすいが，どのレベル（桁数）の関税番号の変更が必要かが，品目によって異なるため，この規則が使いにくい製品もある。FTAによって，① のみ，② のみ，① と ② の選択性，① と ② の両方を充足する必要があるもの，などFTA原産地

第 5-7 表　FTA ごとに異なる原産地規則の例

	日 ASEAN 協定	日マレーシア協定	日チリ協定	日メキシコ協定	日インド協定
カラーテレビ	40％以上付加価値基準	40％以上付加価値基準又は6桁レベルでのHSコード変更	40％以上付加価値基準又は4桁レベルでのHSコード変更	4桁レベルでのHSコード変更	35％以上付加価値基準かつ6桁レベルでのHSコード変更
リチウムイオン電池	40％以上付加価値基準又は4桁レベルでのHSコード変更	40％以上付加価値基準又は6桁レベルでのHSコード変更	6桁レベルでのHSコード変更	50％以上付加価値基準かつ6桁レベルでのHSコード変更又は4桁レベルでのHSコード変更	35％以上付加価値基準かつ6桁レベルでのHSコード変更

（資料）　各種情報より著者作成。

規則も様々である。

　このように FTA 原産地規則についても，輸出国の生産者が，製品ごと，FTA ごとに協定を確認する必要がある。

　また，生産者は，輸出後も原産性を立証するための書類を3～5年間保管し，輸入国税関の求めがあれば，それらを提出する義務がある[11]。疑義があるとされた場合には，輸入国税関からの訪問（検認）を受け，輸入国税関を納得させることができなければ，遡及して FTA 関税率の適用が撤回され，悪質とされれば更に追徴税の支払いを求められることもある。これらは既に完結した売買契約におけるビジネス上のリスクとなる。

4. 多様化するビジネス形態

　ほとんどの FTA で，FTA を活用する際には，製品が輸出国から輸入国へ直送することが義務付けられている。これは第三国を経由する際に，製品の原産性が維持されているかどうかの確認が困難になるためである。シンガポールや香港等，中継貿易が盛んな国では，非加工証明書を取得することで FTA 活用が可能な例があるが，通常，一旦第三国に輸入されてしまうと，そのような証明書を取得することは困難になる。また，非加工証明書の取得にはコストや時間がかかる。一方で，最近は，サプライチェーンが複雑化しており，製品の最終工程で，品質チェックやパッケージだけを第三国で行うことがある。この

ような場合には，現在のルールではFTAの活用が難しい。

他方，製品は直送されるが，書類上の取引が第三国を経由するケースがある。例えば，製品自体は，中国からタイに直送されるが，受発注や代金回収，物流の管理が，日本やシンガポール，香港等で行われる取引などである。これは，生産拠点と販売拠点がそれぞれ複数ある場合には，受発注や物流の管理をある国で集中した方が効率的であるためである。このような商流はビジネス上一般的であるため，FTA活用を認めることを明記する協定も増えているが，実際のFTA活用時には，輸入税関でのトラブルがおきやすい。

現状では，まだ多くの原産地証明書に生産者から輸出時の価格が記載されて

第5-4図　職能会社を経由させて商流の管理を行うケース

【直接取引をする場合】-会社数が増えると，コミュニケーションルートが複雑になる

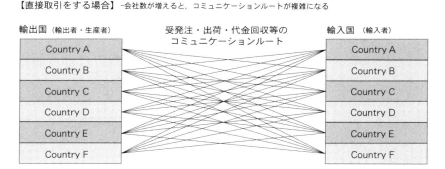

【職能会社を経由する場合】-職能会社が全体の受発注，物流，代金回収をコントロールする

（資料）　各種情報より著者作成。

第 5-5 図　商流に第三国を経由させる例

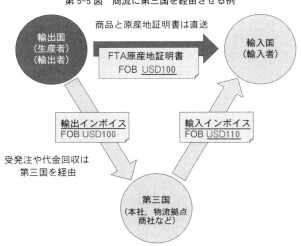

（資料）　各種情報より著者作成。

いる。ところが，このような商流では，FTA 原産地証明書上の生産者の価格と，その後，第三国で中間コストが上乗せされた輸入時のインボイス価格が異なることになり，輸入者に生産者の価格を露見させたくないと考えると，FTA 活用ができない。また，そもそも FTA 原産地証明書上の生産者の価格と，輸入時のインボイスの価格が異なると FTA 活用を認めない輸入国税関がある。

　ASEAN の FTA では，原産地規則が付加価値基準以外の場合は，FTA 原産地証明書への価格記載要件が撤廃されたが，ASEAN と中国，インドとの FTA では，付加価値基準が必須のため，まだ撤廃されていない。付加価値基準の際にも価格記載要件は撤廃されるべきだが，それにはまだ時間がかかりそうである。

第4節　今後のFTAに期待すること

　これまで述べたFTA活用上の課題は，少しずつ解決されているが，敢えて以下の項目について，更なる改善を期待することとして挙げる。

1. FTA活用時のHSコードの統一

　HSコードは5年ごとに改定される。FTA活用時のHSコードも，早期に通関時に用いられる最新のHSコードに統一されるべきである。その際，同時に，HSコードを用いたFTA原産地規則（関税番号変更基準）が複雑なものにならないよう，十分注意すべきである。また，輸出国と輸入国で同じ製品に対するHSコードの判断が異なる場合，根本的な解決には時間がかかることが予想される。そのため，運用面で，輸出国の発給機関が輸入国税関の要望にあわせた原産地証明書を発行するなど，柔軟な対応をすることが期待される。また，FTAの仕組みの中で，日本の税関とFTA相手国の税関が意見交換を行う枠組みを設置することも有意義だと考えられる。

2. FTAに関するデータベース，相談窓口，事前教示制度の整備

　輸出国において，生産者や輸出者が簡単にアクセスできる，FTA関税率や原産地規則等のFTAに関するデータベースが必要である。FTA情報は探せばいろいろなところにある。しかし，探し方にもある程度のノウハウが必要であり，特に，普段，輸出入を行わない生産部門や，国内取引しかしたことのない部材の供給者にとっては，まだ情報収集のハードルが高い。

　FTA活用の相談窓口は，日本ならば，経済産業省[12]，税関[13]，日本商工会議所[14]，ジェトロ[15]，など多くある。セミナーも多く開催されている。しかし，これまで輸出入に携わってこなかった生産部門は，そういった機関に相談するにも，まだ少し躊躇があるようだ。

　実際にFTAを活用するために必要な情報を提供し，詳細な説明をすればするほど，FTAごとに異なる複雑な規則や活用後のコンプライアンス上のリス

クを重く見て，生産部門がFTA活用を躊躇する場合がある。これらの障壁をいかに下げられるかが，FTA活用の裾野を広げる鍵になる。

　日本では，税関によるHSコード[16]およびFTA原産地規則[17]に関する事前教示制度が確立している。この制度で回答を得るまでの期間がもう少し短くなり，日本税関の判断内容が，FTA相手国と共有できるものとなると更に活用しやすい。例えば，現在Webで公開されている事前教示の内容が，日本語のみでなく，英語でも掲載されると，FTA相手国との共有が行いやすい。

3. 原産地証明書の価格記載要件撤廃および電子化

　ビジネス上，価格は機微な情報である。ASEANのFTAで付加価値基準使用時以外のFTA原産地証明書で価格記載要件が撤廃されたが，まだまだ付加価値基準を使っている製品も多い。一方，日本が発給するFTA原産地証明書や，途上国が発行する一般特恵原産地証明書（Form A）には，価格記載要件はない。今後，すべてのFTA原産地証明書において，価格記載要件が撤廃されることが期待される。

　また，現在，発効しているアジアのFTAの多くでは，FTA原産地証明書の原本が要求される。通関書類のほとんどが電子化されている中，原本の発送にはコストと時間がかかる。航空貨物では，FTA原産地証明書が貨物の引き取りに間に合わず，ほとんどFTA活用ができない。日豪FTAで認められたように，電子データによるFTA原産地証明書の早期容認が期待される。

4. 輸入国税関から生産者に対する検認制度の透明性向上

　FTA活用時には，輸入国税関は，生産者に対し，原産性を証明するための書類提出要請および訪問（検認）を行うことができる。現在日本が締結しているFTAでは，第三者証明制度がほとんどということもあり，それほど頻繁ではないようだが，この検認の頻度が上がった場合には，FTA活用が，生産者にとって更にコストがかかり，リスクの高いものになる。コストだけではなく，生産者にとって製品を構成する部品リストやその調達先，価格，工場での工程表などはできる限り他者に開示したくないものである。FTA活用時に生産者が輸入国税関に開示すべき書類については，できる限り簡素で最低限の資

料で充足できるようにすべきである。

おわりに

　本章では，物品貿易における FTA 活用上の課題について，企業が実際に直面している問題について述べた。FTA 活用は，輸入国における関税障壁が下がることで企業にメリットをもたらすが，同時に活用のための時間，コストの他，輸入国税関からの遡及的な関税の支払い要請などのリスクを抱える。その両者をしっかり理解した上での FTA 活用が必要である。

　企業は部材の調達先を複数化して，リスクマネジメントを行うことがある。また，どこまでの工程をどこの国で行うか，フレキシブルな対応が可能な方が，柔軟なサプライチェーンを組みやすく，ビジネスを行いやすい。しかし，このようなビジネスモデルは FTA 活用時に原産性を立証する資料の管理を複雑にする。客先ごとにカスタマイズした製品が望まれることも増えているが，大量生産された製品に比べると品番ごとに管理が必要なため，これも FTA 活用コストを押し上げる。

　ビジネスのグローバル化には，ヒト，モノ，カネ，そして情報の円滑な移動が必要である。FTA の活用が，却って自由なサプライチェーンの構築を阻害するものにならないよう，多様化・広域化するビジネスの中で，ヒト，モノ，カネ，そして情報に関する円滑な移動の規則や運用が，更に高位平準化されていくことを期待する。

（上之山陽子）

【注】
1） 日本税関 HP「逆転現象について」。http://www.customs.go.jp/kyotsu/kokusai/seido_tetsuduki/gyakuten.htm
2） WCO の HS コードに関する説明ページ（英語）。http://www.wcoomd.org/en/topics/nomenclature/overview/what-is-the-harmonized-system.aspx
3） 日本商工会議所における対応「こんな時どうするの（Q&A）」4 ページの 9。http://www.jcci.or.jp/gensanchi/tebiki6.pdf
4） 日本商工会議所 HP「原産地証明書上の HS コードの取り扱い」。http://www.jcci.or.jp/

gensanchi/hs.html
5) 日本商工会議所HP「発給手数料について」。http://www.jcci.or.jp/gensanchi/fee.html
6) 日インドEPA附属書1, p.4。http://www.mofa.go.jp/region/asia-paci/india/epa201102/pdfs/ijcepa_x01_e.pdf
7) 日タイEPA附属書1, p.195。http://www.mofa.go.jp/region/asia-paci/thailand/epa0704/annex1.pdf
8) 税関HP「EPA毎のステージング表」日インドEPA（2015年4月版）28-29。http://www.customs.go.jp/kyotsu/kokusai/gaiyou/chui.htm
9) 日本貿易振興機構（ジェトロ）HP「世界各国の関税率」。http://www.jetro.go.jp/theme/export/tariff.html
10) 日本からベトナム向けのエンジン始動用鉛蓄電池（850710）の内, Having a voltage of 6 or 12V and a discharge capacity not exceeding 200AH の関税率を用いた。
11) 経済産業省HP「原産性を判断するための基本的考え方と整えるべき保存書類の例示」。http://www.meti.go.jp/policy/trade_policy/epa/pdf/process/roo_guideline.pdf
12) 経済産業省HP。http://www.meti.go.jp/policy/trade_policy/epa/contact/
13) 税関HP。http://www.customs.go.jp/question1.htm
14) 日本商工会議所HP。http://www.jcci.or.jp/gensanchi/office_list.html
15) 日本貿易振興機構（ジェトロ）HP。http://www.jetro.go.jp/services/advice/
16) 税関HP「事前教示制度（品目分類関係）」。http://www.customs.go.jp/zeikan/seido/index.htm#a
17) 税関HP「事前教示制度（原産地関係）」。http://www.customs.go.jp/zeikan/seido/index.htm#h

第 6 章

原産地規則の現状と課題

はじめに

　日本政府は国際情勢の変化を背景に，2000 年代に入り，それまでの WTO 最優先から，WTO と FTA[1)] の両輪主義へと通商政策を転換した。欧米や南米諸国など FTA 先進地域に追いつくため，急速に FTA 網を拡大し，10 年余りで 15 の FTA を締結させ，数においては米国などと比肩するまでに至っている。

　こうした国際ビジネス環境の急激な変化に，日本企業がどのように反応しているか，第 2 章において FTA の利用状況等から分析し，幾つかの課題を明らかにした。① FTA を利用する日本企業の数は増加していると推測されるものの，産業構造の多様化などから中小企業の利用実態の把握が困難であること，② FTA 利用企業にあっても輸入者など取引先からの要請により利用を開始する消極的取組みが大半であること，③ 中小企業では FTA に不案内な企業が多いが，対処法等を適切に支援できる専門家が身近に存在せず，社内の人的制約の中で手探りの対応を強いられていること，④ FTA を利用する業界が生産財分野に偏重し，業界ごとの跛行性が大きいこと，などの実態を指摘したのである。

　FTA を利用する企業にとって障壁となるのが，貿易取引される産品の原産国を規定する「原産地規則」である。FTA を利用して，その相手国で日本から輸出される産品に対して関税の減免という恩恵を得るためには，その輸出品が FTA 原産地規則に即して「日本産（＝原産品）」であることが絶対条件である。FTA が急拡大する一方で，貿易取引される産品の原産国を厳格に規定

する原産地規則は，多くの日本企業にとって，長年のビジネス慣習の中でほとんど触れることのなかった「未知の概念」といえる。しかし，FTAの利用においては，この原産地規則に対して，いきなり精通することを求められ，輸出品の原産性立証のために，企業は多大の労力を余儀なくされるのである。特に，中小企業にとって原産地規則は難題であり，FTA利用を躊躇する大きな原因である。

　本章では，FTA原産地規則を概観し，原産性立証における企業責任について分析を行い，日本企業による原産地規則への対応の実際と同規則への理解促進のための課題および対応の在り方を考察する。

第1節　原産地規則とは

1. FTA原産地規則の意義と目的

　日本政府（以下，「税関」）は，原産地規則（ROO：Rules of Origin）を「貿易取引される物品の原産地を決定するためのルール」と定義している。換言すれば，FTAを結んだ国同士の間で取引される無数の物品の1つ1つに，国籍を与えるための規則と言える。

　原産地規則を設ける目的について，「税関」の説明を引用して整理したい。①FTA相手国との間において，相互に取引される物品の関税を撤廃または引下げることを通じて，両国間での貿易の促進を図る，②品目ごとの交渉が行われ，原産品（即ちFTAを結んだ国の産品）であることを判断するルールの設定を行う。③そのルールの適用により，FTA相手国の原産品でない産品を特定でき，FTA相手国を経由して自国に流入する非原産品（FTAを結んでいない第三国の産品）を区別する。

　「税関」はさらに原産地規則の必要性に言及し，経済のグローバル化の進展を受けて，国際分業が様々なレベルで行われることが通常となった現代社会にあっては，生産に関わる複数の国々のうち，いずれの国を原産国とするかの明確なルールが必要である，としている。

　FTA相手国からの輸入される「原産品」に対して関税を減免することは，

本来であれば徴収すべき税金を免除することであり，輸入国において関税という税収の減少を意味する。しかしながら，各国が競ってFTAを締結する理由は，FTAによる通商拡大や経済活動の活性化を通じて，関税の減収を補うに余りある利益をFTAがもたらすものと期待しているからである。このため，FTAを結ばない第三国の産品（非原産品）が，誤って関税減免の恩恵を受けるような事態の発生を回避する必要があり，原産地規則を通じて，FTAに基づく原産品の管理を厳格に行っていると理解することができる。

2. FTA特恵税率を受けるための要件

自国から輸出された産品が，FTA相手国で特恵関税の適用を受けるため，同様に，FTA相手国の産品を特恵関税により自国に輸入するためには，次の3つの要件を満たす必要がある。

① 産品が特恵待遇の対象として指定されている（譲許品目である）こと[2]
② 実体的要件（原産地基準および積送基準）を満たしていること；FTAを結んだ国において最終で実質的な生産が行われていること，および輸送の途上で原産品としての資格を喪失していないこと
③ 手続的規定に定められた要件を満たしていること

3. 原産地規則の構成と内容

(1) 原産地規則の構成

まず，原産地規則の構成を確認しておきたい（第6-1図）。

原産地規則は，①FTA相手国に輸出する自国の産品が，相手国でFTA特恵税率の適用対象である原産品となるための基準を定めた「原産地基準」，②自国からFTA相手国までの間の輸送に関して満たすべき基準である「積送基準」，③FTA相手国の税関に，輸出した自国の産品が原産地基準を満たしていることを証明するための手続きを定めた「手続的規定」，の3つの構成要素で成り立っている。FTAを利用する企業が認識しておくべきことは，原産地規則の3要素全てを満足することで初めて，FTA輸入国において特恵関税のメリットを享受できるのであり，「原産地基準」を満たせば，自らの輸出品の原産性立証が完了するわけではないのである。

第 1 節　原産地規則とは　103

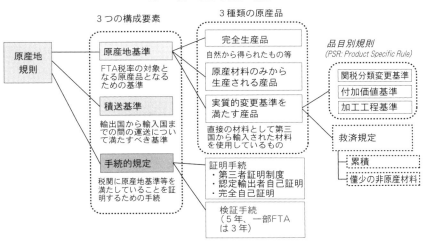

第 6-1 図　原産地規則の構成

(出所)　財務省関税局資料を筆者が一部加筆。

「原産地基準」は，さらに 3 類型の原産品に分類される。貿易取引される産品が，「完全生産品」，「原産材料のみから生産される産品」または「実質的変更基準を満たす産品」のいずれかに該当することで「原産品」となるとしている。「実質的変更基準を満たす産品」は他の 2 種類と異なり，輸出する産品の原材料（1 次材料）に非原産材料（自国でも FTA 相手国のいずれの原産品でもない材料）が含まれる場合であっても，輸出産品が原産品と認識されるための基準である。実質的変更のレベルを測る基準として（A）「関税分類（番号）変更基準」，（B）「付加価値基準」，（C）「加工工程基準」を規定している。輸出される産品の HS コード[3]ごとに，これら（A），（B），（C）3 種類の基準のいずれか，あるいは複数基準の同時満足を求めており，これを「品目別規則」と呼ぶ。さらに，「累積」や「僅少の非原産材料」などの救済措置やその他の補足的規定を定めている。

「手続的規定」は，「証明手続」と「検証手続」とで構成される。「証明手続」は，輸出産品が原産品であることを証する証明書類の発行主体別に，「第三者証明制度」，「認定輸出者制度」，「完全自己証明制度」の 3 種類があり，FTA

ごとに異なる証明手続が規定されている。「検証手続」は，輸入国税関がFTA相手国の原産品として輸入された産品に対し，その原産性に疑問を抱く場合に，相手国政府を経由して（もしくは直接に），その産品の輸出者に原産性の根拠の提示を求め，必要であれば，生産現場への立入調査を行うなどの手続きを指す。

(2) 原産地基準

原産地基準は，貿易取引される産品の原産地を判断するための基準であり，原産地規則の中核を成す。原産地基準に定める3類型の原産品について詳しく見てみたい。

① 完全生産品（WO：Wholly Obtained）

産品の生産が1ヵ国で完結している産品[4]を指す。完全生産品には，農水産品，鉱業品など一次産品や廃棄物や屑，それらから回収された物品が含まれる。一次産品の採捕，収穫，採掘，廃棄物等の回収・再生を「生産」と捉えるためである。さらに，完全生産品のみから生産される産品も完全生産品である。

完全生産品の例を挙げれば，次のようになる。1ヵ国で生まれ育成した動物（家畜など），1ヵ国で収穫・採取された植物（果物，野菜，切花など），1ヵ国で生きている動物から得られた産品（卵，牛乳，牛肉・豚肉など），1ヵ国で抽出・採掘された鉱物性産品（原油，岩塩など），1ヵ国で回収されたリサイクル品で再生用に加工された産品（リサイクルされたペットボトル用原料）などである。

なお，日本の発効済みFTAで唯一の多国間協定である日ASEAN・FTA（AJCEP）に規定する完全生産品には注意を要する。AJCEPに規定されているのは，AJCEPを結んだ国の原産品（マレーシア原産品，フィリピン原産品，ベトナム原産品など）であり，「ASEAN原産品」という概念は規定されていない。

② 原産材料のみから生産される産品（PE：Produced Entirely）

生産に「直接」使用される材料（1次材料）の全てが原産材料（日本もしくはFTAを結んだ国の原産品）である産品は，「原産材料のみから生産される産品」に分類される。外見上，1ヵ国で生産が完結しているように見えるが，

輸出産品の生産に非原産材料が間接的に使用されている場合などが該当する。例えば，日本製の鋼材を使って日本で「ネジ」を生産する場合，日本製の鋼材は「原産材料」であるので，産品である「ネジ」は原産材料のみから生産される原産品となる。この時の原産材料である「鉄鋼」を，日本の鉄鋼（高炉）メーカーは「鉄鉱石」（非原産材料）を輸入して日本で生産するため，その鉄鋼を材料として生産される「ネジ」にとっては「鉄鉱石」は2次材料となる。こうした2次材料の原産国は，輸出産品の原産国決定に影響しないのが原則である。

このことから，「原産材料のみから生産される産品」は，後述する「実質的変更基準を満たす産品」の例外（1次材料の全てが原産品）と位置づけることができる。なお，日インドFTAには，「原産材料のみから生産される産品」は規定されていない。

③ 実質的変更基準を満たす産品（PSR：Product Specific Rules）

「実質的変更基準を満たす産品」は，使用された非原産材料に自国で加工を施し，同時に，各FTAにおいて産品のHSコードごとに定められた基準に合致する変更をもたらしたことによって原産品となった産品を指す。この実質的変更基準は，関税分類変更基準，付加価値基準，加工工程基準の3基準で構成される。

●関税分類変更基準

FTAでは，輸出産品のHSコードは6桁で特定する。この6桁のコードは，上2桁から順に「類」，「項」，「号」と呼ばれ，関税分類上，大分類，中分類，小分類を意味する。関税分類変更基準では，このHSコードの仕組みを利用して，3パターンの実質的な変更の基準を定めている。輸出産品のHSコードと

第6-1表　実質的変更基準を満たす3基準

関税分類変更基準（CTC）	付加価値基準 （VA，RVC，QVC，LVC）	加工工程基準（SP）
輸出産品のHSコードと非原産材料とのHSコードとを対比し，両コード間に一定以上の変更があれば実質的変更を認める基準	FTAの輸出国において施された加工によって産品に付加された価値が，一定割合以上であれば実質的変更を認める基準	非原産材料に，FTA輸出国で特定の加工工程が行われれば，実質的変更を認める基準

非原産材料の HS コードが「類」レベルで変更していることを求める「類変更」（CC：2 桁変更），「項」レベルの変更要請は「項変更」（CTH：4 桁変更），「号」レベルの変更要請が「号変更」（CTSH：6 桁変更）である。CC，CTH，CTSH いずれのレベルの変更が要求されるかは，FTA ごと輸出産品の HS コードごとに詳細に規定されている。さらに，規定される変更を満たす場合でも，例外規定を設け，主たる原材料が原産品でなければ関税分類変更基準による実質的変更基準を満たさない品目別規則も少なくないので注意すべきである。

●付加価値基準

輸出産品について，輸出国での加工を通じて付加された「価値」を算出し，その割合（原産資格割合）が，FTA で定めた基準値（閾値）を上回る場合に，その輸出産品を原産品と認める基準である。日スイス FTA を除く日本の全ての FTA に規定されている「控除方式」は，次の計算式で原産資格割合を算出する。

[FOB－非原産材料価格合計（VNM）]÷FOB×100% ≧（閾値）

　　（注）　FOB は本船渡し価額，非原産材料の価格は自国に輸入された時の CIF 価額

この数式の分子は，輸出産品について輸出国で積上げた価値の大きさを，輸出価額（FOB）から輸出国内での価値ではない非原産材料の合計額だけ控除することによって求めることを意味する。即ち，輸出国内での価値の積上げである原産材料価額（原産材料費），労務費，管理費，経費および企業の利益を足し上げた合計額の輸出価額に対する比率が，原産資格割合と考えられるのである。このため，日インド FTA では，控除方式に加え，次の積上げ方式を付加価値基準の選択肢として規定している。

（原産材料価額＋直接労務費＋直接経費＋利益）÷FOB×100% ≧（閾値）

また，日チリ FTA では，別の積上げ方式が選択肢とされている。

原産材料価額÷FOB×100% ≧（閾値）

なお，日スイス FTA で規定される付加価値基準の計算式は次の通りである。

全ての非原産材料価額の合計÷工場渡価額（EXW）×100%≦（閾値）

● 加工工程基準

輸出産品の生産過程において，特定の加工がFTA輸出国で施された場合に，その産品を原産品と認める基準である。わが国のFTAでは，繊維品については全てのFTAで加工工程基準が規定されている。繊維品には，原則，関税分類変更基準に基づく「2工程ルール」を採用し，織物や編物には染色ルールが導入されている。FTAを結んでいない第三国で生産された織布を輸入しても，染色や各種の表面処理などFTAで規定の48種類の工程のうち2種類以上を日本で行えば，処理後の繊維品は日本原産品と認められる。

その他，タイ，インドネシアおよびオーストラリアとの各FTAでは，化学品についても加工工程基準が規定されており，一定以上の化学反応をもたらす加工を日本で行えば，その化学品は日本原産品となる。

④ 原産地基準の補足的規定

● 累　積

「累積」は，FTAを結んだ国の間で行われた生産を「ひとまとまりなもの」と見なし，原産地基準を満たしているかを確認する概念である。FTAを結んだ国のうち1ヵ国だけでは原産地基準を満たしていなくても，2ヵ国以上の生産を累積（積上げ）することにより，原産地基準を満たすことが可能となる場合がある。「累積」には，「モノの累積」と「生産行為の累積」の2種類がある。前者は，FTAを結んだ国の原産品を自国の原産品と見なすという考え方であり，後者は，相手国の生産者が行った生産を自国で行った生産と見なすものである。

二国間が中心の日本のFTAでは，この累積の概念はそれほど活用されていないと推測されるが，今後，多国間FTAが効力を生じて行けば，FTA加盟国間で取引される産品の原産性を判断する上で重要な概念となり，注目すべきである。

● 僅少の非原産材料

非原産材料であって，必要な関税分類変更基準（日インドFTAでは加工工程基準を含む）を満たしていないものが，全体として輸出産品の価額（FOB）

または重量に対して一定割合を超えていない場合，それら非原産材料は輸出産品の原産地決定に当たって考慮しないとする救済措置である。その趣旨は，原産地基準を満たさない一部の僅かな非原産材料のために，輸出産品が原産品としての資格を失う非合理を排除しようとするものである。この例外的な措置は2種類に分かれる。関税分類変更基準を満たさない非原産材料の仕入れ価額合計が輸出産品のFOB価額の7％または10％以下である場合の「価額の例外」と，基準を満たさない非原産材料の重量合計が輸出産品の総重量の7％または10％以下である場合の「重量の例外」の2種類である。重量の例外は，主として繊維品に適用される。

なお，「僅少」の救済措置は，日本の多くのFTAにおいて，関税分類の第1類から第27類までの大部分の類の産品（食料，食品など）には適用されていないので，この救済措置を活用する場合には，「僅少」規定の適用対象であるか，および適用できる割合について確認することが必要である。

●原産資格を与えることにならない作業

特定の作業が行われたことだけでは，品目別規則に定める関税分類変更基準や加工工程基準を満たしたものとしないという規定である。つまり，FTAにおいて輸出産品が原産品と認められるためには，原産資格を与えることにならない作業に該当しない加工工程が最終的にFTA輸出国で行われ，同時に，生産された産品が原産地基準を満たす場合に，原産品と認められることになる。

原産資格を与えない特定の作業は，次の通りである。輸送または保存の間に，産品を良好な状態に保つために行われる行為（乾燥，冷凍など），改装や仕分け，瓶・箱等の容器に詰める梱包作業，セットにする作業，マーク・ラベル等の添付などである。いずれも，産品の価値を高めるものとは判断しがたい作業ばかりである。近年よく見られる事例は，FTAを結んだ国以外の第三国で生産した産品を輸入し，日本では検品と上記のいずれかの作業を施すだけの分業である。この場合，その産品はFTAにおいては日本原産品とはならないのである。

(3) 積送基準

原産地基準を満たし原産品と認められた産品が，FTAを結んだ相手国に到着するまでに「原産品としての資格」を失っていないことを要求する基準が

「積送基準」である。

　積送基準は，大きく2つの条件を規定している。第1の条件は，原産品がFTAを結んだ輸出国から輸入国に直接運送されること。第2の条件は，原産品を，積替えまたは一時蔵置のためにFTAを結んでいない第三国を経由させる場合に，その第三国において許容される作業は，積卸しおよびその産品を良好な状態に保存する作業に限るとするものである。

　この積送基準は，搬送ルートを書面により輸入国税関に証明することを求めている。従って，FTA特恵関税を利用しようとする際には，積送基準を逸脱しない搬送手段を確保することが重要である。

(4) 手続的規定

　手続的規定は，①FTAを結んだ輸入国の税関に対して，自国から輸出した産品がFTA原産地規則を満たしていること，②その輸出産品が積送基準を満たしていること，の両方を証明することを求めている。①については，原産地証明書（第三者証明制度の場合）か原産品申告書（認定輸出者制度，自己証明制度の場合）を輸入国税関に提出する。②に関して，第三国を経由している場合は，通し船荷証券の写しか，輸出産品について積替え，一時蔵置された第三国の税関かその他権限を有する官公署が発給した証明書のいずれかの書類をもって証明する。

　このようにして，原産品であると立証された産品に対してFTAの輸入国税関が原産性に疑問を抱く場合，原則として輸出国政府を通じて，輸出者に原産性の根拠の提示などを求めることができる。これが検証手続である。即ち，原産地手続は，FTAに基づいて貿易取引される産品の原産地の証明続きと検証手続の両方を包含した概念である。原産地手続が終了したからといって，取引された産品の貿易当事者は，その産品の原産性立証責任を満了することにはならない。輸入国税関による検証は，輸入後5年間（一部FTAでは3年間）行うことができ，貿易当事者は，その期間，産品の原産性を立証する根拠資料を保存することが義務付けられている。違反した場合には，罰金の刑も規定されている。さらに，特恵関税での通関が期待通りに行われない場合に，輸入者との取引上のトラブルに発展する危険性も予想される。

第2節　原産地規則の課題と企業の果たすべき責任

1. 原産地規則は未経験の不慣れな概念

　経済産業省サイトに掲載の「EPA/FTA よくいただくお問い合わせ（FAQ）」においても，原産地規則に関する回答が大部分を占める。FTA を利用するにあたり，企業にとっての大きな課題は，原産地規則が未知の概念で，原産性立証のための根拠資料の整備が未経験の作業であり，その対応に予見できない新たな負荷を要することである。

　その原因は次のように整理できよう。① 原産地規則は初めて耳にする専門用語：従来は，日本国内で調達したのでその産品は日本産である，との曖昧な概念が一般的であった。② 法律文言と日常語の定義が異なるため混乱するケースが多数発生している。例えば，FTA 原産地規則に規定される「完全生産品」は，通常，工業製品には適用できないが，同規定の表現だけから判断して，自社製品を「完全生産品」と誤って判断する日本企業が多い。また，各 FTA の品目別規則の表記が法律に基づく専門的な書きぶりであるため，その意味するところを理解できないとする日本企業が大半で，特に，初めて FTA に接する企業の場合は，典型的な反応である。

　これまで触れることのなかった原産地規則に，FTA を利用するに至って初めて対応することを求められるのみならず，いきなり精通することを要求されて，戸惑い困惑するのは自然な反応である。一般に中小企業は，社内の人材が限定的なこともあり，法律や税務など専門的問題はそれぞれの分野の外部専門家に依存するのが常である。しかし，原産地規則に関しては，頼れる専門家の存在さえ不明なのが現状で，同規則に対する企業の困惑を増大させる要因の1つとなっている。

2. HS コード問題

　貿易に従事する者以外にはほとんど馴染みのない HS コードは，FTA 物品貿易において非常に重要な意味を持つ。原産地規則および関税譲許表が HS

第 6-2 表　日本の FTA における HS コードの基準年

基準年	対象 FTA
HS2002	メキシコ, マレーシア, チリ, タイ, インドネシア, ブルネイ, フィリピン, ASEAN
HS2007	スイス, ベトナム, インド, ペルー
HS2012	オーストラリア, モンゴル

（注）　シンガポール FTA を除く。
（資料）　各 FTA 条文より筆者編集。

コードごとに規定されているからである。日本の FTA が規定する HS コードは，FTA ごとに基準年が異なる。現状，日オーストラリア FTA および日モンゴル FTA 以外は，現在の通関実務で利用されている 2012 年版の HS コードと世代の違う基準年に基づいている。このため，通関実務と FTA 利用との間に，HS コード基準年のギャップを生じているのである。同一の産品を異なる FTA で複数の相手国に輸出する場合，各 FTA が規定する基準年の HS コードに基づかなければならない。企業は複数世代の HS コードの管理という非効率を強いられるのである。

3. FTA 物品貿易で企業が果たすべき責任

企業が，FTA に基づく特恵関税によるコスト削減効果を活用するには，日本の FTA 原産地規則が内包する前述のような問題を乗り越え，原産地規則が求める原産性を輸出産品が有していることを客観的に立証する必要がある。この立証作業を 2 段階で整理し，いずれも根拠となる資料を整理・保管することを通じて原産性立証の客観性を確保し得るのである。

(1)　第 1 段階：自国での最終加工と輸出産品の価値の積上げ

第 1 段階は，FTA で輸出する産品の最終加工が自国（日本からの輸出の場合は日本国内）で行われ，自国で一定以上の価値の積上げが行われたことを証明する段階である。ここでは，4 つの要素 ① 誰が（生産者），② どこで（自国内の生産工場），③ 何を使って（全ての 1 次材料），④ どの様に生産したか（加工工程），を明確にする。この段階で有効な根拠資料は生産（製造）工程表である。通常，生産者であれば生産に先立って整理するこの表から，企業機密に触れるような機微な情報を削除し，加工の工程のみを抽出して，生産者名，

生産工場の国内所在地，各工程で投入される１次材料，外注加工を含む場合は外注先の名称と所在地などを盛込めば，原産性の根拠資料としての生産（製造）工程表の作成が完了する（第6-2図参照）。

　この表の意義は，生産者，生産場所，使用する全ての１次材料，加工工程の４要素を一目で把握できることである。また，生産の一部または全部の工程を外部に発注していても，受注先が自国内で加工作業を完結していれば，自国内での価値の積上げが行われたことも容易に確認できるのである。但し，万一，社外委託した作業が国外で行われた場合は，その作業は日本国内での価値の積上げとはならず，作業後に日本に輸入されるものは外国産（非原産材料）と扱われることになるので，十分な注意が必要である。

　さらに，この生産（製造）工程表に記載された全ての１次材料を別表に転記すれば，自動的に総部材表が出来上がり，生産（製造）工程表との整合性が自ずと確保できるのである。

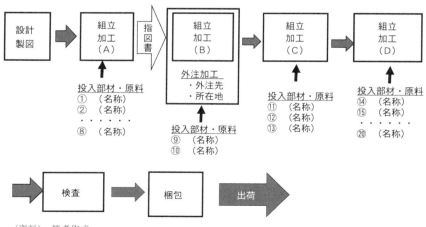

第6-2図　生産（製造）工程表（一例）

（資料）　筆者作成。

(2) 第2段階：品目別規則を満たすことの証明

　第2段階は，品目別規則の条件を満たすことの証明である。輸出産品のHSコードに規定される品目別規則を確認し（一部FTAでは一般規則を適用），同規則が指定する原産性の判断基準（関税分類変更基準，付加価値基準，加工工程基準）のいずれを適用するのかを見極める。その結果，① 関税分類変更基準が判断基準として適用される場合には，輸出産品と全ての1次材料を列挙し，輸出産品のHSコードと非原産材料のHSコードとを対比させる。② 付加価値基準の場合は，非原産材料価額の合計を求め，原産資格割合の計算書を作成する。重要なのは，いずれの基準にあっても，全ての1次材料の明示が必要であり，第1段階で作成した総部材表を活用すれば，この要件を満たすことができる。

　以上の2段階の作業を通じて，輸出産品に関わる貿易当事者（輸出者，生産者等）は，その産品の原産性を立証できる。輸出産品の原産地に係るコンプライアンス責任を全うする，と言い換えることもできよう。但し，より正しくは，整理した全ての根拠資料を保存することもコンプライアンス責任に含まれる。輸入国税関は，FTAで定めた期間（5年または3年），FTAで貿易取引された産品の原産地について検証を行うことができ，原産性について照会を受けた貿易当事者は，原産品であると判断した根拠資料を提示することが義務付けられているのである。なお，根拠資料は電子媒体で保存することもできる[5]。

4. 産業構造の変化と原産地規則の整合性

　FTAにおける原産地規則は，FTA協定全体の一部であり，法律の安定性の観点からも安易な変更等は認められるべきではない。一方で，産業の実態は常に変化するため，時間の経過とともに原産地規則と産業実態との整合性が保ちにくくなる状況が発生しやすい。一例が，近年一般化している「ファブレス」（生産の企画者と作業者との分離）の進展である。

　企業は，経営効率向上の観点から，必要最小限の機能だけを自社内に維持し，多くの機能を国内外の協力会社に依存しているのが現状である。こうした経営スリム化の状況にあっても，FTA利用による輸出産品の原産性立証を効率よく行うことが重要な命題となる。このため，輸出産品の生産から輸出に至

第6章 原産地規則の現状と課題

第6-3図 輸出品の原産性立証における役割分担の考え方

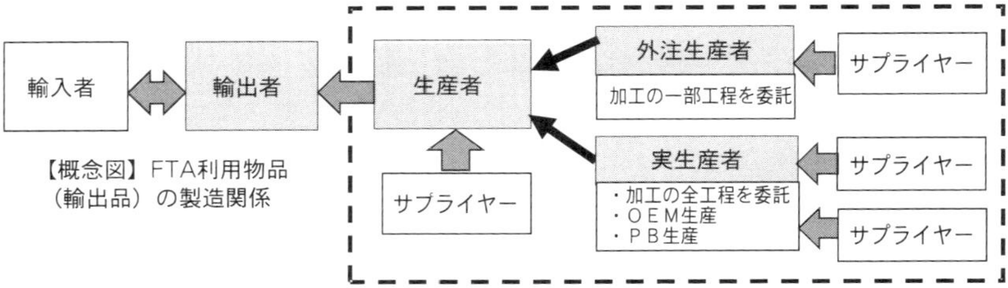

【概念図】FTA利用物品（輸出品）の製造関係

輸入者 ⇔ 輸出者 ⇐ 生産者 ← 外注生産者（加工の一部工程を委託）← サプライヤー

サプライヤー → 生産者

実生産者（・加工の全工程を委託 ・OEM生産 ・PB生産）← サプライヤー

輸出品の原産性立証の役割分担の考え方

原産性立証主体	根拠データの出所	留意点
輸出者	生産者からの生産データの提供	原産材料にサプライヤー証明必要
生産者	・自らの生産データに基づく ・外注加工者，実生産者からの生産データの提供	原産材料にサプライヤー証明必要
実生産者	自らの生産データに基づく	原産材料にサプライヤー証明必要

（注1）サプライヤーは，実際の部材提供先である生産者，外注加工者，実生産者に対してサプライヤー証明を提供
（注2）サプライヤー証明の詳細は，経済産業省原産地証明室『原産性を判断するための基本的考え方と整えるべき保存書類の例示』P16参照

（資料）筆者作成。

るまでに関係する企業の相関図を作成し，それぞれの役割を明確にする必要がある（第6-3図参照。輸出産品の生産から輸出は同図の右から左に進む）。

実際の産業構造はさらに多様であり，取引関係もより複雑であろうが，原産地規則においては「物流」だけが重要である。即ち，輸出産品が主役であり，その産品が原産品であることの一点を，関係者がそれぞれの立場から必要な立証作業を行うのである。各関係者の役割が全うされてはじめて，原産地規則に正確かつ適切に対応できるということを理解しておくべきである。

第3節 原産地規則対応の実際とFTA利用の拡大に向けて

1.「事前教示」制度の有効活用

FTAで輸出する産品に適用される品目別規則は，FTAごとの基準年におけるその産品のHSコードによって特定されることは，前述の通りである。HS

コードの特定に当たって「事前教示制度」を利用することができる。FTAを結んだ国の輸入者が，輸入に先立って同国の税関にHSコードの確認を求め，書面で回答を得る制度である。この書面に記載のHSコードに適用される品目別規則を確認し，同規則の規定に従って原産性を立証すれば，貿易当事者としての基本的な責任を果たし得る。

但し，課題は少なくない。まず，全てのFTA相手国が事前教示制度を有しているわけではなく，その数は限定的である。マレーシア，タイ，インドなどはこの制度を有するが，その他の国々では公式には同制度を運用していない。さらに，事前教示制度が存在しても，回答にかなりの日数を要する場合があることや，FTAでは事前教示の要請を受けた税関は回答する努力義務は規定されているが，必ず回答しなければならないとまでは定められていないことである。輸入者から提供される輸入予定産品の情報が不十分などであれば，照会を受けた税関はFTAに係るHSコードを回答する義務を負わないのである。

事前教示はFTAの利用に有益な制度であるが，その効果的な活用のためには，輸入者および輸入国税関との十分な連携が必要である。

2. 異なる品目別規則への対応

異なるFTAを活用して，同一産品を複数のFTA相手国に輸出する場合，品目別規則が同じとは限らない。第6-3表に示すように，品目別規則の構成にも相違がある。HSコードの基準年にも留意しつつ，利用するFTAごとに正確に対応することが求められる。

現実には，FTAを利用している企業は，品目別規則の相違を克服し，自社の同一製品を複数のFTA相手国に輸出している。この際，原産性立証資料の整理を効率化するには，最も厳しいFTA品目別規則の条件さえも満たしていることを立証できれば，他のより緩やかな条件は必然的に充足することになる。

3. アジア太平洋FTA時代における原産地規則への対応強化に向けて

アジア太平洋地域では環太平洋経済連携協定（TPP）などメガFTAが順次発効し，数年内に広範なFTAネットワークが構築されると予想される。日本にとって，重要な貿易相手国とのFTAを通じた経済連携が拡大し，国際ビジ

第6-3表　FTA品目別規則の構成

FTA	HSコード基準年	原産性を認める基準	
シンガポール，メキシコ，マレーシア，チリ，タイ，インドネシア，ブルネイ，フィリピン	2002	【品目別規則のみ規定】FTA条文の付属書にHSコードごとに規定（一般規則の設定なし）	
ペルー	2007		
オーストラリア，モンゴル	2012		
ASEAN	2002	【一般規則】CTH（項変更）またはVA40％以上	【品目別規則】一般規則が不適用のHSコードを対象に，FTA条文付属書に規定
スイス，ベトナム	2007		
インド	2007	【一般規則】CTSH（号変更）およびVA35％以上	

（出所）　各FTA協定より筆者作成。

ネスにおいてFTAが不可欠の存在となるであろう。さらに，原産地規則の構成は同じでも，品目別規則が異なることが予想される。だが，そうした品目別規則の相違は大きな困難を伴わずに克服できるのである。

　輸出産品の原産性立証のための根拠資料は，複数のFTAに対して同時に活用することができる。例えば，同一産品の複数FTA相手国への輸出であれば，生産（製造）工程表は一度整理すれば事足りる。重要なことは，FTA原産地規則に対処するための社内，社外の連携体制を早期に築き上げることである。社内にあっては，製造部門，管理部門，営業部門など関係する全ての部署を通じて，輸出産品の原産性立証のための役割分担を明確にしておくべきである。一方，社外にあっては，取引先や協力会社との役割分担の構築が重要となる。

　こうした社内・社外の体制整備の方法，今後ますます拡張するFTAネットワークを自社にとって最も効果的な組合せとするための考え方などは，FTA専門家に相談することが効率的であろう。政府事業などによるFTAの相談窓口[6]の活用を通じて，自社内にFTA対応ノウハウの蓄積を進めることで，国際ビジネス戦略に厚みを増すことができる。

(麻野良二)

【注】

1) 本章では，日本の経済連携協定を含め全ての自由貿易協定をFTAと表記する。
2) FTAでは関税減免の対象としない例外品目が存する。日本の発行済みFTAでは，品目ベースの市場開放水準（FTA関税撤廃対象）は85％程度に留まっている。
3) 輸出入の際に産品を分類する番号で，「商品の名称及び分類についての統一システム（Harmonized Commodity Description Coding System）に関する国際条約（HS条約）」に基づいて定められる。
4) 日メキシコFTAでは，メキシコと日本の両方の国を1国と捉えている。
5) 保存すべき資料の種類や各資料の記載要領などは経済産業省（2015）を参照。
6) FTA相談デスクは，平成27年度経済連携協定利用円滑化促進事業の一環として設置された。

【参考文献】

麻野良二（2014）「原産地規則」公益財団法人日本国際フォーラム『平成25年度外務省委託事業「経済連携協定（EPA）を検証する」調査研究報告書』。
経済産業省（2014）『EPA/FTAよくいただくお問い合わせ（FAQ）』。
経済産業省（2015）『原産性を判断するための基本的考え方と整えるべき保存資料の例示』。
財務省・税関（2015）『EPA原産地規則の初歩』。
東京税関業務部総括原産地調査官（2015）『EPA原産地規則マニュアル』。
日本機械輸出組合（2010）『拡大アジア自由貿易圏におけるEPA最適利用手引き』。
鷲尾紀吉（2008）「日本のEPA推進と原産地規則」中央学院大学『中央学院大学商経論叢』第22巻第2号。

第 7 章

ASEAN 進出日系企業の FTA 活用
〜タイの事例〜

はじめに

　ASEAN は，東アジアにおいて FTA カバー率（貿易額に占める FTA 締結国との貿易の割合／2014 年ベース）が約 6 割と最も高く，通商条件が最も優れている地域の 1 つと言える。この数字は，FTA を戦略的かつ積極的に構築してきたとされる韓国（41.1%）をも大きく上回る。ASEAN の FTA への取り組みは，20 年以上も前の 1993 年に発効した ASAEN 自由貿易地域（AFTA）に始まる。2000 年前後からは，中国を先頭に，韓国，日本，インド，豪州・NZ と，いわゆる 5 つの ASEAN＋1 FTA 網を構築した。中でも ASEAN は既に，域内，中国，韓国との間で関税削減作業を一通り完了させた。ASEAN は FTA を「構築する時代」から「利用する時代」に入っている。

　FTA による企業へのインパクトは，関税削減のみではない。FTA 網の構築と関税削減の進展が，企業の拠点再編の意思決定に大きな影響を及ぼした。特に企業グループ内で，ⅰ）生産品目を拠点間で調整，操業継続を前提に相互供給を拠点間で図る動き，次いで，ⅱ）生産拠点の統廃合を通じて，規模の利益獲得・拠点全体の経営効率化を図り，限られた経営資源の有効活用を目指す動き，が見られた。また近年，メコン地域では FTA を活用する形で，これまでタイ国内の同一工場にあった生産工程が複数の生産ブロックに分解され，カンボジアやラオスなどそれぞれ適した条件のところに分割立地される事例が出ている。

しかし，ASEAN では FTA 網の拡大に伴い，同一品目にも関わらず関税譲許や原産地規則の内容が異なる協定が次々と作られ，企業にとっての管理や手続コストが上昇，地域大の最適なビジネス展開を阻害することに繋がる「スパゲティボウル現象」の発生が懸念される。そのため，FTA 利用に二の足を踏む企業がいる一方で，解釈を巡り当局とトラブルになっている事例もある。しかし一方で，異なる FTA 規則を上手く活用する企業も現れている。

本章では，ASEAN のこれまでの FTA 構築作業を振り返ると共に，タイを中心とした在 ASEAN 日系企業にどのような影響をもたらしたのか，また異なる FTA が複数存在することにより，どのような課題，リスク，そして機会があるのかを概観する。

第1節　AFTA を中心とする ASEAN＋1 FTA の形成

1. AFTA の設置と深化に向けた取り組み

東南アジア諸国連合（ASEAN）は 90 年代前半，単一市場構築に向け動き出した。ASEAN は 1992 年 1 月 28 日，当時加盟していた 6 ヵ国の経済相がシンガポールに集まり，ASEAN 経済相会議（AEM）を開催した。ここで，アジアで最初の FTA とも言える AFTA（ASEAN 自由貿易地域）設立が明記された「ASEAN 経済協力の実施に関する枠組み協定」を採択した。関税の引き下げや非関税障壁の撤廃に関する具体的な措置については，「AFTA のための共通効果特恵関税（CEPT）協定」によって定められた。AFTA は域内関税削減を通じた生産規模の拡大により，単位当たりの生産コストの削減を目指すものである。ここでは品目を i）（関税削減）適用品目（IL），ii）一時的除外品目（TEL；引き下げ準備が整っていない品目），iii）一般的除外品目（GEL；防衛，学術的価値から関税率削減対象としない品目），iv）センシティブ品目（SL；未加工農産物等適用品目への移行を弾力的に行う品目），v）高度センシティブ品目（HSL；米関連品目等）に分け，IL の関税削減・撤廃を目指した。

当初，AFTA の目標は，1993 年の発効から 5〜8 年以内に関税削減対象品

目 (IL) の関税を20％以下に削減，更に20％もしくはそれ以下になった品目については，2001年から7年間かけて（2008年）域内関税を0～5％に引き下げることであった[1]。

ASEANには1995年にはベトナムが加盟し，これにラオス，ミャンマー（1997年），カンボジア（1999年）が続いた。これを踏まえ，AFTAも現在の10ヵ国体制となったが，関税削減スケジュールは後発加盟国に配慮するなど柔軟性を持たせた。

1997年7月，タイを震源とするアジア通貨危機が発生すると，ASEANは，同危機により「有望な投資先」としての位置付けから転落しかねないとして，AFTAの加速が検討された。1998年に開催されたASEANの経済相で構成される第12回AFTA評議会で，ASEAN先発加盟国が2008年迄に予定していた「ILの0～5％化」を2003年迄に，またベトナムは2006年迄，ミャンマー・ラオスは2008年迄に，それぞれ前倒しすることを決めた。更に，同年12月に開催された首脳会議では，「大胆な措置（Bold measure）」と銘打ち，先発加盟6ヵ国は，品目数・域内貿易額双方で2000年迄に90％の品目で，2002年迄に一部を除き全ての品目で，それぞれCEPT税率を0～5％化することにした。また後発加盟国について，ベトナムは2003年迄に，ラオス・ミャンマーは2005年迄に，関税率0～5％の品目数が最大になるよう，更に各々3年後には，関税率0％の品目数が最大となるよう，関税削減を進めることも決定した。翌年1999年の第13回AFTA評議会では，当初，CEPTの目標関税水準をこれまでの「0～5％」から「関税撤廃」にし，その上でILにつき先発加盟国は2015年迄に，また後発加盟国は2018年迄に，それぞれ関税を撤廃することで合意した。また中間目標として，先発加盟国は2003年迄に品目数の60％で関税を撤廃することでも合意した。

しかし，2ヵ月後にフィリピンで開催された第3回非公式ASEAN首脳会議では，再び自由化に向かって加速化することを決断した。これまで先発加盟国は2015年，後発加盟国は一部を除き2018年としていた関税撤廃年を，それぞれ2010年，2015年に前倒すことを決め，ようやくAFTAが現在の形になった。アジア経済危機の下，ASEANは自由化を前倒しすることで，投資家等からの求心力維持を図った。

2. AFTAによる関税削減状況

ASEAN事務局資料によれば，AFTAによるASEAN加盟国の単純平均特恵関税率は，1993年で12.76％であった（ただし当時のASEAN加盟国は5ヵ国）。ASEAN先発加盟国が5年前倒しで「ILの0～5％化」を達成した2003年には2.39％，関税撤廃目標の2010年では0.05％，2015年で0.03％にまで低減，限りなくゼロに近付いた。

一方，後発加盟4ヵ国（CLMV）は，2000年で平均AFTA税率は7.51％であったが，2015年時点で0.05％にまで削減されている。

これまでAFTAは，研究者の間で「低水準のFTA」，「利用されないFTA」と揶揄されてきた。しかし2015年1月にはASEAN先発加盟6ヵ国で99.2

第7-1表　ASEANのAFTAのもとでの関税削減状況（2015年2月時点）

	総品目数	関税率0％	総品目数に対する割合	0％超	0％超5％以下	総品目数に対する割合	5％超 注1）	その他 注2）
ブルネイ	9,916	9,844	99.3％	72	0	0.0％	-	72
インドネシア	10,012	9,899	98.9％	113	0	0.0％	17	96
マレーシア	12,337	12,182	98.7％	155	60	0.5％	13	82
フィリピン	9,821	9,685	98.6％	136	74	0.8％	35	27
シンガポール	9,558	9,558	100.0％	0	0	0.0％	-	-
タイ	9,558	9,544	99.9％	14	14	0.1％	-	-
先行加盟6カ国	61,202	60,712	99.2％	490	148	0.2％	65	277
カンボジア	9,558	8,744	91.5％	814	662	6.9％	152	0
ラオス	9,558	8,537	89.3％	1,021	934	9.8％	-	87
ミャンマー	9,558	8,847	92.6％	711	660	6.9％	-	51
ベトナム	9,558	8,604	90.0％	954	661	6.9％	95	198
後発加盟4カ国	38,232	34,732	90.8％	3,500	2,917	7.6％	247	336
ASEAN	99,434	95,444	96.0％	3,990	3,065	3.1％	312	613

（注1）品目は，一般的除外品目（GEL），センシティブ品目（SL），高度センシティブ品目（HSL）から関税削減・撤廃対象品目（IL）に組み込まれた品目。
（注2）スケジュールH品目（GEL）。
（資料）ASEAN事務局資料（2015年3月）より入手した情報をもとに作成。

%，後発加盟国も 2018 年まで 3 年間の関税撤廃が猶予されている 7％分の品目と，センシティブ品目・高度センシティブ品目に指定されている未加工農産品を除き関税が撤廃されたことから，自由化率は 90.8％にまで一気に高まり，ASEAN 全体でも 96.0％になった（第 7-1 表）。これまで日本が締結してきた経済連携協定（EPA）の自由化率は，84.4％（対シンガポール）から 88.4％（対フィリピン，豪州）であり，重要 5 項目[2]のみ関税を維持した場合でも自由化率は 93.5％にとどまる。2015 年 10 月に TPP（環太平洋経済連携協定）が大筋合意に到ったが，重要 5 項目のうち 174 品目は，輸入実績が乏しい，または既にほとんど輸入に頼っている等の理由で関税撤廃を決断，その結果，日本の自由化率は 95％になった。AFTA の自由化率は 96.0％と日本の TPP における自由化率も上回ることから，AFTA は例外品目が極めて少ない高水準の FTA と言えよう。

実際に AFTA が企業に使われるようになるかどうかは，ⅰ）AFTA 特恵税率と最恵国待遇（MFN）税率との差である特恵マージンの幅，ⅱ）原産地証明書（C/O）取得に要する事務手続きコストを上回る関税コスト削減実現の可能性，ⅲ）当該品目の原産地規則を満たすことが出来るか，などを検討することになる。

3. ASEAN＋1 FTA の形成とその自由化水準

ASEAN が域外 FTA を始めた最初の相手国は中国である。これは中国の朱鎔基首相が 2000 年 11 月にシンガポールで開催された ASEAN 首脳会議および関連会議で，ASEAN 側に自由貿易圏構想に向けた作業部会を設置するよう提案したのが始まりである。中国は農産品の早期関税撤廃（EH；アーリーハーベスト）措置や WTO 未加盟国を対象に最恵国待遇を付与するなど，ASEAN に誘い水を向けた。

翌 2001 年 11 月にブルネイで開催された ASEAN 中国首脳会議で，「10 年以内の FTA 設置」に合意，更に 2002 年 11 月の首脳会議では EH 措置が盛り込まれた ASEAN・中国自由貿易地域（ACFTA）の「ASEAN・中国包括的経済協力枠組み協定」を締結した。締結当時，ラオス，ベトナムが WTO 非加盟国であったが，中国は両国に対して関税や輸入手続きなど WTO 加盟国と

同等の待遇付与を約束した。その結果，2004 年 11 月の ASEAN 中国首脳会議でついに「中国・ASEAN 包括的経済協力枠組み協定における物品貿易協定」が正式締結に到り，2005 年 7 月に発効[3]した。

中国の ASEAN への急接近を号砲として，東アジア各国も次々と ASEAN との FTA 構築を目指すなど東アジア各国の動きが活発化した。インドは，2002 年 11 月の第 1 回 ASEAN・インド首脳会議において，10 年以内にインド・ASEAN 間の経済連携強化および FTA 締結の可能性に向けて検討を進めていくことが決まり，翌 2003 年には，「インド・ASEAN 包括的経済協力枠組み協定」を締結した。

韓国は 2002 年 11 月にカンボジア・プノンペンで行われた ASEAN 韓国首脳会議で，ASEAN 側から FTA 締結を打診されたが，「交渉開始まで時間がかかる」（金大中大統領）と返答するなど，消極的な姿勢に終始した。しかし，中国，および ASAEN との間では二国間での FTA を進めている日本に対し，これ以上引き離されれば ASEAN 市場で韓国企業の競争力に深刻な影響を及ぼしかねないとして方向転換を決意，2003 年 10 月にインドネシア・バリ島で開催された ASEAN 韓国首脳会議で，盧武鉉大統領は，ASEAN との間で経済連携を推進する旨表明した。翌 2004 年 3 月には共同研究が開始され，同年 11 月には「ASEAN 韓国包括的協力連携にかかる共同宣言」が発出され，同共同宣言の中で「2009 年までに少なくとも全品目の 80％の関税撤廃」を目指すとし，2005 年 2 月に交渉に入った。交渉もスピード感を持って行われ，2005 年 12 月にまず「韓国・ASEAN 包括的経済協力枠組み協定」を締結，翌 2006 年 5 月に「物品貿易協定」に署名，2006 年 7 月に発効した。

豪州・NZ の ASEAN との FTA（AANZFTA）は，韓国からも更に遅れて開始された。2004 年 11 月の ASEAN と CER（豪州・NZ）との首脳会議で，「2005 年の早期に FTA 交渉を開始し，2 年以内に交渉を終了させる」ことに合意した旨の共同宣言を行い，翌年 2 月に交渉が開始された。AANZFTA は 2008 年 8 月に開催された ASEAN・CER 経済相会議で合意し，翌 2009 年 2 月に調印，2010 年 1 月に発効した。AANZFTA は，物品貿易のみならず，サービス貿易，投資，E コマース，人の移動，知的財産権，競争政策，経済協力などを含んだ包括的なものであり，交渉は一括受諾方式（シングル・アン

第7-2表 ASEANを巡る東アジア各国のFTA締結に向けた動き

	中国	日本	韓国	インド	豪州・ＮＺ
2000年	・朱鎔基首相がASEAN中国首脳会議でFTAを念頭にした共同研究を提案 (11月)				
2001年	・共同研究で早期関税撤廃 (EH) 措置を提案 ・10年以内に自由貿易地域 (ACFTA) を完成させることで首脳合意 (11月)				
2002年	・ASEANとACFTA「枠組み協定」を締結。ASEANへの経済援助拡大も表明 ・朱鎔基首相が日中韓首脳会議で日中韓FTAを提案 (同)	・ASEANとFTAを念頭に置いた専門家グループ設置 (1月) ・首脳間でASEANと10年以内の早期にFTAを目指すことで合意 (11月)	・ASEANからFTAを提案するも、交渉開始に時間がかかるとして拒否 (9月の経済相会議、11月の首脳会議)	・初のASEANとの首脳会議開催。FTA締結に合意 (11月)	
2003年	・ACFTA枠組み協定に調印 (/月) ・ASEANの「東南アジア友好協力条約」(TAC) に署名 (10月) ・ASEANと「平和と安定のための戦略的パートナーシップ」に関する共同宣言 (同)	・ASEANとFTA交渉開始に合意 (枠組み) に署名。主要6カ国とは2012年までの完成を目指す (10月) ・東京で特別首脳会議を開催。TACに署名 (12月)	・ASEANとFTA締結に乗り出す方針を表明 (10月) ・FTAのロードマップ策定、大規模な農業対策も発表	・ASEANと包括的経済協力枠組み協定に署名 (10月) ・TACに署名 (同)	
2004年	・EH措置による農産物を中心とした関税削減開始 (1月)		・ASEAN韓国包括的協力共同宣言にかかる共同宣言発出 (11月)	・本交渉入り (3月)	・首脳会議で「2005年のFTA交渉を開始し、2年以内に終了させること」に合意 (11月)
2005年	・ACFTA物品貿易協定発効 (7月)	・日ASEAN包括的経済連携協定 (AJCEP) 本交渉入り (4月)	・AKFTA本交渉入り (2月) ・AKFTA枠組み協定に署名 (12月)	・アーリーハーベスト実施を断念 (3月)	・本交渉入り (2月)
ASEANとのFTA発効時期など、その後の動き	・サービス貿易協定署名 (2007年1月)、発効 (2007年8月) ・投資協定署名 (2009年8月) ・物品貿易協定第2修正議定書署名 (2010年10月)	・AJCEP発効 (2008年12月)	・AKFTA物品貿易協定署名 (2006年5月)、発効 (2007年6月) ・サービス貿易協定 (2007年11月) ・投資協定署名 (2009年6月) ・物品貿易協定修正議定書署名 (2011年11月) ・物品貿易協定第2修正議定書署名 (2011年11月)	・物品貿易協定発効 (2010年1月) ・サービス貿易、投資協定署名 (2014年8月)	・2010年1月発効 ・第1修正議定書署名 (2014年8月)、発効 (2015年10月)

(資料) 深沢淳一 (2014) をもとに助川成也が加筆。

ダーテイキング）で行われた。中でも E コマース，人の移動，知的財産権，競争政策については他の ASEAN＋1 FTA では対象となっておらず，

第 7-3 表　ASEAN＋1 FTA の発効と関税削減完了年

FTA	国名	発効	関税削減完了
ACFTA	中国・ASEAN	2005 年	2012 年
AKFTA	韓国・ASEAN	2007 年	2012 年
AJCEP	日本・ASEAN	2008 年	2026 年
AIFTA	インド・ASEAN	2010 年	2019 年
AANZFTA	豪 NZ・ASEAN	2010 年	2020 年

（注1）　関税削減完了年は ASEAN 先発加盟国。
（注2）　AKFTA，ACFTA の完了年はノーマルトラック 2 完了時。
（資料）　各種資料をもとに著者が作成。

第 7-4 表　ASEAN＋1 FTA の自由化水準

（単位：％）

	ACFTA（中国）	AIFTA（インド）	AJCEP（日本）	AKFTA（韓国）	AANZFTA（豪・NZ）	
ブルネイ	97.3	80.4	96.5	98.5	98.7	
インドネシア	88.7	50.1	-	94.1	93.9	
マレーシア	93.7	84.8	94.1	95.5	95.5	
フィリピン	89.4	75.6	92.4	88.5	94.7	
シンガポール	99.9	100.0	100.0	100.0	100.0	
タイ	90.1	75.6	93.2	89.9	98.8	
カンボジア	86.7	84.1	75.4	75.4	86.2	
ラオス	97.3	77.5	86.6	85.4	90.5	
ミャンマー	91.3	73.0	81.2	87.3	86.1	
ベトナム	90.4	69.3	88.6	83.8	90.6	
ASEAN10 カ国平均	92.5	77.0	89.8	89.8	93.5	
対話国	94.6	74.2	91.9	92.1	100.0	100.0

（注1）　AANZFTA で左欄は豪州，右欄は NZ。
（注2）　2015 年 12 月現在，インドネシアは AJCEP 未発効。
（資料）　ASEAN 事務局資料をもとに著者が作成。

AANZFTA で初めて採り入れた。

　日本は，ASEAN 各国との EPA 交渉において，二国間交渉を優先してきた。多国間での FTA では，自由化対象品目は ASEAN10 ヵ国各々の競争力と国内事情を鑑みた上で最大公約数にならざるを得ず，その結果，自由化率は二国間 EPA に比べ低くなる。そのため，特定国の産業や国内事情に応じた交渉が可能で，より自由化率を高めることが出来る二国間交渉を優先させた。そして二国間の交渉結果を多国間 EPA である日 ASAEN 包括的経済連携協定（AJCEP）に反映させることで，AJCEP の円滑な交渉，並存する二国間 EPA との整合性の確保を図った。

　2010 年 1 月，ASEAN とインド，および豪州 NZ との FTA が発効したことで，東アジアで 5 つの ASEAN＋1 FTA が完成した。2005 年に発効した ACFTA を先頭に，4 年半で 5 つの ASEAN＋1 FTA が完成した。各々，関税削減完了年は異なるが，ACFTA，AKFTA ではノーマルトラック 1，2 で関税削減完了年が 2012 年，AIFTA では 2019 年，AANZFTA は 2020 年，AJCEP は 2026 年というスケジュールである（第 7-3 表）。

　5 つの ASEAN＋1 FTA は，各々自由化率が異なる。ASEAN 事務局によれば，最も ASEAN10 ヵ国平均で自由化率が高いのが AANZFTA で 93.5%，これに ACFTA が 92.5% で続く。最も自由化率が低いのが AIFTA であり，その自由化率は 77.0% に過ぎない。一方，＋1 である対話国側は，豪州・NZ が各々自由化率は 100% で，最終的に全ての品目の関税を撤廃する。これに ACFTA（同 94.6%）が続く。それに対してインドは最も低い 74.2% に過ぎない（第 7-4 表）。

第 2 節　AFTA を中心とする FTA の企業の利用状況

1. 構築する時代から利用する時代に入った FTA

　ASEAN において締結 FTA 数の増加と同 FTA による関税削減の進展により FTA の認知度は高まっている。それに伴い，利用率も上昇している。ASEAN 加盟国のうち FTA 利用率を発表している国は，タイやマレーシアな

どごく一部に過ぎない。FTA利用輸出額を把握することで利用率が算出出来る。例えば、タイで輸出者がFTAを利用する場合、タイ商務省に原産地証明書（C/O）の発給を依頼することから、原産地証明書発給ベースでFTA利用輸出額を把握することが出来る。これを当該国向け総輸出額で除すると、名目

第7-5表 タイのFTA／EPA締結相手国別利用率

(単位：％)

		発効年月（タイ参加）	2000	05	10	11	12	13	14
ASEAN全体		—	6.4	21.5	31.6	28.4	26.3	31.4	33.8
	（除シンガポール）		11.5	30.0	38.4	34.8	31.7	37.8	40.1
	インドネシア	1993年1月	20.8	45.9	61.3	60.0	54.3	66.1	68.8
	マレーシア	1993年1月	12.7	22.4	28.6	25.2	23.1	27.4	32.0
	ベトナム	1995年	6.3	41.5	53.2	45.3	42.6	52.1	56.1
	フィリピン	1993年1月	14.5	41.8	55.9	47.1	48.8	60.1	62.0
	シンガポール	1993年1月	0.2	2.7	4.9	4.5	3.7	3.8	4.2
	ラオス	1997年	0.0	2.8	4.3	4.0	3.7	3.8	3.9
	ブルネイ	1993年1月	0.7	3.9	8.4	15.2	10.3	11.7	17.5
	ミャンマー	1997年	0.0	0.2	1.0	0.9	2.7	6.9	9.9
	カンボジア	1999年	0.0	0.0	3.7	4.3	3.7	5.4	7.2
インド		—	0.0	17.6	33.4	38.4	38.2	47.0	n.a.
	二国間	2004年9月	0.0	17.6	12.9	14.6	12.8	11.6	n.a.
	ASEAN	2010年1月	0.0	0.0	20.5	23.8	25.4	35.4	n.a.
オーストラリア		2005年1月	0.0	67.3	59.9	63.5	50.0	71.4	n.a.
中国		2003年10月	0.0	6.7	34.4	36.1	42.4	52.8	n.a.
日本		—	0.0	0.0	23.7	26.0	27.3	28.3	n.a.
	二国間	2007年11月	0.0	0.0	23.4	25.6	26.8	27.6	n.a.
	ASEAN	2008年12月	0.0	0.0	0.3	0.5	0.5	0.8	n.a.
韓国		2010年1月	0.0	0.0	24.4	48.9	44.8	51.6	n.a.
豪NZ（多国間）		2010年1月	0.0	0.0	0.3	1.1	2.2	3.5	n.a.
ペルー		2011年12月					3.2	2.3	n.a.
合計			2.9	14.7	32.8	32.9	32.8	39.7	n.a.

（資料）タイ商務省資料をもとに著者作成。

ベース[4]) の利用率が算出出来る（第7-5表）。

　タイのFTA（含EPA）利用輸出比率は，ASEAN向けでは2010年に先発加盟6ヵ国の関税が基本的に撤廃されたことから，2010年以降，ASEAN向けで30%台半ば，一部の品目を除きMFN関税で無税になっているシンガポールを除くASEAN向けが4割である。ASEAN加盟国の中で，特に利用率が高いのが人口規模が大きいインドネシア，フィリピン，ベトナム向けである。2015年にはベトナムを含む後発加盟4ヵ国の関税が7%分の品目および一部の未加工農産品を除き撤廃されることから，同年には利用率が一定程度，上積みされるとみられる。

　タイからAFTAを使って域内向けに輸出をしている上位品目は，概して完成車およびKDキット，自動車部品等自動車関連製品が多く，年によってはエアコン等の家電製品，メカニカルシャベル等の建設機械が入る。これら品目の主な生産者は日系企業であり，日系企業が域内取引でAFTAを積極的に活用している姿が浮かび上がる。2011年以降の2年間は，①2011年10月にタイ中部を襲った大洪水でサプライチェーン網の一部が毀損し，自動車関連輸出が1ヵ月以上もの間，停止を余儀なくされたこと，②インラック政権の目玉政策「初回自動車購入者への物品税還付措置」の終了が2012年末に迫り，自動車各社が国内供給を優先したこと，等が影響している。

　一方，ASEAN域外国向けFTA利用輸出では，「市場」として注目されている豪州，中国，インド向けで，既にAFTAの利用率を上回っている。豪州とのFTAであるTAFTAは「最も利用率が高いFTA」である。2005年から稼働したTAFTAの利用率は他のFTAに比べ抜きん出て高く，2013年の利用率は7割を超えた。利用されている品目は自動車関連品，まぐろおよびかつお，家庭用エアコン等である。

　特に近年，新興巨大市場である中国向けおよびインド向けでFTA利用が急速に拡大している。中国向け輸出ではFTA利用が50%を超え，インド向けでも50%に近付いている。2005年7月に発効したASEAN中国FTAは，2010年1月にノーマルトラックの関税を撤廃，更に2012年1月には2010年時に関税撤廃が猶予されていたノーマルトラック2（最大150品目）で関税が撤廃されたのに加え，センシティブ品目（対象は400品目以内かつ総輸入の10%以

第7-6表　タイのFTA別利用輸出上位品目（2013年）

	日本	中国	韓国	インド	豪州
第1位	鶏肉（調製処理）	配合ゴム	原油	車両用エンジン	商用車（ディーゼル）
第2位	えび（調製処理）	カッサバ芋	天然ゴム	家庭用エアコン	乗用車（ガソリン/1.5～3L）
第3位	PET（ポリエチレンテレフタレート）	パラ・キシレン	液化石油ガス	ベンゼン	乗用車（ガソリン/1～1.5L）
第4位	デキストリン	石油・瀝青油	すず	エチレンの重合体	まぐろ・カツオ
第5位	えび（冷凍したもの）	エチレンの重合体	メチルオキシラン	ポリカーボネート	商用車（ガソリン）

（資料）タイ商務省資料をもとに作成。

内）の関税率が20％以下にまで引き下げられたことが背景にある。タイからのACFTAを利用した中国向け輸出の特徴は，「世界の工場」中国に主に原材料・中間財を供給していることである。中国向け輸出でFTAが利用されている上位品目は，配合ゴム（板，シートおよびストリップ），カッサバ芋，パラ・キシレン，石油および瀝青油（除原油）並びにこれらの調製品（軽質油およびその調製品を除く），その他のエチレンの重合体，等原材料が中心である。カッサバ芋は主にカッサバチップとして中国に輸出され，発酵工程を経てバイオエタノールとして利用される。パラ・キシレンはポリエステルの中間原料であるテレフタル酸の原料として使われる（第7-6表）。

また，インド向け輸出についてタイは，タイ・インドFTA（TIFTA）およびASEANインドFTA（AIFTA）の両方を使うことが出来る。但しTIFTAの適用対象は，アーリーハーベスト（早期関税引き下げ）措置としてこれまで熱帯果物，家電製品，自動車部品など82品目に加えて，2012年6月に発効した第2修正議定書により，2ドアタイプの家庭用冷凍冷蔵庫が追加されたのみである。一方，2010年に発効したAIFTAについては，品目数全体の80％および貿易額の75％が発効から4年後の2013年末までに関税撤廃（一部品目は16年末まで猶予）されている。

2. FTA毎に異なる利用規則とスパゲティボウル現象

World Tariff profile 2014年版（WTO）によれば，2013年において，オーストラリアの単純平均MFN関税率は2.7%，関税撤廃品目比率は50.3%である。関税率15%以上の品目の割合はわずか0.1%に過ぎない。一方，インドの場合，単純平均MFN関税率は13.5%と高い一方，関税撤廃品目は全体の2.9%のみである。関税率15%以上の品目は約2割（19.0%）に達する。

その通商環境の中，豪州向け輸出におけるFTA利用率が7割を超えている一方，インド向け輸出でFTA利用率が豪州向け利用率を大きく下回るのは，AIFTAのより厳しい原産地規則を満たせない企業・品目が多いことを示している。現在，ASEANがFTAで採用している原産地規則は，概して「累積付加価値基準40%」または「関税番号変更基準（4桁）」のいずれかを満たせば「ASEAN原産品」とするものである。しかし，AIFTAでは「累積付加価値基準35%」と「関税番号変更基準（6桁）」の双方を満たして初めてAIFTA協定上の「ASEAN原産品」となる。

現在までに，ASEANの枠組みで締結しているFTAでは，農水産品（動植物，魚介類等）や鉱物資源等協定締約国内で原材料レベルから全て生産・育

第7-7表　ASEANのFTA別原産地規則概要

FTA	国名	完全生産品 WO	一般規則			品目別規則 (PSRs)		
			CTC	RVC	総品目数に占める割合	CTC	RVC	加工工程
AFTA	ASEAN域内	○	CTH	≧40%	53.3%	○	≧40%	○
AJCEP	日本・ASEAN	○	CTH	≧40%	57.9%	○	≧40%	○
AANZFTA	豪NZ・ASEAN	○	CTH	≧40%	40.2%	○	≧40%	○
AKFTA	韓国・ASEAN	○	CTH	≧40%	76.4%	○	≧40-60%	○
ACFTA	中国・ASEAN	○	×	≧40%	89.6%	○	≧40%	○
AIFTA	インド・ASEAN	○	CTSH & ≧35%		100%	×	×	×

（注1）RVCは地域累積付加価値基準，CTCは関税番号変更基準（CTHは4桁変更，CTSHは6桁変更）を指す。
（注2）AFTAで一般規則の総品目数に占める割合は，Medalla（2011）。
（出所）タイ商務省外国貿易局資料，ASEAN事務局資料をもとに作成。

成・採取された産品で適用される「完全生産品」（WO）と品目全体を通して適用される原産地規則「一般規則」，一部品目毎に適用される「品目別規則」とがある。ASEAN が多くの FTA で採用している一般規則は，前述の「関税番号変更基準 4 桁」もしくは「累積付加価値基準 40％以上」を満たしたものを「ASEAN 原産品」とする規則である。それに対し，ACFTA では「累積付加価値基準 40％以上」について，AIFTA では「関税番号変更基準 6 桁」および「累積付加価値基準 35％以上」の両方について，それぞれ満たしたものを ASEAN 原産品として関税減免対象としている（第 7-7 表）。ASEAN では FTA 網の拡大に伴い，同一品目にも関わらず関税譲許や原産地規則の内容が異なる協定が複数存在することにより，企業にとっての管理や手続コストが上昇，地域大の最適なビジネス展開を阻害することに繋がる「スパゲティボウル現象」が懸念される。

　ASEAN+1 FTA の中の原産地規則では，AKFTA が最も自由度が高いと評価されている。AKFTA は「CTC4 桁」もしくは「RVC40％以上」の選択制を一般規則とし，更にその一般規則は総品目の 76.4％に適用されている。一方，ACFTA では全体の 89.6％で「RVC40％以上」が適用されており，RVC 以外の規則はあまり適用されていない。また，AIFTA の「RVC35％」と「CTC6 桁」双方を満たす原産地規則は，全ての品目に適用されており，利用者にとって厳しい規則となっている。これが，AIFTA 利用率が伸び悩む理由とみられる。

　更に利用者がどの協定を利用するかによって C/O 上での記載要件等が異なり，その複雑さが更に企業の FTA 利用に二の足を踏ませている。例えば，ASEAN で頻繁に利用されるようになったリ・インボイス。これは仲介貿易とも三角貿易とも称されるが，近年，アジアに複数の拠点を持っている企業において，地域統括拠点や日本本社などに決裁事務や為替リスクの集中管理による効率化を行うネッティングセンター機能を付与する場面が見られる。製造国からの仲介国宛インボイスを一旦発行するものの，更に仲介国は輸出国宛に新たなインボイスを発行することから，「リ・インボイス」と呼ばれている。FTA でリ・インボイスを使う場合，FTA 毎に記載事項が異なり，ミスを誘発するなど企業に利用を躊躇させる原因になっている（第 7-8 表）。

第7-8表 リ・インボイスを用いたFTA利用に際するタイ税関の確認事項

協定	相手国	C/O上の記入等必要事項
ATIGA	ASAEN	・第3欄の"Third Country - Invoicing"にチェック。 ・第10欄に「インボイス番号」と「第三国販売者の販売日」、または「インボイス番号」と「出発国輸出者の輸出日」を記入。 ・第7欄に「インボイス発給会社名」と第三国の「国名」を記入。
ACFTA	ASEAN・中国	・第13欄の"Third Country - Invoicing"にチェック。 ・第10欄に「インボイス番号」と「第三国販売者の販売日」を記入。 ・第7欄に「インボイス発給会社名」と第三国の「国名」を記入。
AJCEP	ASEAN・日本	・(日本側フォーム)第9欄と(ASEAN側フォーム)第13欄の"Third Country Invoicing"にチェック。 ・(日本側フォーム)第8欄と(ASEAN側フォーム)第10欄に「インボイス番号」と「第三国販売者の販売日」、または「インボイス番号」と「出発国輸出者の輸出日」を記入 ・(日本側フォーム)第9欄と(ASEANのFormの)第8欄に「インボイス発給会社名」と「第三国販売者の住所」を記入する。
AKFTA	ASAEN・韓国	・第13欄の"Third Country - Invoicing"にチェック。
AIFTA	ASAEN・インド	・第7欄に「インボイス発給会社名」と第三国の「国名」を記入。
AANZFTA	ASAEN・豪州・NZ	・第13欄の"Subject of third-party invoice"にチェック。 ・第10欄に「インボイス番号」と「出発国販売者の販売日」、かつ「第三国販売者のインボイス番号」と「販売日」(わかる場合)を記入。 ・第7欄に「インボイス発給会社名」と第三国の「国名」を記入。

(資料) タイ税関原産地規則課ソムチット・テミヤワニット氏講演資料(2012年11月5日)。

近年,仲介貿易を利用する企業は増えている。ジェトロが2007年11～12月にかけて行ったアンケート調査では,在ASEAN日系製造企業570社のうち,アジア域内向け輸出で仲介貿易を利用している企業は93社,利用比率は16.0%であった。しかし2013年(2013年10～11月に調査実施)までにその比率は33.7%と,3社に1社が利用するまでになっている。これら企業がFTAを利用して輸出する場合,輸出先に応じてC/Oフォームのみならず,記載事項を変えることが求められる。

3. ASEAN 域内貿易でも使われる ASEAN＋1 FTA

　タイの FTA 輸出で最も使われているのが AFTA である。AFTA は ASEAN 向け輸出の際にのみ使われる。しかし，その逆，ASEAN 向け FTA 利用輸出においては AFTA のみが使われるというわけではない。

(1) FTA 毎に異なる税率を利用

　ASEAN＋1 FTA は「ASEAN と＋1 との 2 国・地域間の FTA」ではなく，ASEAN10 ヵ国と＋1 による「11 ヵ国間の FTA」である。ASEAN＋1 FTA を ASEAN 域内で利用する目的は大きく 2 つある。第一に，特に AFTA で関税撤廃が完了していない CLMV の後発加盟国との取引について，ASEAN＋1 FTA の特恵税率の方が低い場合があること，第二に，最終的に＋1 国に輸出される製品を構成する部品について，「締約国内で生産した産品」として，最終工程において累積目的で使われる場合があること，である。

　前者について，例えば，二輪車メーカー A 社はタイとベトナム両方に製造拠点を有する。同社はベトナムで新たな ASEAN 共通モデルを製造し，域内市場向け輸出で AFTA 特恵関税の利用を検討していた。タイの 125cc の二輪車（HS 8711.2059）関税は 60％であるが，AFTA 特恵関税は 0％である。しかし，タイ税関はベトナムからの二輪車輸入については，原産地証明書フォーム D を提示した場合でも，AFTA 特恵関税を適用しない。これは，AFTA には「相互譲許原則」（互恵主義）が規定されているためである。AFTA では，ASEAN 物品貿易協定（ATIGA）第 22 条で「輸出対象産品が輸入締約国で AFTA 特恵関税適用を受けるためには，指定された原産地規則を満たし，輸出締約国の同一品目の ATIGA 特恵関税が 20％，あるいはそれ以下でなければならない」と明記されている。ベトナムでの 2012 年当時の二輪車の MFN 関税は 75％であり，また AFTA 特恵税率は 60％が適用されていた。そのため，ATIGA 第 22 条の相互譲許原則から，タイ側で 0％の AFTA 特恵関税は付与されない。そのため A 社は，ベトナムで AANZFTA の原産地証明書を取得しタイに輸出，タイ側輸入税関で AANZFTA の特恵関税 0％の適用を受けた。AANZFTA には相互譲許条項がなく，ベトナムからの輸入であっても一律に AANZFTA 特恵関税が適用される。

　一方，逆も同様である。例えばタイモデルの二輪車をベトナムに輸出する場

合，ベトナムの同品目の MFN 税率は 2014 年現在で 75%。一方，AFTA を使う場合は 60% であり，関税を 15% 分削減出来る。しかし，AFTA 税率が最も低いとは限らない。他の ASEAN＋1 FTA を使ってタイからベトナムに輸出する場合，ACFTA の場合は 45% と 30% 分の関税が削減出来る。特筆すべきは AANZFTA を使った場合であり，最も低い 15% の特恵税率でタイから輸出出来る。更に AANZFTA のもと同税率も徐々に削減され，2015 年には 10% になった。これは AANZFTA 交渉において，ベトナムは豪州・NZ 国内にはほぼ競合する二輪車産業がないことから，二輪車の輸入関税を削減・撤廃したとしても国内産業に影響が及ぶことはないと判断したとみられる。一方，AJCEP の場合は FTA 特恵税率と MFN 税率との逆転現象が起こっており，それを知らずに AJCEP を用い輸出すれば MFN 税率より高い 90%[5] の関税が課されてしまう。

　実際に二輪車メーカー A 社がとった動きは，データからも把握できる。タイが AANZFTA を用いて輸入された上位 10 品目について，AANZFTA が発効した 2010 年の FTA 利用輸入額で最大だったのは緑豆，翌 2011 年はリンゴであった。しかし，2012 年にはこれまで上位 10 品目にも入っていなかったモーターサイクル（排気量 50～250cc 以下）が突如 2 位を大きく引き離して最大の輸入品目として登場，2013 年でも AANZFTA を用いて輸入された最大の品目であった。これは ASEAN が複数の国と FTA を締結し，その各々で関税率，原産地規則等利用条件が異なるなどスパゲティ・ボウル現象が危惧されている中，そのルールの隙を上手く活用した事例である。

(2) 累積を目的とした FTA の利用

　もう 1 つの「ASEAN＋1 FTA の ASEAN 域内利用」の理由である「締約国内で生産した産品」としての取り扱いについて，輸出先で最終製品について FTA 特恵関税を享受しようとする場合，製造工程で利用する輸入原材料・部品は原産性審査を受ける際「非原産材料」として取り扱われる。例えば，原産性審査で付加価値基準を用いる場合，輸入原材料・部品は「締約国内での付加価値」とは認められず付加価値の累積は出来ない。関税番号変更基準を用いる場合，輸入原材料・部品の「非原産材料」の関税番号と最終製品との関税番号が規定された桁数で変更されることが求められる。加工工程基準の場合，輸入

原材料・部品の工程は締約国内での工程とは見做されない。

しかし,「輸入原材料・部品」に最終製品で取得する C/O と同じ種類の C/O が添付される場合,その輸入原材料・部品は「締約国内で生産した産品」と見做され,「原産材料」として扱われる。具体的には,付加価値基準の場合は輸入原材料・部品の価格を付加価値に算入出来る。関税番号変更基準の場合,輸入原材料・部品と最終製品とで関税番号が変更されなくても構わない。加工工程基準の場合,輸入原材料・部品の工程は締約国内での工程と見做される。

(3) **タイの域内向け輸出における ASEAN＋1 FTA の利用状況**

タイ商務省資料から5つの ASEAN＋1 FTA について,輸出相手国別に C/O の発給輸出状況がわかる。これをみるとタイで発給した C/O の多くは,当然ながら対話国（＋1国）向けに発給されていることがわかる。しかし,この中で日 ASEANCEP（AJCEP）は,対話国（＋1国）である日本向けも多いものの,ASEAN 域内向けにも相当額の C/O が発給されている。日本以外の ASEAN 向けに発給しているのは2012年で53.9％,13年でも41.8％にのぼ

第7-9表 タイの FTA 別 C/O 発給の輸出相手

(単位:100万ドル,％)

輸出相手国		2012年		2013年	
		対話国（＋1国）	ASEAN	対話国（＋1国）	ASEAN
ASEAN 中国 FTA	金額	11,287	47	14,025	140
	シェア	99.6	0.4	99.0	1.0
日 ASEAN CEP	金額	56	66	98	70
	シェア	46.1	53.9	58.2	41.8
ASEAN 韓国 FTA	金額	2,131	1	2,329	3
	シェア	99.9	0.1	99.9	0.1
ASEAN インド FTA	金額	1,385	1	1,652	156
	シェア	100.0	0.0	91.3	8.7
ASEAN 豪州 NZ FTA	金額	232	7	385	7
	シェア	97.1	2.9	98.1	1.9

(資料) タイ商務省資料を用い著者が作成。

第7-10表 AJCEPにおけるタイのC/O発給の輸出相手

(単位：1000ドル，%)

輸出相手国	2012年		2013年	
	金額	シェア	金額	シェア
総発給額	121,796	100.0	167,785	100.0
ブルネイ	0	0.0	39	0.0
カンボジア	0	0.0	13	0.0
インドネシア	3,718	3.1	2,416	1.4
ラオス	731	0.6	523	0.3
マレーシア	5,829	4.8	77	0.0
ミャンマー	0	0.0	0	0.0
フィリピン	17	0.0	66	0.0
シンガポール	5,275	4.3	8,464	5.0
ベトナム	50,126	41.2	58,528	34.9
+1国（日本）	56,099	46.1	97,659	58.2

（資料） タイ商務省資料を用い著者が作成。

るなど，他のASEAN+1 FTAと比べ抜きん出て高い（第7-9表）。

　AJCEPに注目し，輸出相手国別発給額をみると，AJCEP用原産地証明書フォームAJがベトナム向けに2012年で5013万ドル分，13年で5853万ドル分，それぞれ発給されており，抜きん出ている（第7-10表）。2013年においてAJCEPを用いベトナム向けに発給されている上位品目は，綿織物（浸染したもの）：HS520932，ポリプロピレン：HS390210，合成繊維の長繊維の糸の織物：HS540752，合成繊維の短繊維の織物：HS551329，綿織物（綿が全重量の85％未満）：HS521041であり，ポリプロピレン以外は繊維製品である。AJCEPでは関税番号変更基準に基づく2工程ルール（ファブリックフォワード）が採用されており，織布・染色工程をタイで行った織物を，ベトナムで縫製するなど，タイ・ベトナムのASEAN2ヵ国で計2工程を行うことで，日本に輸入する際にAJCEP特恵関税が適用される。AJCEPは1年先に発効した日タイ経済連携協定（JTEPA）と併存しているため，AJCEPの利用輸出金額自体は他のASEAN+1 FTAに比べ小さいが，このようにAJCEPは繊維製

品を中心に，タイとベトナムとの工程間分業で利用されるなど，AJCEPは ASEAN域内では主に「累積」を活用する用途で使われている。

(4) 日系企業のFTAと「累積」の活用状況

「累積」は東アジアで構築されるFTAの特徴とも言われるが，在ASEAN日系企業において累積はFTAを利用している企業の一部に使われているに過ぎない。ジェトロはアジア・オセアニア日系企業活動実態調査（2014年10～11月実施）で，ASEANがFTAを締結している国・地域と貿易取引を行っている在ASAEN日系企業に対し，FTA毎に利用の有無，更にFTAを利用して輸出入を行っている企業に対しては累積利用の有無を確認した。

在ASEAN日系企業のFTA利用率は第1章で既に述べたが，これらFTAを利用して輸出入を行っている企業のうち，「累積」を使っている企業は現時点では限られている。累積が最も使われている割合が高いのがASEAN域内であるが，輸出でFTA利用企業のうちの7.3%，輸入で同6.6%に過ぎない（第7-11表）。多くの企業は，自社品について原産地規則要件を踏まえ「ASEAN原産」とするに際し，輸入調達先からの原産地証明書を用いた「累積」に依存せず，多くは自社内で原産地規則要件を満たすべく取り組んでいるとみられる。前出のジェトロ調査によれば，2014年における在ASEAN日系

第7-11表 在ASEAN日系企業のFTA利用率と累積利用状況

(単位；社，%)

仕向地	輸出企業数					輸入企業数				
	(A)	FTA利用企業 (B)	利用率 (B/A)	累積利用企業 (C)	累積利用率 (C/B)	(A)	FTA利用企業 (B)	利用率 (B/A)	累積利用企業 (C)	累積利用率 (C/B)
ASEAN	770	354	46.0	26	7.3	657	303	46.1	20	6.6
中国	320	130	40.6	7	5.4	522	199	38.1	9	4.5
韓国	146	67	45.9	2	3.0	174	68	39.1	4	5.9
インド	233	97	41.6	5	5.2	85	34	40.0	2	5.9
日本	802	257	32.0	16	6.2	1100	403	36.6	26	6.5
豪州	150	59	39.3	4	6.8	49	17	34.7	1	5.9
NZ	78	19	24.4	1	5.3	25	7	28.0	-	-

(資料) アジア・オセアニア日系企業実態調査（2014年／ジェトロ）。

製造企業の平均現地調達率は，タイで54.8%，インドネシア・マレーシアでも43.1%，40.7%であり，付加価値基準で原産材料と認定される閾値40%を国内からの原材料・部品調達のみで上回っている。一方，閾値である40%を下回るベトナム（33.2%），フィリピン（28.4%）の場合，ASEAN域内から「累積」を用いて調達し，合計値で閾値40%を上回るようにするか，利益や労務費，その他生産コスト等を国内の付加価値として合算し，閾値を上回るようにすることになる。両国のASEAN域内からの平均調達比率は，ベトナムで10.8%，フィリピンで8.8%である。その結果，現地およびASEAN域内調達比率を合算すれば，ベトナムは計44.0%になり閾値を超える一方，フィリピンは37.2%にとどまる。在フィリピン日系企業が利益や国内生産コストを加算しても閾値40%に届かない場合は，原産性審査で用いる原産地規則を「付加価値基準」ではなく「関税番号変更基準」を利用する選択肢もある。

また，「累積」には，あくまで最終製品で取得するC/Oと同じ種類のC/Oを輸入する原材料・部品に添付しなければならない。例えば，中国から原材料の一部を輸入し累積する場合，ACFTAのフォームEを原産性審査の際に提示する必要があるが，生産された最終製品にもフォームEしか発給されない。それら最終製品は，ASEAN域内や中国に輸出する場合はACFTA特恵関税が適用されるが，その一方，日本や韓国，豪州・NZ向けに輸出する場合，FTA特恵関税は利用出来ず，通常のWTO協定税率が適用されることになる。そのため累積は，最終製品の輸出先が複数国に亘る場合は利用しにくく，輸出先国がある程度限られている品目に限定されることが，累積利用が一部にとどまっている大きな理由の1つであろう。

第3節　FTAがもたらす企業へのインパクト

AFTAの本格化と企業の域内生産分業
(1) 相互補完を目指す自動車産業
　FTAに期待される効果の1つとして，関税撤廃などの自由化が「外圧」となり，国内で保護されてきた産業・企業の構造改革を促すことが挙げられる。

1985年以降の投資ラッシュ時，ASEANは高関税で市場が分断されていたこともあり，企業はASEAN各国市場に参入するに際し，集中生産により生産効率の追求を通じてコスト競争力を実現するビジネスモデルを諦めて，工場をASEAN各国に設置するなど域内で重複投資を決断した企業も多い（第7-12表）。

しかし，各国国内市場向け工場は概して小規模であり，少量生産のため単位当たりの生産コストは自ずと高くなる。更に，ASEAN各国に小さな市場を複数の日本企業で争うなど過当競争状態に陥った。そのようなASEANの産業構造に，AFTAは「変革」をもたらした。ASEAN域内に複数の拠点設置を余儀なくされてきた企業の多くが，関税低減化が進んだAFTAを活用して，より効率的な生産・供給体制構築を図った。

企業のASEANでの生産体制変革は大きく2つに分けられる。企業グループ内で，①生産品目を調整，操業継続を前提に相互供給を拠点間で図るタイプ，次に，②生産拠点の統廃合を通じて，規模の利益獲得・拠点全体の経営効率化を図り，限られた経営資源の有効活用を目指すタイプ，である。

第7-12表　ASEAN各国の単純平均関税率推移

(単位；%)

	1985	1990	1995	2000	2005	2010	2013	備考（最新年）
ブルネイ			3.1*	3.1	3.0	2.5	2.5	13年は12年データ
カンボジア			35.0*	17.0	14.1	10.9	10.9	13年は12年データ
インドネシア	27.0	20.6	14.0	7.8	6.0	6.8	6.9	
ラオス			9.5*	9.3	7.0	n.a.	n.a.	
マレーシア	15.8*	16.9*	8.4*	8.0	7.5	8.0	6.0	10年は09年データ
ミャンマー			5.7	4.7	4.5	n.a.	5.6	
フィリピン	27.6	27.8	19.8	7.2	5.4	6.3	6.3	
シンガポール		0.4	0.4	0.0	0.0	0.0	0.2	
タイ	41.2	39.8	21.0	16.8	10.7	9.9	11.4	
ベトナム				15.1	13.0	9.8	9.5	

(注1)　2010年，13年はIMFデータ，他は世界銀行データ。
(注2)　*は当該年の翌年のデータを使用（例：1985*は1986年データ）。
(資料)　世界銀行，World Tariff Profile 2014（WTO）。

例えば，前者の代表例として自動車産業があげられる。1990年代後半，ASEAN産業協力措置，いわゆるAICO措置による域内の企業内取引へのAFTA関税の前倒し適用，これに続くAFTA関税削減により，日系企業は自動車部品の集中生産・相互供給に動き出した。例えばトヨタは，タイではディーゼルエンジン，ステアリングコラム，ボディパネルを，マレーシアではステアリングリンク，ラジエター，ワイパーアーム，フィリピンではトランスミッション，等速ジョイント，メーター，インドネシアではガソリンエンジン，ドアロック・フレーム，クラッチなどをそれぞれ集中生産，相互に補完するようになった。

　自動車本体でも売れ筋の一部モデルではノックダウン（KD）形式での最終組立を継続するなど生産拠点の統廃合にまでは踏み込めていない。広い裾野産業を抱える最終組立企業の撤退を伴う拠点の統廃合は社会全体に影響を及ぼす懸念があることも拠点維持の大きな理由の1つである。

(2)　拠点の統廃合により最適地生産を目指す電機産業

　比較的生産移管し易いと言われる家電やAV等の電気機器分野は，生産拠点の統廃合を通じて，規模の利益獲得・拠点全体の経営効率化を指向した。ASEANにおいて日系が圧倒的な強さを発揮する自動車分野と異なり，電気機器分野はサムスンやLGなど韓国企業との激しい競争に晒され，拠点再編による競争力強化は待ったなしの状態であった。また，拠点の統廃合における特徴は，概して「投資が集まる国」と「企業の撤退が進む国」とに分かれるなど，FTAの負の側面が出たことである。製品や企業によって異なるが，2002〜03年前後，タイ，マレーシアの生産拠点に集約化が進み，逆にフィリピンや一部インドネシアの拠点が整理されるケースが続いた。具体例として，フィリピン家電協会によると，2002年に12社あったフィリピンのテレビ工場は次々と閉鎖され，2年後の2004年9月にはわずか2社に減少したという。同様に洗濯機は5社から2社に，また冷蔵庫も4社から2社へと，それぞれ減少した。この理由として，タイ，マレーシアでは生産に必要な部材を比較的現地で調達し易く，相対的に生産コストが安く抑えられることに加え，円高以降に設置された輸出用の大型工場がタイやマレーシアに比較的集まっていたこともあり，各国の内需向けの小型工場が大型工場に統合されたことが指摘できる。

ASEANにおいて家電製品別に，日系企業の生産拠点数とその増減をみた（第7-13表）。AFTAが本格化する前の2000年と，先発加盟国がAFTA関税を撤廃した2010年，そして直近の2014年である。この間，電気釜，電子レンジを除く全ての家電製品で，撤退もしくは他品目製造にシフトしたことを通じて生産拠点数が減少した。特に，ほとんどの家電製品について関税削減が進んだ2000年から2010年の間の減少が目立つ。それ以降も電気冷蔵庫については拠点数が減少している。この間，最も生産拠点数が減少した家電製品はエアコンであり，17拠点から12拠点へと減少した。

　ASEAN全体の延べ拠点数は2000年の71ヵ所から2010年には50ヵ所へと21ヵ所減少した。2010年に関税撤廃が求められないベトナムを除く全ての国で拠点数が減少，多くの国が5ヵ所前後減少した。この間，生産コストが高いシンガポールでは日系家電製造拠点が全くなくなった。その結果，2010年時点でASEAN全体の延べ家電生産拠点数（50拠点）の半分（25拠点）がタイに集中した。2014年にはタイで新たに電子レンジ等の生産を開始，その結果，ASEAN全50拠点のうち28拠点がタイに集中している。

　電気機械分野で最もドラスチックに拠点再編を進めている代表はソニーである。ソニーのTV事業に着目すると，2000年代前半，中国を除くアジアでは，マレーシア，タイ，ベトナム，インドの4ヵ国でテレビを生産していた。日系AV関係者によれば，ASEAN5ヵ国[6]の液晶テレビの企業別市場シェアは，2006年ではサムスンが27.9％で最大のシェアを占め，これにソニー（同18.8％），シャープ，フィリップスが続いていた。当時，LGは9.5％で第5位に過ぎなかった。しかしそのわずか3年後の2009年で，サムスンはシェアを30.7％にまで拡大，LGはほぼ倍の18.6％までシェアを伸ばし，ソニー（同17.0％）を上回るシェアを獲得した。ソニーは韓国企業の急速な台頭に危機感を抱き，FTAの活用を前提にした拠点再編に着手した。

　2008年にはベトナムで国内向けの薄型液晶テレビ製造を中止した。これにかわって同国で輸入卸売会社を設立し，マレーシア製液晶テレビのベトナム向け供給を開始した。

　この背景には，①ベトナムが2009年迄に外資に輸入・卸売業を開放したこと（従来，外資のベトナム市場参入条件は国内製造），②AFTAの原産地規

第7-13表　ASEANにおける日系家電会社の生産拠点数推移

品目	電気冷蔵庫					電気洗濯機					電子レンジ				
国・地域	2000	2010	増減	2014	増減	2000	2010	増減	2014	増減	2000	2010	増減	2014	増減
ASEAN	17	14	▲3	11	▲3	14	10	▲4	10	0	4	2	▲2	3	1
タイ	7	6	▲1	6	0	5	3	▲2	4	1	2	2	0	3	1
マレーシア	2		▲2		0	2		▲2		0			▲1		0
フィリピン	2	1	▲1	1	0	3	2	▲1	2	0	1		0		0
インドネシア	5	4	▲1	3	▲1	3	3	0	3	0			0		0
シンガポール			0		0			0		0	1		▲1		0
ベトナム	1	3	2	1	▲2	1	2	1	1	▲1			0		0

品目	電気釜					扇風機					ルームエアコン					全体				
国・地域	2000	2010	増減	2014	増減	2000	2010	増減	2014	増減	2000	2010	増減	2014	増減	2000	2010	増減	2014	増減
ASEAN	9	6	▲3	8	2	10	6	▲4	6	0	17	12	▲5	12	0	71	50	▲21	50	0
タイ	5	5	0	6	1	5	3	▲2	3	0	7	6	▲1	6	0	31	25	▲6	28	3
マレーシア	1		0	1	0	1	1	0	1	0	3	3	0	3	0	10	5	▲5	5	0
フィリピン	1		▲1		0	2	1	▲1	1	0	3	2	▲1	2	0	11	6	▲5	6	0
インドネシア	1		▲1		0	2	1	▲1	1	0	3	1	▲2	1	0	14	9	▲5	8	▲1
シンガポール			0		0			0		0	1		▲1		0	2	0	▲2	0	0
ベトナム			▲1	1	1		2		1	▲1			0		0	3	5	2	3	▲2

(注) 事業所数は各年とも5月時点。
(資料)「家電産業ハンドブック」（家電製品協会）。

則「累積付加価値原産比率40％以上」について，2008年8月から同基準と「関税番号変更基準（4桁）」との選択性に移行したこと[7]，である。これまで液晶など薄型テレビは，日本や韓国など域外から調達するパネルの付加価値が価格全体の6〜7割を占め，従来の規則ではAFTA特恵税率は享受出来なかった。しかし，関税番号変更基準の導入によりマレーシアで最終製品に組み立てられた薄型テレビも，ASEAN製品としてAFTA特恵関税で域内に供給することが可能になった。

ベトナムとASEANでの事業条件の変化に対応したソニーが採ったビジネスモデルに追随する動きが出た。東芝も2010年2月にベトナムでのテレビ生産を中止，代わって同社最大のテレビ生産拠点インドネシアからの供給に切り替えた[8]。

また，ソニーはテレビ製造拠点について，ASEAN域外でもドラスチックに拠点再編に動き出した。タイとインドとの間で2004年9月からFTA早期関税引き下げ（EH）措置によりテレビの関税削減が開始されると，翌月10月にはインドでの生産を中止，タイからの輸入に切り替えた。それ以降，タイ製造工場は国内供給のみならず，インドへの供給拠点の役割を担った。しかし，ソニーはタイでの液晶テレビ生産を2010年3月迄に終了，代わって同拠点をデジタル一眼レフカメラ部品の生産工場に鞍替えした[9]。これは，2010年1月にASEANインドFTA（AIFTA）が発効することを踏まえ，ソニーは薄型テレビの主力工場であるマレーシアに生産を集約，同拠点から液晶テレビを，中国を除くアジア市場全体に供給する体制の構築を図ったものである。

AIFTAの下，インド側でテレビの関税削減は2010年1月に始まったものの，撤廃は2013年末であった。一方，タイから輸入する場合，EHを使えば既に関税は撤廃されている。ソニーはAIFTAの関税撤廃を待つことなく，経営全体の効率化・最適化を目的に，マレーシアからの供給を決めた。この通り，FTA網の構築と関税削減の進展が，企業の拠点再編の意思決定に大きな影響を及ぼした。

第4節　企業が抱える FTA 利用上の課題

1. ASEAN 域内で発生している問題
(1) 輸出入国側で異なる関税番号

　ASEAN で FTA を使うかどうかに関わらず頻繁に発生するのが，関税番号についての解釈の相違に関する問題である。関税番号は HS コード（商品の名称および分類についての統一システム）とも呼ばれるが，関税番号6桁は基本的に世界共通である。ただし，技術の進歩や新たな概念の製品の登場もあり，世界税関機構（WCO）により5年毎に見直しが行われる。現在，ASEAN で使用しているのは，HS2012バージョンである。ASEAN の場合は HS コードを更に8桁レベルまで域内で共通化する ASEAN 統一関税品目表（AHTN）を用いている。

　しかし，実務ベースでは輸出国側が想定していた関税番号について，輸入国側で別な番号を付与される事態も度々発生，そのため輸出先ごとに取得する原産地証明書に記載する関税番号について，輸入国側税関の判断に従って変えることを求められる場合も多々ある。在タイで家庭用エアコンを製造しているB社は，エアコン（HS コード：8415.10）を製造し，ASEAN 域内に輸出している。その際，AFTA 特恵関税を享受すべく，タイ商務省外国貿易局に原産地証明書フォーム D の発給を申請している。マレーシアに輸入する際はタイ側と同じ HS コードであるが，全くの同一モデルであるにも関わらずフィリピン税関では同製品は HS8415.82，ベトナム税関では HS8415.81と判定されているという。そのため，商務省外国貿易局に対し，仕向け地に応じ HS コードを変えてフォーム D を発給するよう毎回依頼せざるを得ないという。

　関税番号について，輸入税関で輸出者側が当初想定していた HS コードと異なるコードが付与されれば，場合によっては関税率自体が異なり，市場での販売価格にも影響する可能性がある。そのリスクを予め軽減するのが事前教示制度である。事前教示制度は輸入前にカタログや商品情報を輸入国側税関に提供し，HS コードを予め決定するものである。しかし，ASEAN では同制度を導

入している国ばかりではない。更に，導入しているとしても，判定に相当な時間を要するとして実務上では利用出来る制度になっていない場合も少なくない。タイの場合，2008年に事前教示制度が導入され，「30日以内の回答」が約束されている。しかし，実際には30日毎に追加資料を求められるなど，半年たっても番号が決まらないという企業もある。HSコードの判定遅延の原因の1つに，マンパワー不足がある模様である。しかし，長い期間をかけてようやくHSコードが決まっても，適用されるHSコードが明示された証明書の有効期間は1年間のみなど，企業側が利用メリットを感じられない場合も多い。

(2) Back to Back とリ・インボイスの併用

ASEANでは，Back to Back 原産地証明書を発給している。これは商流，物流ともに第三国経由で行われる取引形態である。例えば，自動車部品をフィリピンからASEAN域内にAFTAを使って輸出する場合，当該製品が一旦タイの物流倉庫に保管され，ASEAN各国の顧客の発注に応じて在庫を切り分けて輸出する。その際，フィリピン政府発行のオリジナルの原産地証明書を基にタイ商務省が分割して発行するBack to Back 原産地証明書を用い，ASEAN輸入国側で特恵関税を享受することができる。これを輸出者が使う場合は，フォームDの第13欄にあるボックスにチェックを入れる。第13欄には，次の7つの用途の場合，ボックスにチェックを入れる。a) 第三国インボイス，b) 展示品，c) 累積，d) デミニミス（僅少の非原産材料），e) 遡及発給，f) 部分累積，そしてg) Back to Back 原産地証明書，である。

現在，加盟国税関の中で見解が分かれているのが，g) Back to Back 原産地証明書を用いる場合，第三国インボイス，つまり物流倉庫から最終輸入者間での取引で仲介貿易が利用出来るかどうかということである。シンガポール税関はこの取引でのAFTA適用は可能という見解を示しているが，一方，タイ税関はこの取引ではAFTA関税の適用を拒否している。現在，ASEANの関連会合で適用対象に含める方向で議論されている。

(3) 原産地証明書上のFOB価格

近年，仲介貿易を使う在ASEAN日系企業が増えている。前述の通り，ジェトロのアンケート調査では，2007年時点で在ASEAN日系製造企業の利用率は16.0％であったが，2013年では33.7％に上昇している。

ASEAN側はこれまで原産地証明書フォームDに「FOB（本船甲板渡し条件）価格」の記載を求めていた。輸出者と仲介者，そして輸入者が全て同じグループ内企業であれば，大きな問題は生じない。しかし，商社等第3者が介在する仲介貿易の場合，輸入者は「フォームD上のFOB価格」と「仲介国企業からのインボイス」とを比較することで仲介者のマージンを知ることが出来る。そのため，仲介国企業は最終輸入者に自らのマージンを知られることを避けるため，FTA利用を忌避する場合も多かった。

当初，ASEAN側は，FOB価格の記載について「その検証用途に加え付加価値を累積させる用途にも使用されるため必要」と主張してきたが，度重なる日系産業界の要望を受けてASEAN原産地規則タスクフォースの中で問題を提起し，議論を開始した。その結果，ASEAN物品貿易協定（ATIGA）の「運用上の証明手続き」（OCP）を改訂し，原産性審査に付加価値基準（RVC）を用いる場合を除き，FOB価格の記載義務を撤廃することを決定した。ただし，ミャンマーおよびカンボジアについては準備が整わないとして2年間，実施が猶予された。

2014年1月以降，加盟国は順次，FOB価格の記載が求められない新フォームDの運用を開始した。タイでは商務省外国貿易局が2014年6月18日付告示で，従来のフォームD発行を6月末で停止，代わって7月1日から新フォームDの導入を発表した。なお，ASEANはAFTAでの本ルールの適用に合わせてAKFTA，AANZFTA，AJCEPにおいても，原産性審査にRVC基準を用いる場合を除き，FOB価格の記載義務を撤廃した。

更に日系産業界はRVCを用いる場合についても，FOB価格の不記載を求めるなど粘り強くASEAN側に検討を求めた。特に，ASEAN中国FTA（ACFTA）では一般規則でRVC40％を用いており，AFTAで実現しない限りACFTAでの導入は困難である。これを受けてASEAN側はRVCの場合でもFOB価格を不記載に出来るかどうか検討を始めている。

2. 日本タイ間で発生した問題
(1) 関税番号変更基準での累積

通常，東アジアで適用される「累積」は，付加価値の累積を意味することが

多かった。しかし，関税番号変更基準でも同様に扱うかどうかで判断が分かれた事例がある。具体的には，日本国内で輸入原材料（HS2810 および HS2820）から加工品 A（HS3800.10）を製造，当該加工品 A を日 ASEAN 包括的経済連携協定（AJCEP）のもとタイに輸出するため，日本商工会議所発行のフォーム AJ を添付した。在タイ企業はこの加工品 A に添加物を加え，加工品 B（HS3800.20）を製造した。焦点はこの加工品 B の輸出に際しフォーム AJ を発給できるかどうかである。

タイ側税関は，「協定文の記載は曖昧であるものの，AJCEP の累積規定はあくまで付加価値基準（RVC）にのみ認められ，関税番号変更基準（CTC）での累積は認められない。タイおよび ASEAN 加盟国は，運用上，CTC による累積規定の適用は認めていない」との認識を示した。

それに対し，日本側税関は原産性における事前教示で，「タイで加工品 B に使用される日本からの加工品 A は協定締約国である日本の原産品であり，AJCEP 第 29 条（累積）の規定を適用することにより，タイ原産材料と見做すことが可能。また，その他の原材料（添加物等）については，第 26 条を満たすことから，タイ加工品 B は協定上のタイ原産品と認められる。但しフォーム AJ 第 8 欄に，「CTH」および「ACU」の記載が必要である」との見解を示し，タイ側との間で見解の相違が発生した。タイ政府内で協議した結果，発給機関であるタイ商務省外国貿易局は，タイ加工品 B はタイ原産品として認め，原産地証明書の発給を決めた。

(2) 自動車部品における日タイ EPA（JTEPA）適用問題

日タイ経済連携協定（JTEPA）のもと，2012 年 4 月に関税が撤廃された自動車部品 115 品目，2014 年 4 月の同 31 品目の計 146 品目[10]について，その利用上の解釈を巡り利用企業とタイ政府とで齟齬が発生している。これら品目は，JTEPA 譲許表でカテゴリー P13 に属し，関税撤廃条件が「AFTA（ASEAN 自由貿易地域）完成」となっていたものである。また，JTEPA 条文では枠中の通り記載されている。この文言の解釈を巡り，日系産業界とタイ政府とで意見の相違が発生，JTEPA 協定税率が適用出来ない問題が発生している。

> Imported for use in assembling of motor vehicles classified in the HS headings 87.02-87.05, by manufacturers of such motor vehicles; or for use in assembling of parts and accessories of motor vehicles classified in the HS headings 87.02-87.05 to be delivered to manufacturers of such motor vehicles, by manufacturers of such parts and accessories

　JTEPAでこれら自動車部品の輸入関税減免を受けるには，日本で取得してきた「特定原産地証明書」に加えて，タイ工業省工業経済局（OIE）からの証明書取得・提示が必要になる。現在，発生している問題は大きく3つある。まず，ⅰ）タイ国内仲介取引の否認問題，ⅱ）2次下請け（Tier2）より下部に位置する企業の適用対象外問題，ⅲ）輸出用ノックダウン（KD）部品の対象外問題，である。

　まずⅰ）タイ国内仲介取引の否認問題について，JTEPAを利用して日本から輸入した自動車部品を加工し，自動車組立企業（アッセンブラー）に納入するに際し，この取引の間に「第三者（企業）」が入る場合がある。例えば近年，特定規模以上の企業を中心に，地域統括法人や販売法人に決済等を集中化する動きから，自動車部品企業と自動車組立会社間で商品は直接納入されるものの，商流では1社もしくは複数の企業が入る場合がある。

　実際に税関の事後調査で，「第三者が入る取引は認められない」として，JTEPA適用が否認された事例が発生した。当初，OIEは税関と同様のスタンスであったが，現在までに「JTEPA利用企業が仲介企業との資本関係等を明らかにするなど予め取引概要を説明すれば，同取引を認める」として口頭ベースではその姿勢を軟化させた一方，利用可能であることを記載した文書の出状には消極的態度を示した。

　次いで，ⅱ）2次下請け（Tier2）より下部に位置する企業の適用対象外問題，について，JTEPAの関税減免を享受出来る部品は，OIE通達によれば，加工後に自動車組立企業に納品されるものが対象である。同通達では証明書取得の際の提出資料に「自動車製造会社の当該部品・構成品の発注書，もしくは自動車製造会社に納入することがわかるその他の証拠」が必要とされている。そのためOIEの解釈では，JTEFAを利用出来る企業は，自動車組立企業，も

しくは 1 次下請企業（Tier1）に限られる。1 次下請け企業しか JTEPA を利用出来ないとする根拠は，JTEPA 条文中の「to be delivered to manufacturers of such motor vehicles」とみられる。実際に，大手自動車組立企業が出資して別途設立した部品製造会社に納品するとして申請した企業すらも，「組立企業に直接納めていない」として否認されている。そのため，日タイ両政府で，この JTEPA 条文が「1 次下請企業」までに利用を制限することを意味するのか相互に確認する必要がある。

最後に，ⅲ）輸出用ノックダウン（KD）部品の対象外問題，について，現在，タイはピックアップトラックやエコカーに代表される小型車の分野で，国内のみならず第三国向け自動車輸出拠点として地位を確立した。更に，タイは周辺国を中心に自動車組立工場向けノックダウン（KD）部品供給拠点としての機能も有する。タイ工業連盟（FTI）自動車部会によれば，2014 年の 113 万台にのぼる完成車輸出金額は 5274 億 2340 万バーツであったが，KD 用部品として輸出されたエンジン，組立部品，交換部品等の輸出金額は，2536 億 6510 万ドルと完成車輸出金額の 48.1％にのぼる。

通常，自動車部品企業が中間財・部品を輸入した場合，加工を施した上で自動車組立企業に納入される。自動車組立企業は同部品を主に，① 自社で完成自動車に組み入れる用途，② KD キットにして第三国組立工場に輸出する用途，とに用いる。しかし，JTEPA について，OIE および税関は，後者の用途の場合「適用対象外」との見解を示している。その場合，「国内向け用」または「輸出向け用」部品とで数量管理が必要となるが，a）発注時点と実際とで数量が変わる可能性が高く完全一致は難しいこと，b）「国内組立用部品」として免税で納品したものでも，自動車企業が需要の変動に応じて「輸出用 KD 部品」として使う可能性が考えられるなど，部品企業の管理が及ばない部分でリスクが発生する可能性がある。

企業側は，JTEPA 条文では「利用用途は限定されていないはず」と主張する。前述の JTEPA 条文では，自動車組立企業自らが輸入する場合，同部品は自動車組立に使うことが明記されている一方，自動車部品企業が輸入する場合，「自動車製造企業向けに出荷する（to be delivered to manufacturers of such motor vehicles）」ことのみが記載されており，自動車製造企業が，①

国内組立向けに使用，② 輸出用 KD 部品向けに使用，等先の利用用途は限定されていないようにも解釈出来る。但し，OIE は，「二国間条約に記載なくとも，交渉過程の議事録に協議記録が残っているはず」と主張している。

またこれら以外にも新たな問題も発生している。JTEPA を活用して日本から輸入した部材を加工する際，加工の際に加えるその他の部材の中に国内製造業者から商社経由で調達した部材があることを理由に，OIE から証明書発給を拒否される事態が発生している。このように JTEPA については，不透明にも映る運用がなされており，利用企業の頭を悩ませている。

おわりに

2015 年 1 月，タイ投資委員会（BOI）は投資奨励策を 2000 年 8 月以来の大改正に踏み切った。これまでの投資奨励策はタイ全土を 3 つのゾーンに分け，バンコクから遠方であればある程，例えば法人税免税期間等をより長くするなど恩典を厚くし，地域間格差の是正の役割もあった。しかし，2015 年 1 月の新投資奨励策では，ゾーン制を廃止し，事業の種類に応じて恩典付与とその厚薄を決めた。法人税が免税される業種は A1〜A4 に分けられ，3〜8 年間の免税恩典が付与される。一方，租税恩典以外の特典が付与される業種を B1〜B2 と規定した。輸出向け製造のための原材料の輸入関税は A・B とも免税になる。一方，機械の輸入関税の免除については B2 では付与されない。

しかし，新投資奨励策では従来の奨励対象業種のうち約 50 業種が恩典対象から外れた。そのため，これら業種では，新規投資は当然のことながら，拡張投資を行う場合も投資奨励恩典は受けられない。これら分野の企業は，設備機械や輸出向け製造のための原材料の輸入関税について，BOI による免税措置はもはやなく，輸入関税減免を受けるには FTA を利用するしかない。そのため，それら奨励対象業種から外れる企業については，FTA を使わなければこれまで通りの輸入関税減免は受けることが出来ず，輸入調達コストが上昇することになる。これまで「BOI 投資奨励企業であるため，FTA は使う必要がない」としていた企業も，今後，FTA 利用にシフトせざるを得ない。

また，ASEAN経済共同体（AEC）構築に伴い，関税・非関税面の国境障壁が低減される。これまで同一国内・同一工場にあった生産工程が複数の生産ブロックに分解され，それぞれの活動に適した条件のところに分散立地することは「フラグメンテーション」と呼ばれるが，現在，タイをハブとしてラオス，カンボジア等周辺国との間でフラグメンテーションが一部で起こりつつある。これをインフラとして支えるのはFTAである。これまで，ASEAN先発加盟国を中心に生産工程の分業が行われてきたが，AFTAの完成を間近に控え，分業はメコンの後発加盟国にまで広がる動きが出ている。

（助川成也）

【注】
1) 1997年のアジア通貨危機により，ASEANは関税削減目標を5年前倒しし2003年とした。
2) 日本がTPP交渉に参加する際，同項目について，関税撤廃対象からの「除外・再協議」の対象とすることを2013年4月の衆参両議院で決議した。重要5項目はコメ（58品目），麦（109品目），牛肉・豚肉（100品目），乳製品（188品目），砂糖（131品目）の計586品目で構成され，関税のみ維持した場合は93.5%になる。
3) ベトナム等一部の国は遅れて参加した。
4) FTA締結相手国で関税がMFN（最恵国待遇）ベースで撤廃されている品目はFTAを使う必要はない。日本等関税撤廃品目割合が多い国は概して名目利用率は低くなる。
5) AJCEPでは90%のベースレートを維持し，関税削減開始時点から16年目に50%まで削減することが約束されている。
6) タイ，インドネシア，シンガポール，マレーシア，ベトナム
7) ASEANのこれまでの原産地規則「付加価値基準」は，為替レートや原材料費の変動，製品サイクルの短期化に伴う急速な価格下落により，原産地比率が変動の欠点を抱えていた。このため，分野によっては北米を中心に利用されていた「関税番号変更基準」の導入を求める強い声があった。
8) 2015年2月3日付日本経済新聞夕刊で，東芝がインドネシアのテレビ工場の売却に向けて，複数の企業と交渉に入ったと報じられた。開発は国内拠点で継続し，生産は他社に委託する方向で検討が進められている。
9) ソニーのアユタヤ工場（ソニー・テクノロジー）では，これまでテレビ，カーオディオ，デジタルカメラを製造していたが，テレビの生産中止に伴い，マレーシアからデジタル一眼レフ部品の生産ラインを移管。BOI認可は，投資額26億6000万バーツで，デジカメ210万台，レンズ273万個，デジカメ部品220万個を製造。
10) HS2012ベース。HS2007ベースでは100品目であった。

【参考文献】
深沢淳一・助川成也（2014）『ASEAN大市場統合と日本』文眞堂。
石川幸一・清水一史・助川成也編著（2013）『ASEAN経済共同体と日本』文眞堂。
石川幸一・清水一史・助川成也編著（2009）『ASEAN経済共同体』ジェトロ。

日本貿易振興機構（ジェトロ）「在アジア・オセアニア日系企業活動実態調査」（2014年度調査）。
日本貿易振興機構（ジェトロ）「アジア・オセアニア主要都市・地域の投資関連コスト比較」（2014年10〜11月調査）。
世界銀行「Trends in average MFN applied tariff rates in developing and industrial countries, 1981-2010」2014年7月8日閲覧。
Erlinda M. Medalla (2011) "Taking Stock of the ROOs in the ASEAN+1 FTAs: Toward Deepening East Asian Integration", Philippine Institute for Development Studies.

第 8 章

ACFTA や AFTA および日本の EPA の効果

はじめに

　東アジアの FTA の動きをみると，中国や ASEAN 主要国だけでなく，CLMV（カンボジア，ラオス，ミャンマー，ベトナム）も ASEAN 中国 FTA（ACFTA）や AFTA（ASEAN 自由貿易地域）において，2015 年から新たな関税削減を実施している。つまり，中国や ASEAN で関税削減が進展することにより，東アジアの FTA は 2015 年から新たな段階を迎えている。

　日本企業には，この東アジアにおける新たな動きを逃さないグローバル戦略が求められる。日本企業が東アジアにおけるサプライチェーンを拡大発展させるためには，「日本と ASEAN との EPA（経済連携協定）」とともに，「ACFTA や AFTA」をより積極的に活用し，東アジアにおける FTA の関税削減効果を効果的に取り込む必要がある。

　本章は，こうした東アジアにおける FTA の関税削減の効果を分析し，日本が締結している EPA だけでなく，ACFTA/AFTA のような第三国間 FTA を活用すればどのくらいのメリットを得られるかを計算している。

　このため，本章においては，ACFTA から中国，インドネシア，タイの 3 ヵ国を選び，ACFTA を利用した場合の品目別・業種別の関税削減率を求めている。また，インドネシア，タイにおいては，AFTA を利用した時の関税削減効果を算出し，ACFTA と比べてどちらの関税メリットが高いのかを明らかにしている。さらに，日インドネシア EPA（JIEPA），日タイ EPA （JTEPA），および日本の中国からの輸入における一般特恵関税制度（GSP）利用の関税削減効果も計算している。

154 第8章 ACFTAやAFTAおよび日本のEPAの効果

　すなわち，本章では，ACFTA/AFTAのような第三国間FTAと日本が締結している二国間EPAを比較し，どのEPA/FTAが日本企業の貿易の拡大には最も効果的なのかを分析している。また，タイやインドネシアのようなASEANにおいて，どのFTA/EPAを利用してどの国とサプライチェーンを築けば，関税削減において有効なのかを探っている。

第1節　東アジアのFTAをどう活用するか

1. AFTAからASEAN＋1にシフト

　中国とASEANとの貿易が拡大しているが，これは2005年から発効しているASEAN中国FTA（ACFTA）の影響もあるものと思われる。また，中国とASEANは域内だけでなく，日本や韓国，台湾などとの貿易も中間財を中心に大きく増加させている。

　東アジアの色々なFTAの中で，日本企業を含めて90年代前半から活用され続けているものとして，ASEAN域内のFTAであるAFTAがある。そして，今日では「ASEAN＋1」と呼ばれるASEANとその域外1ヵ国・地域とのFTAも広く利用されている。最初の「ASEAN＋1」はASEANと中国とのFTA（ACFTA）であるが，それからASEANは，韓国，日本，インド，豪・NZとの間でそれぞれFTAを締結するに至っている。

　本章の分析では，「ASEAN＋1」の中からASEAN中国FTA（ACFTA），およびASEANと日本とのEPA（経済連携協定）を取り上げ，同時にAFTAを加え，これらの3つのFTA/EPAにおける関税削減効果を比較している。

　ACFTAの効果を分析する時，本章では，対象国は中国，インドネシア，タイの3ヵ国である。ACFTAの分析では，中国の数値はASEANからの輸入における関税削減効果を表しているし，インドネシア・タイの数値は中国からの輸入の効果を示している。

　AFTAの効果分析では，インドネシアとタイを取り上げている。AFTAの分析では，この2ヵ国の他のASEANからの輸入における関税削減効果を求めている。

第1節　東アジアのFTAをどう活用するか　155

　日本の分析では，日本とインドネシア，日本とタイとの相互の貿易における関税削減効果を計算している。日本とインドネシアとの間では，日インドネシア経済連携協定（JIEPA）が結ばれており，本章では，JIEPAの関税削減効果を計算している。日本とタイとの相互貿易においては，インドネシア同様に，日タイEPA（JTEPA）の効果を分析した。また，同時に，日本の中国からの輸入における一般特恵関税（GSP）の効果も求めている。

　すなわち，本章においては，ACFTAやAFTAのような日本にとって「第三国間におけるFTAを活用した場合の効果」と，日本が相手国と直接結んだ「二国間のEPAの効果」を比較し，どのFTA/EPAの効果が大きいのかを検証している。

　この比較分析をコメや自動車部品のような細かな品目までブレイクダウンすれば，日本企業が自社の商品などを東アジアのどの国で生産しどの国に持ち込めば最も関税コストが軽減されるのかを明らかにすることができる。つまり，細かな品目での関税削減効果をFTA別に比較することにより，日本企業は東アジアでの最適なサプライチェーンを形成することが可能になる。

2. 東アジアのFTA/EPAの効果を比較
(1) 関税削減効果が高いタイ

　ACFTA，AFTA，および日本のEPAの効果分析の結果を国別にまとめたものが第8-1表である。第8-1表ではFTA効果の指標として「関税削減率」を取り上げている。一般的には，FTAを利用すれば，輸入する多くの品目で

第8-1表　中国・インドネシア・タイにおけるACFTA/AFTA/EPAの関税削減効果（2014年）

輸入側		関税削減率 （ACFTA）	関税削減率 （AFTA）	関税削減率 （JIEPA, JTEPA）
輸入側	中国	2.7%（←ASEAN）	―	―
	インドネシア	4.3%（←中国）	4.2%（←ASEAN）	4.3%（←日本）
	タイ	5.4%（←中国）	6.8%（←ASEAN）	6.3%（←日本）

（注）　関税削減率＝関税削減額÷輸入額。
（資料）　各国関税率表，各国TRS表（Tariff Reduction Schedule），Global Trade Atlas（GTA）GTIより作成。

関税率を下げることができる。「関税削減率」は，関税率を下げることによって得られる関税削減額[1]が輸入額に対してどれくらいの割合になるかを示している。

　例えば，1000円の品物を輸入する時，通常支払う関税率（MFN 税率）が10%のところを，FTA を利用した時の関税率（FTA 税率）を0%にできるとする。この場合の関税削減額は1000円の10%分（MFN 税率10％−FTA 税率0％）の100円である。関税削減率は，10%（関税削減額100円÷輸入額1000円）である。したがって，関税削減率が大きければ大きいほど輸入額に対する関税削減額の割合が大きいので，その分だけ関税削減効果が大きいということになる。

　第8-1表のように，ASEAN と中国間の FTA である ACFTA における関税削減率を見てみると，タイの中国からの輸入では全品目平均で5.4%であるのに対し，中国の ASEAN からの輸入では2.7%であった。これは，タイが中国から100万円輸入するとすれば，平均的には5.4万円関税を削減できるのに対し，中国が ASEAN から100万円輸入する時は2.7万円しか関税を削減できないことを意味している。

　つまり，ACFTA においては，ASEAN 側であるインドネシアやタイが中国から輸入した方が，平均的には中国が ASEAN から輸入する場合よりも関税削減効果が大きい。ASEAN と中国間の貿易においては，どうやら中国から ASEAN 向けに輸出した方が，関税額を引き下げる大きさでは有利なようだ。

　次に ACFTA と AFTA および日本との EPA の効果を比べてみると，第8-1表のように，タイの場合は，ASEAN からの輸入における AFTA 利用の関税削減率が最も大きく（6.8%），次いでタイの日本からの輸入における JTEPA の効果が大きい（6.3%）。最も低いのはタイの中国からの輸入における ACFTA の効果（5.4%）であった。

　インドネシアの場合は，ACFTA および日本からの輸入における JIEPA の関税削減率は4.3%で，AFTA の場合は4.2%であった。インドネシアでは，タイの場合と違って ACFTA/AFTA と日本との EPA の効果には大差がない。

　また，第8-2表のように，日本の中国・インドネシア・タイのそれぞれから

第8-2表 日本の中国,インドネシア,タイからの輸入の関税削減効果（2014年）

		関税削減率
輸出側	中国（GSP）	0.2％
	インドネシア（JIEPA）	0.7％
	タイ（JTEPA）	1.3％

（資料）表8-1と同様。

の輸入におけるEPA/GSPの関税削減率は，第8-1表と違って非常に低い値となる。日本の中国からの輸入における一般特恵関税率（GSP）の関税削減率は0.2％であり，JIEPAを使ったインドネシアからの輸入では0.7％，JTEPAを使ったタイからの輸入でも1.3％にすぎなかった。

(2) タイではACFTAよりも日本のEPAが効果的

第8-1表と第8-2表の結果から，日本企業がACFTAやAFTAおよびEPAを活用する場合，どのような点に留意する必要があるのであろうか。まず，周辺国からタイへ輸出する場合は，ASEANからタイへ持ち込んだ方が最も関税額を削減できる。しかも，平均的には日本からタイへ持ち込む方が，中国からタイへ輸出する場合よりも関税削減効果が高い。タイの輸入に関しては，中国からの輸入でのACFTA効果よりも，日本からの輸入のEPA効果の方がやや効果的なのだ。

これに対して，インドネシアの場合は，タイと違って，ASEANや日本から持ち込もうと，あるいは中国から持ち込もうと，関税を削減する効果において大差はない。これは，周辺国からインドネシアへ製品を持ち込む場合は，関税削減効果という面では優劣はないので，賃金や物流コストなどのそれ以外の要因を考慮しなければならないことを意味している。

周辺国からインドネシアかタイのどちらへ持ち込むかというサプライチェーンの問題では，FTAの関税削減効果という面だけでは，タイの方が有利である。もちろん，第8-1表の関税削減率は8000～1万品目もの細かな品目を加重平均で積み上げた平均的な数値であり，個別の品目によっては逆の結果となるケースもある。

第8-2表の日本の中国やASEANからの輸入における関税削減効果の低さ

はドラスチックな結果であるが，ジェトロの「2014年度日本企業の海外事業展開に関するアンケート調査」によると，日本のASEANからの輸入におけるFTAの利用率は，日本のASEAN向け輸出におけるFTAの利用率よりも高いという結果になっている。日本のASEANへの輸出における関税削減効果の方が日本のASEANからの輸入よりも高いにもかかわらず，実態は日本のASEANからの輸入のFTA利用率の方が高いのだ。日本のASEAN向け輸出でのFTA利用率を引き上げることが喫緊の課題である。

　そのためには，一般的にはFTAのメリットは輸入者に属するが，それを輸出側も得られるような対策が必要である。例えば，輸出価格を引き上げて，輸入側のFTAメリットの一部を輸出側に還元することが考えられる。実際に，ACFTAを利用する時に輸出側は輸出価格を引き上げているようである（参考文献IDE DISCUTION PAPERs参照）。

3. サプライチェーンの決定に不可欠なFTA税率

　これまで説明してきた第8-1表や第8-2表からもたらされる結論は，あくまでも関税の削減効果（関税削減率）という面から得られたものである。ところが，関税削減効果が大きくても，実際にFTAを利用した時に支払う関税率（FTA税率）が他のFTAよりも高く，関税削減の効果を実感できない場合がある。

　例えば，第8-3表は中国，インドネシア，タイの輸入において，通常支払う関税率（MFN税率）とACFTA/AFTA/EPA（日本）を利用した時に課せられるFTA税率を示している。第8-1表のように，インドネシアの関税削減効果を示す関税削減率はACFTA/AFTA/EPA（日本）の利用において同等であった（これら3つのFTAのそれぞれの関税削減率は，第8-3表において対応するFTAのMFN税率とFTA税率の差（関税率差）にほぼ等しい）。しかし，第8-3表のように，インドネシアにおいてACFTA/AFTA/EPA（日本）を利用する場合，実際に税関で支払うFTA税率はそれぞれ異なる。

　すなわち，第8-3表のインドネシアの場合，ASEANからの輸入でAFTAを利用した時に支払う関税率（AFTA税率）は0.2％であるが，中国からの輸入でACFTAを利用した時の関税率（ACFTA税率）は1.1％であり，日本か

第8-3表　中国・インドネシア・タイのFTA別の平均関税率（2014年，加重平均）

	ACFTA		AFTA		EPA（日本）	
	MFN税率	FTA税率	MFN税率	FTA税率	MFN税率	FTA税率
中国	3.9%	1.2%	—	—	—	—
インドネシア	5.3%	1.1%（←中国）	4.2%	0.2%（←ASEAN）	6.2%	2.0%（←日本）
タイ	7.2%	2.8%	6.8%	0.0%	8.5%	2.5%

（資料）　第8-1表と同様。

らの輸入でEPAを利用した時のJIEPA税率は2.0%にもなる。

したがって，インドネシアの輸入において，AFTAを利用した場合に支払うFTA税率はほとんど0%に近いが，日本とのEPAを利用した場合は，関税削減効果はAFTAと変わらないものの，実際に支払うFTA税率はAFTAよりも約2%も高いことになる。

このように，インドネシアにおいては，日インドネシアEPA（JIEPA）のFTA税率が相対的にAFTAやACFTAよりも高く，その分だけインドネシアの日本からの輸入のハードルが高いことになる。第8-3表のように，タイにおいても，AFTAのFTA税率はほとんど0に近いが，ACFTAとJTEPAのFTA税率は2%台であり，その分だけ輸入を阻害する要因になりうる。

インドネシアに生産を集約するサプライチェーンを考える時，周辺国からの調達でFTAを活用するかどうかを決断しようとしている企業は，FTAを活用すればどれだけ関税削減効果があるかどうかを確認し，FTA利用のコストと比較してFTAを利用するかどうかを判断する。この時には，関税削減効果を表す関税削減率（≒関税率差＝MFN税率－FTA税率）の大きさが判断をする上での重要なポイントになる。

そして，企業が関税削減効果を確認し，FTA/EPAの活用を決断したとする。その企業が，既に東アジアで幾つかの進出拠点を持っていて，どの進出先からインドネシアに輸出をするかを判断する場合，その他の条件を無視してFTA効果だけを考えると，一般的にはACFTA/AFTAなどにおけるFTA税率を比較して低い方のFTAの利用を選択することになる。

ACFTAよりもAFTAのFTA税率の方が低ければ，AFTAを活用して

第 8-4 表　日本の中国，インドネシア，タイからの輸入の平均関税率（2014 年，加重平均）

		輸入側	
		日本	
		MFN 税率	FTA 税率
輸出側	中国　　（GSP 適用）	2.6%	2.4%
	インドネシア（JIEPA）	0.9%	0.3%
	タイ（JTEPA）	2.0%	0.6%

（資料）　第 8-1 表と同様。

ASEAN から調達する可能性が高くなる。したがって，関税削減率に加えて，FTA 税率の水準もサプライチェーンを形成する上での不可欠な判断指標となる。

　この FTA 税率が FTA 毎に異なる理由の 1 つとして，AFTA の発効は 93 年からであるが，ACFTA は 2005 年，JIEPA は 2008 年，JTEPA は 2007 年からであり，発効から段階的に引き下げる関税削減スケジュールの差が表面化していることが考えられる。したがって，今後はこの格差が徐々に縮小するであろうが，ACFTA や JIEPA/JTEPA においては関税削減スケジュールを前倒しする努力が求められる。

　一方，日本の中国・インドネシア・タイからの輸入における GSP/JIEPA/JTEPA を利用した時の MFN 税率と FTA 税率を見たものが第 8-4 表である。第 8-4 表のように，日本のインドネシア・タイからの輸入で EPA を利用した時の FTA 税率は低いが，中国からの輸入で GSP を利用した時の FTA 税率は 2.4% と高い。中国への GSP 適用においては，多くの品目は卒業し，MFN 税率とあまり差がなくなっている。

第 2 節　25 の代表的な品目の FTA 別の関税削減効果

1．タイの品目別のサプライチェーンはどのように決まるか

　これまで見てきた国別や業種別の東アジアの FTA 効果は，全体的な概要や特徴をとらえたもので，サプライチェーンの総合的な戦略を練る上で不可欠な

判断材料である。しかし，東アジアのFTAを活用して，複数の国から加工品・部品を持ち込み，どの国で生産を行うかという自社製品等の調達に関する「サプライチェーン」を描くには，国別の関税削減効果を把握するだけでは不十分である。そのためには，個別品目の関税削減効果のように，森全体よりも個々の木の状態を盛り込んだ詳細な情報が必要になる。

各国で8000～1万品目に達する対象品目を，最も細かな品目分類（HS）の8桁の段階から6桁，4桁，2桁と加重平均で積み上げて行き，2桁の分類を基に14の業種分類別に関税削減率を計算した。最終的には，14の業種をさらに加重平均して，国全体の関税削減率を求めている。

具体的な品目で見てみると，「カラーテレビ」は本章における14業種の中では「電気機器・部品」に属する。今，カラーテレビの関税削減効果を調べようとした場合，電気機器・部品の関税削減率では参考にならない。電気機器・部品は関税分類の2桁である85類（電気機器およびその部分品並びに録音機，音声再生機並びにテレビジョンの映像および音声の記録用または再生用の機器並びにこれらの部分品および附属品）に対応する。

関税分類を2桁から4桁までブレイクダウンすると，カラーテレビは8528項（モニターおよびプロジェクター）に含まれる。そして，さらに細かな6桁分類では，8528.72号（テレビジョン受像機（カラーのものに限る））に含まれる。日本の関税率表では6桁から下では9ケタまで番号が設けられており，カラーテレビの中でも「液晶式のもの」の関税番号は8528.72.010になるし，「プラズマ式のもの」の番号は8528.72.020になる。

東アジアでカラーテレビのサプライチェーンを形成しようとする企業は，関税番号の6桁か8桁（日本の場合は9ケタ）までブレイクダウンをして，東アジア域内の色々な相互調達のケースにおける関税削減効果を比較検討することが求められる。

第8-5表は，カラーテレビを含む25の代表品目におけるタイのFTA別の関税削減率をグラフにしたものである。この25の代表品目は，元々は恣意的に選んだ50品目の中から，さらにその半分をピックアップしたものである。

この25品目の中で，タイのAFTAを利用したASEANからの輸入で関税削減効果の高い品目は，ミルクおよびクリーム（関税削減率95%），緑茶（90

第 8-5 表　タイの 25 代表品目別輸入の ACFTA（中国）/AFTA（ASEAN）/JTEPA（日本）の効果（2014 年，関税削減率，加重平均）

	関税番号	品目	輸出側		
			ACFTA（中国）	AFTA（ASEAN）	JTEPA（日本）
1	0402	ミルクおよびクリーム（甘味料を加えたもの）	18.4%	94.5%	24.9%
2	0702	トマト	40.0%	40.0%	40.0%
3	0709.93	かぼちゃ	40.0%	40.0%	40.0%
4	0807.19	メロン	40.0%	--	40.0%
5	0808.10	りんご	10.0%	10.0%	10.0%
6	0808.30	梨	30.0%	30.0%	30.0%
7	0810.10	イチゴ	--	40.0%	40.0%
8	0902.10	緑茶	60.0%	90.0%	0.0%
9	1006	米	22.0%	52.0%	0.0%
10	2202.90	コーヒー牛乳等の甘味飲料	0.0%	60.4%	30.1%
11	2206.00	清酒，りんご酒，梨酒などの発酵酒	60.0%	60.0%	60.0%
12	3701	感光性の写真用プレート等	0.0%	9.8%	5.5%
13	3920	プラスチック製のその他の板・シート	5.0%	5.0%	0.6%
14	6109	Tシャツなどの肌着	30.0%	30.0%	30.0%
15	8207	手工具用または加工機械用の互換性工具	10.0%	10.0%	10.0%
16	8443	印刷機および部分品	3.0%	2.8%	7.3%
17	8480	金属鋳造用鋳型枠等	5.0%	5.0%	5.0%
18	8501	電動機および発電機	0.2%	9.8%	9.2%
19	8528.72	カラーテレビ	0.0%	20.0%	20.0%
20	8536	電気回路用の機器，光ファイバー用の接続子等	9.9%	9.7%	9.6%
21	8537.10	電気制御用または配電用のパネル等	0.0%	10.0%	10.0%
22	8703	乗用自動車	33.9%	62.7%	5.1%
23	8704	貨物自動車	3.5%	40.0%	17.0%
24	8708	自動車の部分品，附属品	5.0%	18.2%	22.5%
25	9006	写真機，写真用のせん光器具	5.0%	5.0%	5.0%

（資料）　第 8-1 表と同様。

%），コーヒー牛乳等の甘味飲料（60％），清酒・りんご酒などの発酵酒（60％），米（52％），乗用自動車（62.7％）であった。これ以外にもトマト，かぼちゃ，イチゴ，貨物自動車の関税削減率は40％であり，梨とTシャツなどの肌着は30％，カラーテレビは20％，と全体的に関税削減効果が高い。

2. タイにおける日本からの自動車部品の関税削減効果は高まるか

　第8-5表のように，タイの25品目の輸入で，AFTA/ACFTA/JTEPAのそれぞれを使った場合の関税削減率（関税削減効果）が同等な品目は，トマト，かぼちゃ，りんご，梨，清酒・りんご酒等，Tシャツなどの肌着，手工具，金属鋳造用鋳型枠等，電気回路用機器等，写真機，等の10品目であった。

　したがって，タイを最終消費市場や生産基地あるいはハブとする場合のサプライチェーンの調達を考える時，これらの10品目は関税削減効果の面では中国・ASEAN・日本のいずれから持ち込んでも差が出ないので，調達先は関税削減効果以外の要因で決まることになる。

　また，第8-5表のように，AFTA/ACFTA/JTEPAらの3種類のFTAの内，2つのFTAの効果が同等で，他の1つの効果が低い場合の品目は，25品目の中でイチゴ，カラーテレビ，電気制御用・配電用のパネル，メロン，プラスチック製のその他の板・シート，の5品目であった。

　最初の3品目（イチゴ，カラーテレビ，電気制御用・配電用のパネル）はACFTAの効果がAFTA/JTEPAよりも低い品目であるため，タイは中国よりもASEANか日本から調達した方がよい品目となる。最後のプラスチック製のその他の板・シートは，JTEPAの効果が最も低いので，日本よりもACFTA/AFTAを活用して中国や他のASEANから輸入した方がよい品目である。

　25品目の中で，残った10品目の内，タイがAFTAを活用してASEANから輸入した時の関税削減効果が1番目に高い品目は，ミルクおよびクリーム，緑茶，米，コーヒー牛乳等の甘味飲料，感光性の写真用プレート等，電動機および発電機，乗用自動車，貨物自動車，の8品目であった。これらは，タイのサプライチェーン網の中から調達を検討する時，1番目にASEAN（AFTA利用）が候補に挙げられる品目である。

同様に、10品目の内、3つのFTAの中で1番目に日本からの調達（JTEPA利用）が候補になる品目は、印刷機および部分品と自動車の部分品の2品目である。自動車の部分品に関しては、タイ政府は既にJTEPAの運用で、輸入者が自動車か自動車部品の製造会社で自動車の組み立て製造に使われる部品であることを条件に、146品目の関税撤廃を約束している。

本章のタイの自動車部品の関税削減効果の分析では、それが約束通り実行されていることを前提として計算されている。もしも、タイの税関で約束した関税削減の実施が進んでいない場合は、日本からの調達の優位性はその分だけ低くなる。

残りの10品目のタイの輸入において、日本からの調達がAFTAに次いで2番目の候補となる品目は、ミルクおよびクリーム、コーヒー牛乳等の甘味飲料、感光性の写真用プレート等、電動機および発電機、貨物自動車の5品目である。同様に、タイの輸入で、ACFTAを使った中国からの調達がAFTAに次いで2番目となる品目は、緑茶、米、乗用自動車の3品目である。

これらの2番手の品目は、タイにおいて、複数の調達先が必要な時に検討の対象になると考えられるし、関税削減効果以外の要因とのバランスからASEANを飛び越して調達の対象となりうる。

なお、残りの10品目の中で、タイがACFTAを使い中国から輸入する時の関税削減効果が1番目に高い品目はゼロであった。ACFTAの関税削減効果が2番目であるのは3品目であるし、3番目は7品目であるので、関税削減効果の面では、代表的な25品目におけるタイのサプライチェーンの調達先としては、中国はASEANと日本の後塵を拝していると見込まれる。

第3節　業種別のタイとインドネシアの関税削減効果

1. タイのAFTA効果が高い輸送機械・部品、食料品、雑製品

第8-5表における25の代表的な品目の関税削減率は、企業ベースのサプライチェーンの形成において有効な判断材料となるが、1国全体の業種別FTA別の特徴を鳥瞰することはできない。あくまでも、個別の品目の関税削減効果

であり，そこから業種分類別の一定の特徴を導き出すことはできない。

そこで，第8-6表のように14の業種別にタイにおけるFTA別の関税削減効果を比較してみた。前述のとおり，1国全体や業種別の関税削減効果は貿易統計や関税率表における最も細かな品目から積み上げることによって計算されている。14の業種は，本章での東アジアの関税削減効果の分析用に分類化したものである。

タイの全品目を平均化した関税削減効果はAFTA，JTEPA，ACFTAの順で大きい。これらのタイのFTA効果の全体的な傾向を業種別に見てみると，第8-6表のように関税削減効果が大きいのは農水産品，食料品・アルコール，皮革・ハンドバック等，輸送用機械・部品，雑製品である。この中で，雑製品

第8-6表　タイの業種別輸入におけるACFTA（中国）/AFTA（ASEAN）/JTEPA（日本）の効果
（2014年，関税削減率，加重平均）

	輸入側		
	ACFTA（中国）	AFTA（ASEAN）	JTEPA（日本）
農水産品	25.5%	31.6%	5.7%
食料品・アルコール	16.7%	23.5%	14.8%
鉱物性燃料	0.9%	0.8%	7.4%
化学工業品	3.0%	4.2%	4.0%
プラスチック・ゴム製品	7.6%	6.5%	2.4%
皮革・毛皮・ハンドバッグ等	27.7%	13.4%	7.1%
木材・パルプ	1.7%	3.6%	4.2%
繊維製品・履物	12.4%	12.0%	8.2%
窯業・貴金属・鉄鋼・アルミニウム製品	6.5%	4.7%	2.0%
機械類・部品	2.3%	3.2%	5.6%
電気機器・部品	2.6%	3.6%	5.2%
輸送用機械・部品	7.8%	22.0%	19.7%
光学機器・楽器	5.6%	7.2%	5.5%
雑製品	15.8%	15.7%	11.2%
全体	5.4%	6.8%	6.3%

（資料）　第8-1表と同様。

は「家具・寝具，玩具，ほうき・ブラシ，ペン，美術品」などの品目を含んでいる。

　タイの日本からの輸入で EPA（JTEPA）の効果が高い業種は，輸送用機械・部品と食料品・アルコール，および雑製品である。タイが日本から輸送用機械・部品を輸入する場合の FTA 税率（JTEPA 税率）は 6.6％と比較的高いが，MFN 税率が 26.2％もあるため，両者の差分である関税削減効果が高くなっている。食料品・アルコールも，JTEPA 税率が 7.5％と高いが，MFN 税率も 20.2％と高いため，FTA 効果が高い。

　これに対して，タイの AFTA を利用した ASEAN からの輸入の関税削減効果が高いのは，農水産品と輸送用機械・部品である。ACFTA を活用したタイの中国からの輸入では，農水産品，皮革・ハンドバック等の FTA 効果が高い。

　輸送用機械・部品の分野で，タイは ACFTA でも AFTA でも高い MFN 税率を課しているが，AFTA では FTA 税率を 0％に下げているのに対し，ACFTA では 9.6％もの高い FTA 税率を課している。つまり，2014 年の時点では，輸送用機械・部品分野における中国からタイへのサプライチェーンは，関税削減効果の面では他の FTA よりもあまり効果的ではない。

2．インドネシアで FTA 効果が高いのは輸送機械・部品

　第 8-7 表のように，インドネシアが ACFTA を利用して中国から輸入する場合，関税削減効果が高い業種は繊維製品・履物と雑製品である。これらの分野においては，いずれも MFN 税率は 10％程度と高いが，FTA 税率が 1％台と低いことが背景にある。

　インドネシアが ASEAN から輸入する場合は，関税削減効果が最も高いのは輸送用機械・部品である。MFN 税率は 21.2％にも達するが，FTA 税率は 0％であるからだ。その他に関税削減効果が高い業種としては，雑製品，プラスチック・ゴム製品が挙げられる。

　インドネシアが JIEPA を使って日本から輸入する場合は，やはり輸送用機械・部品の効果が高いし，皮革・ハンドバッグ等，雑製品も効果的である。輸送用機械・部品の FTA 税率は 4.5％とやや高めだが，MFN 税率は 14.2％とそ

第3節 業種別のタイとインドネシアの関税削減効果　167

第8-7表　インドネシアの業種別輸入のACFTA（中国）/AFTA（ASEAN）/JTEPA（日本）の効果（2014年，関税削減率，加重平均）

	輸入側		
	ACFTA（中国）	AFTA（ASEAN）	JIEPA（日本）
農水産品	6.6%	6.1%	3.8%
食料品・アルコール	2.7%	5.6%	4.9%
鉱物性燃料	1.7%	0.3%	0.4%
化学工業品	3.2%	2.8%	3.8%
プラスチック・ゴム製品	3.7%	9.3%	6.4%
皮革・毛皮・ハンドバッグ等	4.5%	2.5%	7.9%
木材・パルプ	1.4%	4.2%	4.4%
繊維製品・履物	9.5%	7.8%	6.6%
窯業・貴金属・鉄鋼・アルミニウム製品	6.4%	6.8%	1.3%
機械類・部品	3.6%	4.8%	4.0%
電気機器・部品	2.6%	3.2%	3.1%
輸送用機械・部品	1.6%	21.2%	9.7%
光学機器・楽器	5.1%	5.0%	4.4%
雑製品	8.4%	11.8%	7.5%
全体	4.3%	4.2%	4.3%

（資料）　第8-1表と同様。

れ以上に高い。皮革・ハンドバッグ等はFTA税率が0.2%と低いが，MFN税率は8%であるため，その差分である関税削減効果は他の業種よりも高くなっている。

（高橋俊樹）

【注】
1）　具体的なACFTAにおける関税削減額の求め方は次の通り。
　①　中国，インドネシア，タイの貿易統計品目におけるHS8桁ベースの輸入額，MFN税率，ACFTA税率，のデータを収集。HS8桁ベースの輸入品目数は，各国とも8000〜1万品目。
　②　HS8桁の品目データからMFN税額（輸入額×MFN税率）とACFTA税額（輸入額×ACFTA税率）を求め，その差分の関税削減額（MFN税額－ACFTA税額）を計算。
　③　HS8桁ベースの関税削減額を，単純平均でHS6桁ベースに積み上げる。そして，次にHS6

ケタから HS4 桁ベース，さらに HS2 桁ベースに加重平均で積み上げていく。
④　HS2 桁ベースの関税削減額をベースに，14 業種分類（国際貿易投資研究所（ITI）作成による分類）別の関税削減額を集計する。HS2 桁と 14 業種分類の対応表は，ITI の ACFTA 調査報告書を参照。
⑤　14 の業種分類を加重平均で集計し，国全体の関税削減額を算出。

【参考文献】

石川幸一・馬田啓一・高橋俊樹（2015）『メガ FTA 時代の新通商戦略—現状と課題』文眞堂.
石川幸一・馬田啓一・国際貿易投資研究会（2015）『FTA 戦略の潮流—課題と展望』文眞堂.
高橋俊樹（2015）『輸入よりも輸出効果が高い日本の EPA』国際貿易投資研究所，季刊『国際貿易と投資』第 100 号.
高橋俊樹（2015）『FTA を利用できる品目が少ない日本〜低いミャンマー・カンボジアの FTA 利用率〜』国際貿易投資研究所『フラッシュ』230.
高橋俊樹（2014）『FTA はどのような機械機器部品や農産物に効果的か』国際貿易投資研究所，季刊『国際貿易と投資』第 96 号.
高橋俊樹（2013），『ACFTA（ASEAN 中国 FTA）の域内貿易への影響と運用実態』，国際貿易投資研究所，季刊『国際貿易と投資』第 93 号.
高橋俊樹（2013），『中国と ASEAN の FTA における関税削減効果を探る』，国際貿易投資研究所，季刊『国際貿易と投資』第 92 号.
Kazunobu HAYAKAWA, Nuttawut LAKSANPANYAKUL, Kohei SHIINO (2013), "Some Practical Guidance for the Computation of Free Trade Agreement Utilization Rate", IDE DISCUTION PAPERs.

第 9 章

FTA は輸入コストをいかに引き下げるか

はじめに

　FTA（自由貿易協定）は締結国間の関税および非関税障壁の撤廃・削減による貿易・投資の促進を主な目的としている。
　国が海外からの輸入品に関税を課す理由としては，「政府の財源確保」および「国内産業の保護」が挙げられる。逆に言えば関税を引き下げるということは，関税による税収が減少し，国内産業が海外と直に競争に晒されることになる。それにも拘わらず FTA によって関税を引き下げるのは，締結国間の関税削減による価格の低下が新たな需要を創出する「貿易創出効果」と，関税が削減されない非締結国から関税が削減される締結国間へと貿易がシフトする「貿易転換効果」があると考えられているためである。
　一方，実際にビジネスで貿易を行う企業・個人の立場から見れば，輸入通関時に支払う関税が減少することは直接的なコストの削減に繋がる。経済のグローバル化が進み，貿易相手国が多様化する中で「どの FTA を使えばどれだけの関税を節約できるのか」を把握しておくことは，企業の競争力を高める上で今後さらに重要性が高まるに違いない。
　本章ではいくつかの FTA，品目の事例を取り上げ「FTA によってどれくらいの関税が削減できるのか」を具体的に検証する。

第1節　FTAによって関税率は大きく異なる

　WTO（世界貿易機関）加盟国は他の全ての加盟国に対し、関税を等しく適用する最恵国待遇が原則とされる。ただし、WTOの例外としてFTAによる特定の締結国間での関税削減が認められている。そのため、例えばタイが海外からTシャツ（綿製）を輸入する際、タイとFTAを締結していないWTO加盟国、米国やドイツなどからは製品の価格に保険、運賃等を足した輸入価格（CIF価格）に30％のMFN（最恵国）税率が関税として課せられるが、タイとFTAを締結している国では、FTAを利用することでASEANや日本からは無税で、インドからは12％とMFN税率より低い税率で輸入することが出

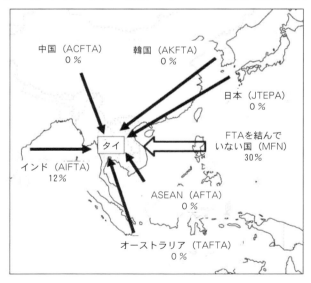

第9-1図　タイがTシャツ（綿製）（HS6109.10）を輸入する際の関税率

中国（ACFTA） 0％
韓国（AKFTA） 0％
日本（JTEPA） 0％
FTAを結んでいない国（MFN） 30％
インド（AIFTA） 12％
ASEAN（AFTA）
オーストラリア（TAFTA） 0％

（注）　税率は2015年時点。カッコ内はFTAの略称。なお、本章記載のFTAの名称は章末の注を参照のこと。
（資料）　タイの関税率表をもとに作成。

来る（第9-1図）。つまり，同じ価格のTシャツであってもFTAが使える国とそうでない国から輸入をするのとでは，輸入価格に最大で30%もの差が生じることとなる。

FTA利用のメリット（例）
（MFN税率）　（FTA税率）
　30%　　－　　0%　　＝　30%分の関税の節約

逆にタイが輸出側の場合は第9-2図のようになる。図の各国がタイからの全自動洗濯機の輸入に課す関税率は様々だが，MFN税率がすでに無税となっている日本を除いて，FTAを利用したほうが低い関税で輸入できる。例えば，ベトナムがタイから輸入をする場合はMFN税率が25%であるのに対し，AFTA

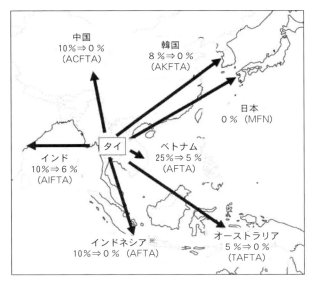

第9-2図　タイが全自動洗濯機（HS8450.11）を輸出する際の関税率

（注）　矢印の左側は輸入国のMFN税率，右側はFTAの税率（2015年）。カッコ内はFTAの略称。なお，インドネシアは洗濯容量が6kgを超えないもの（HS8450.11.10.00）の税率。
（資料）　各国関税率表をもとに作成。

を利用すれば税率は5％と，20％分の関税引き下げとなる。

　なお，一般的にFTAによる関税の引き下げは輸入側にのみ関税の支払額の節約というメリットがあり，輸出側にとっては原産地証明書の取得といったコストが掛かるだけと言われている。しかし，日本貿易振興機構（ジェトロ）の調査によればFTAを利用している企業がFTA利用上のメリットとして挙げた項目では「関税撤廃による輸出競争力の強化」（47.9％）が「関税撤廃による調達コストの低減」（38.8％）を上回る[1]。輸出側にとってFTAはただちに金銭的なメリットを生じるわけではないが，関税の引き下げが間接的に製品の輸出競争力の向上に繋がっていると考えられる。

　以上のように，引き下げられる関税率は異なるものの，FTAを利用することで輸入コストの削減や輸出競争力の強化といったメリットが得られる。逆に言えば，FTAを使えない国はFTAを活用できる国よりも製品の価格競争において不利になるということでもある。

　さらに，FTAは輸入時に自動的に適用されるわけではなく，原産地証明書の提出といった所定の手続きを行ってはじめて関税が引き下げられる。つまり，同じ国との貿易で全く同じ製品を扱いながらも，FTAを活用してメリットを得ている企業とそうでない企業が存在するということになる。

　FTAを利用すれば他社製品との競争で優位に立てる，または利用しなければ不利になるといった状況が生じている中で，製造・販売を問わず，貿易を行っている企業にとってFTAは事業戦略上，常に意識しておく必要がある。

第2節　FTAが輸入コストに与える影響

　第1節ではFTAを利用することで輸入の関税率が下がり，コストの削減や輸出競争力の強化につながる点について述べた。では，具体的にはどのような品目でどの程度のコストが節約できるのだろうか。日本および日本企業が多く進出しているタイの2ヵ国を例として取り上げ，それぞれの国の品目分野別の関税率およびFTAによるコストの削減について分析を行った。なお，消費税などの輸入に掛かる関税以外の諸税については分析から除外している。

1. 品目分野別の関税率

第9-1表は日本とタイの関税率をそれぞれ品目分野別に見た表である。MFN税率に加え、日本とタイの二国間で締結されているJTEPAの税率を記載した[2]。税率は2014年時点の税率を品目分野別に合計し、品目数で除した単純平均の値である。計算の簡略化のため従価税の品目のみを集計し、関税割当品目については枠外の税率を適用した。

(1) 日本：工業製品の関税率はほぼ無税

日本のMFN税率は全体で4.9％、品目分野別では食料品・アルコールが15.6％と最も高い。そのほか、皮革・毛皮・ハンドバッグ等、農水産品、繊維製品・履物を除いてはどの分野も5％を下回っており、特に機械類・部品などの工業製品については概ね無税もしくは低い税率となっている。一方、タイとのFTAであるJTEPAの税率は食料品・アルコール、農水産品、皮革・毛皮・

第9-1表　日本およびタイの品目分野別関税率（2014年）

HSコード	品目分野	日本 MFN税率	日本 JTEPA税率	タイ MFN税率	タイ JTEPA税率
01-15	農水産品	7.3%	4.9%	27.0%	9.3%
16-24	食料品・アルコール	15.6%	10.8%	30.6%	10.4%
25-27	鉱物性燃料	0.7%	0.0%	2.7%	0.0%
28-38	化学工業品	2.3%	0.1%	3.8%	0.2%
39-40	プラスチック・ゴム製品	2.5%	0.0%	7.7%	3.4%
41-43	皮革・毛皮・ハンドバッグ等	10.9%	4.6%	15.0%	0.2%
44-49	木材・パルプ	2.1%	0.8%	6.0%	0.2%
50-67	繊維製品・履物	7.1%	0.7%	15.2%	0.3%
68-83	窯業・貴金属・鉄鋼・アルミニウム製品	1.0%	0.0%	7.7%	3.3%
84	機械類・部品	0.0%	0.0%	4.8%	2.1%
85	電気機器・部品	0.1%	0.0%	8.5%	0.9%
86-89	輸送用機械・部品	0.1%	0.0%	35.2%	26.3%
90-92	光学機器・楽器	0.2%	0.0%	5.3%	0.0%
93-97	雑製品	2.2%	0.0%	17.3%	0.0%
	全体	4.9%	1.9%	13.1%	4.3%

（資料）　日本およびタイの関税率表から作成。

ハンドバッグ等以外は1％以下とさらに税率は低い。

なお，FTA 交渉で日本側が関税を堅持したい米，麦，牛・豚肉，乳製品，サトウキビなどの甘味資源作物といったいわゆる「重要5項目」の税率は数量に対して課税される従量税の品目が少なくない。第9-1表では従量税は除外して集計したため，従量税を考慮すると農水産品，食料品・アルコールなどの平均税率はさらに上昇すると考えられる。

日本の輸入の場合，工業製品は既に多くの品目の MFN 税率が無税のため，FTA 利用のメリットは少ない。工業製品以外で MFN 税率の高い分野（食料品・アルコールや皮革・毛皮・ハンドバッグ等，繊維製品・履物など）でFTA 税率が低い品目については，FTA の利用を積極的に検討すべきと考えられる。

ちなみに日本の MFN 税率とタイとの JTEPA 税率において，税率差（関税マージン）が比較的大きい品目として例えば以下のようなものが挙げられる。

- さけ（調整又は保存処理したもの）：HS1604.11 ……………………………9.6％
- まぐろ，かつお（調整又は保存処理したもの）：HS1604.14 ………………9.6％
- スイートコーン（砂糖を加えていないもの）：HS2005.80.200 ……………10.0％
- 砂糖により調整した野菜・果実（マロングラッセ，あんずを除く）：
  HS2006.00.029 ……………18.0％
- トレーナー（ポリエステルのもの）：HS6110.30.014(024) ………………10.9％

※税率は2015年時点の MFN 税率と JTEPA 税率の差（関税マージン）

また，品目によっては経済連携協定に基づいた関税割当制度を活用することも可能である。関税割当とは，決められた割当枠内の数量であれば，無税または低税率の関税が課せられる制度であり，JTEPA では生鮮バナナ，生鮮パイナップル（900グラム未満のもの），豚肉調整品，甘しゃ糖みつ，エステル化でん粉その他のでん粉誘導体が対象となっている[3]。例えば生鮮バナナは枠内の輸入であればタイからの輸入は無税となるため，MFN 税率（20～25％）で輸入するのと比べて関税を大幅に節約することが出来る。

(2) タイ：FTAの活用メリットは大きい

タイの MFN 税率は全体で13.1％，日本の4.9％と比べるとかなり高い。品

目別では輸送用機械・部品と食料品・アルコールが30％を超えるほか，農水産品，皮革・毛皮・ハンドバッグ等，繊維製品・履物も20％後半から15％台と高い税率となっている。

一方，日本とのJTEPAの税率においても輸送用機械・部品が26.3％と最も高い。ただし，後述するように一部の自動車部品については条件を満たすことにより，JTEPAを利用して無税で輸入することが可能である。食料品・アルコールおよび農水産品はJTEPAを利用しても税率は10％に近いが，MFN税率との差は約20％とFTA活用の効果は大きい。第9-1表には出ていないが，例えばASEAN域内のFTAであるAFTAでは，切花や馬鈴薯など一部を除きほとんどの品目の関税が撤廃されている。MFN税率が全般的に高いタイは，FTA活用による関税コスト節約の効果が大きく，輸入の際はFTAの活用を積極的に検討すべき国と言えるだろう。

2. FTAによるコストの削減例
(1) 日本：エビの輸入で年間9億円以上のコスト削減も

第9-2表は日本におけるエビの輸入上位国の輸入コストについて，FTAの税率を考慮して試算したものである。2014年の輸入額は合計で約3億6000万ドル，上位のタイとベトナムの2ヵ国で全体の8割以上を占める。1トンあたりの輸入単価は上位のアジア4ヵ国では1万6000ドル台（インドネシア）から1万8000ドル台（タイ，ベトナム）と大きな差は無い。この4ヵ国のうち，タイ，ベトナム，インドネシアは日本と二国間のFTAが締結されており，FTAを利用して無税で輸入することが出来る[4]。中国は日本とFTAを締結してはいないが，中国からの輸入についてはMFN税率より低い税率が適用される一般特恵関税制度（GSP）が利用可能だ[5]。GSPを利用すると中国からの輸入税率は3.2％となる。

関税を加えた単価を算出すると，中国からの輸入にはGSP税率の3.2％，カナダからはMFN税率の4.8％が加算される。その結果，中国は課税前の単価から1トンあたり約550ドルの関税が加わり課税後は1万7651ドルに，カナダも1トンあたり約560ドルの関税が加わり，課税後の単価は1万2118ドルとなる。この560ドルを日本円に換算すると約6万7000円（1ドル120円換

第 9-2 表　日本のエビの輸入における輸入コストの違い（2014 年）

順位	国名	輸入額(100万ドル)	数量(トン)	単価(ドル)	MFN税率(%)	最も低い税率(%)	関税を含む単価(ドル)	全体の節約額(100万ドル)
	世界	358.3	20,095	17,832				
1	タイ	160.5	8,521	18,840	4.8	0（JTEPA）	18,840	7.7
2	ベトナム	138.9	7,644	18,176	4.8	0（JVEPA）	18,176	6.7
3	中国	23.2	1,355	17,103	4.8	3.2（GSP）	17,651	1.1
4	インドネシア	16.3	973	16,781	4.8	0（JIEPA）	16,781	0.8
5	カナダ	7.8	676	11,563	4.8	4.8（MFN）	12,118	0.0

（注）　日本の「シュリンプおよびプローン（気密容器入りでなく，水または塩水で煮またはその後に冷蔵・冷凍したもの）」（HS1605.21.011）の輸入額上位 5 カ国のデータから作成。全体の節約額は「MFN 税率での関税額－FTA 税率での関税額」で算出（※全ての輸入に FTA 税率が適用された前提での試算）。
（資料）　日本の関税率表および貿易統計をもとに作成。

算）である。FTA による関税の節約額は少なく感じられるかもしれないが，仮にタイからの輸入の全てに JTEPA が利用されたとすると節約額は合計で年間 770 万ドル，9 億円を上回る輸入コストの削減となる。

(2)　タイ：AFTA による乗用車の関税削減効果は多大

　第 9-1 表で確認したように，タイでは輸送用機械・部品の MFN 税率は他の分野と比べて一段と高い。タイは外資誘致の産業政策上，自動車に高関税を課してきた経緯があり，2014 年時点でも乗用車の税率は 80% と輸入において高い障壁となっている。しかし，ASEAN 域内からの輸入では，AFTA を利用することでこの 80% の高関税を無税で輸入することが出来るため[6]，関税の削減効果は非常に大きい。

　タイにおける乗用車（1500cc～1800cc の完成車）の国別の輸入コストの違いを見ると（第 9-3 表），2014 年の輸入額ではインドネシアからが 1 億 6000 万ドルと最も多く，全体の輸入額の約 6 割を占める。次いでドイツ，マレーシア，ハンガリーの順で，日本は 5 位の 300 万ドルである。1 台あたりの単価に注目すると，インドネシアと日本が 1 万 5000 から 1 万 6000 ドル台，ドイツ，マレーシア，ハンガリーは 2 万ドル台，中国からは 1 万ドルを下回っている。

　表の各国のうち，インドネシア，マレーシアからの輸入は AFTA を利用す

ることで非常に大きな関税削減のメリットを享受できる。一方、日本からの輸入に関しては、JTEPAでは3000cc以下の乗用車は「再交渉品目」、ASEANとのFTAであるAJCEPでは「除外品目」に指定されており、関税の引き下げ対象から除外されている[7]。

そのため、1台あたりの輸入単価ではインドネシアと日本は1000ドル程度の差に過ぎないが、関税を加算した後の価格では日本は2万9777ドルとインドネシアの約2倍の金額となる。輸入単価は1台あたり1万ドルを下回っていた中国も、関税を含んだ単価は1万7619ドルとインドネシアを上回り、80%と高いMFN税率の影響の大きさがうかがえる。また、マレーシアについては輸入単価はドイツに次いで高かったが、関税を加えて比較するとインドネシア、中国に次いで低い単価となった。

仮にインドネシアからの輸入に全てAFTAの税率を適用した場合、年間の関税の節約額は合計で1億2800万ドル、日本円（1ドル120円換算）にして150億円以上に達する。ASEAN市場で大きな地位を占める日系の自動車メーカーは域内での完成車および部品の相互補完体制を構築しており、こうしたAFTAによる関税削減の恩恵を大きく享受していると見られる。

第9-3表　タイの乗用車の輸入における輸入コストの違い（2014年）

順位	国名	輸入額（100万ドル）	数量（台）	単価（ドル）	MFN税率（%）	最も低い税率（%）	関税を含む単価（ドル）	全体の節約額（100万ドル）
	世界	263.2	14,629	17,991				
1	インドネシア	160.3	10,405	15,405	80	0 (AFTA)	15,405	128
2	ドイツ	74.4	2,972	25,039	80	80 (MFN)	45,070	0
3	マレーシア	20.5	831	24,686	80	0 (AFTA)	24,686	16
4	ハンガリー	3.4	159	21,643	80	80 (MFN)	38,957	0
5	日本	3.1	185	16,543	80	80 (MFN)	29,777	0
12	中国	0.0	3	9,788	80	80 (MFN)	17,619	0

（注）　タイの「1500cc～1800ccの乗用車（完成車）」（HS8703.23.61）の輸入額上位5カ国および12位の中国のデータから作成。全体の節約額は「MFN税率での関税額－FTA税率での関税額」で算出（※全ての輸入にFTA税率が適用された前提での試算）。

（資料）　タイの関税率表および貿易統計をもとに作成。

なお，中国とのACFTAでは乗用車は高度センシティブ（HSL）品目に該当しており，2015年から税率が50％に引き下げられた。第9-3表の中国からの輸入単価9788ドルに50％の税率を適用した場合，関税を加えた単価は1万4682ドルとなりインドネシアを下回る。中国からの輸入は2014年の時点では非常に少ないが，30％分の関税引き下げによって約3000ドルの輸入コストの引き下げとなるため，製品の競争力に与える影響は決して小さなものではないと考えられる。

＜JTEPAによる自動車部品の関税削減効果＞

タイが日本から輸送用機械・部品を輸入する際，JTEPAでは平均で26.3％の関税が課せられる。MFN税率は35.2％なので，JTEPAを利用してもメリットは10％に満たない（第9-1表）。先にも述べたように3000cc以下の乗用車は「再交渉品目」として税率引き下げの対象外となっているほか，自動車部品についても関税が引き下げられていないためである。

ただし，JTEPAでは自動車部品146品目（HS8桁ベース）については，自動車製造会社または自動車部品製造会社によって輸入され，自動車組み立て製造に使用される場合に限り，関税が撤廃される。

この146品目はJTEPAのタイ側の譲許表[8]においてカテゴリー「P」（発効日から不均衡な関税の引き下げ，または撤廃）に該当し，関税撤廃条件に「ASEAN自由貿易地域の完成」と記載されていたもので，2010年1月のASEAN自由貿易地域の完成に伴い，2012年4月にギアボックス，クラッチ，シートベルトなど115品目，2014年4月にエンジン・同部品など31品目の関税が撤廃された。

これらの自動車部品のうち，例えばギアボックス（貨物および特殊用途自動車用）について見てみると（第9-4表），タイの2014年の輸入総額，9億2300万ドルの約半分が日本から輸入されており，2位のフィリピンの倍以上の金額となっている。

タイのギアボックスのMFN税率は10％だが，フィリピンとインドからはFTAの利用により無税で輸入できる。なお，中国からの輸入については，ACFTAの関税譲許表ではギアボックスの税率は無税とされている。しかし，

同じく譲許表の適用対象国の欄を確認すると中国は適用対象国から除外されている。これは ACFTA の「互恵規定」に基づいていると考えられる。「互恵規定」とは，輸入国が関税の引き下げを約束していても，輸出国が関税を引き下げていない品目については，輸入国は約束した関税率を適用しなくても良い，というものである。中国側ではギアボックスの一部の品目で ACFTA 税率が引き下げられていないため，タイが中国から輸入する際にも ACFTA 税率を適用外としたと考えられる。そのため，第 9-4 表では中国からの輸入には ACFTA ではなく MFN の税率を適用した。

日本との JTEPA では自動車製造会社または自動車部品製造会社"以外"からの輸入税率は 30％とされており，MFN 税率の 10％を上回るため JTEPA を利用するメリットは無い。一方で自動車製造会社または自動車部品製造会社による輸入では JTEPA によって関税が撤廃され，フィリピンやインドと同じく無税で輸入が可能となる。ギアボックスの日本からの輸入単価は輸入第 2 位のフィリピンに比べて 1 トンあたり 8000 ドル以上も高く，10％の関税分の 2063 ドルが課せられるか否かは非常に影響が大きい。2014 年の日本からのギアボックス（貨物および特殊用途自動車用）の輸入全てで関税が 0％になった

第 9-4 表　タイのギアボックス（貨物および特殊用途自動車用）の輸入における輸入コストの違い（2014 年）

順位	国名	輸入額(100万ドル)	数量(トン)	単価(ドル)	MFN 税率(％)	最も低い税率(％)	関税を含む単価(ドル)	全体の節約額(100万ドル)
	世界	923.2	57,677	16,006				
1	日本	462.6	22,423	20,631	10	0 (JTEPA)	20,631	46
2	フィリピン	197.4	16,112	12,250	10	0 (AFTA)	12,250	20
3	インド	87.6	7,396	11,843	10	0 (TIFTA)	11,843	9
4	米国	59.9	4,782	12,530	10	10 (MFN)	13,783	0
5	中国	50.7	3,256	15,565	10	10 (MFN)	17,122	0

　（注）　「ギアボックス（貨物および特殊用途自動車用，組立済）」（HS8708.40.27）の輸入額上位 5 カ国のデータから作成。節約額の計算方法は第 9-2 表と同様。日本は JTEPA により関税が撤廃された前提で試算した。第 9-3 表（乗用車）の単価は 1 台あたり，第 9-4 表（ギアボックス）は 1 トンあたりと単価が異なる点に注意。
　（資料）　タイの関税率表および貿易統計をもとに作成。

場合,関税の節約額は年間で4600万ドル,日本円(1ドル120円換算)にして約55億円超に上る。

ただし,JTEPAで自動車部品を無税で輸入するためには,原産地証明書に加えてタイ工業省工業経済事務局(OIE)発行の証明書を提示する必要がある。したがって,実際には関税の節約額は上記の4600万ドルには満たないと考えられる。

このJTEPAによる自動車部品の輸入関税撤廃については,JTEPAの条文の解釈をめぐって輸入側の企業とタイ政府の間で見解の相違がみられ,関税の免除を享受できないケースが報告されている[9]。ギアボックスをはじめとして,JTEPAによる自動車部品の関税撤廃の影響は非常に大きい。タイ政府としては,制約を厳しくすることで日本からの過度の輸入増加を防ぎ,国内の産業を保護する意図があると考えられる。

第3節 どのFTAを利用するか―FTAを比較する

実際にFTAの利用を検討するにあたっては,輸出入国の間で利用可能なFTAが1つであれば,そのFTAの税率および規則を確認すれば良い。しかし,ASEAN+1 FTAのような多国間FTAと二国間FTAが併存している場合など,利用するFTAを慎重に検討すべきケースもある。

2015年7月時点で日本は15の国・地域(シンガポール,メキシコ,マレーシア,チリ,タイ,インドネシア,ブルネイ,ASEAN,フィリピン,スイス,ベトナム,インド,ペルー,オーストラリア,モンゴル)との間でFTAが発効・署名済みである。このうちインドネシアを除くASEAN加盟の6ヵ国とは,日本との二国間FTAおよびASEANとの多国間FTA(AJCEP)のどちらも利用することが可能だ。それぞれのFTAは税率も当然異なり,例えば日本-タイ間のFTAでは,2007年11月に発効したJTEPAは2009年6月発効のAJCEPより関税の引き下げが先行,さらにJTEPAは協力措置などを梃子にしてAJCEPより高い自由化率を獲得しているため,概ねJTEPAのほうがAJCEPよりも有利な税率となっている[10]。

第3節　どのFTAを利用するか―FTAを比較する　　*181*

　一方でAJCEPは原産地規則の「累積」ルールがある。日本からASEANのA国に部品を輸出し，A国での製造工程を経て同じASEAN加盟国のB国へ輸出する際，仮にA国での付加価値がAFTAの適用基準である40％に満たずAFTAによる関税減免が受けられなくても，日本での付加価値を含めて40％以上あればAJCEPによって低い関税でB国へ輸出できる。

　なお，ASEAN加盟国同士の取引ではAFTAだけでなく，ASEAN＋1 FTAも利用できる点にも留意が必要だ。ASEAN＋1 FTAはASEAN10ヵ国＋1による「11ヵ国間のFTA」であるため，CLMV（カンボジア，ラオス，ミャンマー，ベトナム）などの後発国との取引ではAFTAを利用するより税率が低くなる場合がある。例えば，2015年時点でベトナムが液晶カラーテレビ（HS8528.72.92）をタイやマレーシアといったASEAN域内から輸入する場合，AFTAを利用して5％の税率で輸入するよりも，ASEAN－日本間のFTAであるAJCEPを利用したほうが税率は4％と低い（ただしインドネシアはAJCEP未発効のため除く）。

　このように複数のFTAが利用可能な場合は，それぞれの税率と適用に必要な原産地規則をチェックし，最適なFTAを選択する必要がある。

　複数の国を候補としてFTAを考慮したコストの削減を検討する際などは，各国の関税率をマトリクス表にしてみると分かりやすい。第9-5表は家庭用冷蔵庫（圧縮式のもの）について，東アジアの5ヵ国（日本，中国，タイ，インドネシア，ベトナム）をそれぞれ輸出国・輸入国とした関税率を示している。縦が輸出国，横が輸入国となっており，例えば2015年時点では，中国が輸出国でベトナムが輸入国の場合，最も低い関税はACFTAの15％ということになる。逆にベトナムが輸出国で中国が輸入国の場合は，税率はACFTAにより無税である[11]。

　2015年の各国のMFN税率を見ると，最も低い日本は税率0％なので，どの国からも関税を支払わずに輸入が出来る。タイはMFN税率が30％と最も高いが，日本，インドネシア，ベトナムからはFTAを利用すれば無税で輸入することが可能であり，輸入価格の30％分の関税削減のメリットが生じる。

　ベトナムのMFN税率は25％とタイに次いで高い。しかしFTAで無税になる輸出国は存在せず，タイもしくはインドネシアからAFTAを利用して5％の関

税で輸入するのが最も関税を少なくできる。日本からベトナムへはAJCEPの利用でも関税率20%と，FTAによる関税の引き下げ幅は比較的小さい。

輸出国側で見た場合，タイ，インドネシア，ベトナムの3ヵ国からは輸入国がベトナムの場合を除いて無税で輸出が出来る。一方，日本から輸出する際は，インドネシア，ベトナムへはFTAを利用しても無税とはならない。2015年の時点では，日本からの輸出におけるFTAのメリットは全般的に見れば少ないと言えるだろう。

3年後の2018年にはFTA税率の引き下げが進み，ベトナムの輸入ではAFTAの税率が無税に，AJCEPの税率も13%に引き下げられる。また，タイの中国からの輸入におけるACFTAの税率は20%から5%へと大きく下がる。

日本からの輸出についてはベトナムのAJCEP税率の引き下げに加え，インドネシアのJIEPA税率も無税となるため，2015年と比べると日本からの輸出

第9-5表　家庭用冷蔵庫の関税率マトリクス（2015年，2018年）　　（単位：％）

2015年		輸出国				
輸入国	MFN税率	日本	中国	タイ	インドネシア	ベトナム
日本	0		0 (MFN)	0 (MFN)	0 (MFN)	0 (MFN)
中国	10	10 (MFN)		0 (ACFTA)	0 (ACFTA)	0 (ACFTA)
タイ	30	0 (JTEPA)	20 (ACFTA)		0 (AFTA)	0 (AFTA)
インドネシア	10	4.1 (JIEPA)	0 (ACFTA)	0 (AFTA)		0 (AFTA)
ベトナム	25	20 (AJCEP)	15 (ACFTA)	5 (AFTA)	5 (AFTA)	

2018年		輸出国				
輸入国	MFN税率	日本	中国	タイ	インドネシア	ベトナム
日本	0		0 (MFN)	0 (MFN)	0 (MFN)	0 (MFN)
中国	10	10 (MFN)		0 (ACFTA)	0 (ACFTA)	0 (ACFTA)
タイ	30	0 (JTEPA)	5 (ACFTA)		0 (AFTA)	0 (AFTA)
インドネシア	10	0 (JIEPA)	0 (ACFTA)	0 (AFTA)		0 (AFTA)
ベトナム	25	13 (AJCEP)	15 (ACFTA)	0 (AFTA)	0 (AFTA)	

（注）　家庭用冷蔵庫（圧縮式のもの）（HS8418.21）の各国におけるFTAも含めた最も低い税率を記載。網掛けは2018年に税率が下がるFTA。なお，2018年のMFN税率は変更の可能性がある。
（資料）　各国関税率表およびFTAの関税譲許表をもとに作成。

におけるFTAの利用のメリットは増加する。

　家庭用冷蔵庫に関しては，第9-5表の5ヵ国ではASEANのタイ，インドネシア，ベトナムからの輸出が最もFTAの効果を享受しやすく，輸入側でもタイ，インドネシアは概ね無税で輸入が出来る。仮にタイに自社の拠点があれば，日本から無税で製品を輸入して販売をしたり，タイで製造した製品を中国やインドネシアへ無税で輸出することが可能だ。ベトナムは他の4ヵ国へは関税ゼロで輸出できるのに対し，中国および日本からの輸入には関税の障壁が残っているので，関税面だけを考えると輸入はタイやインドネシアから行い，中国および日本へは輸出を中心として行うのが適している。

おわりに

　日本貿易振興機構（ジェトロ）が行った調査によれば，アジア・オセアニアに進出した日系企業がFTAの活用を決断する関税マージン（MFN税率とFTA税率の差）は平均で5.3％であった[12]。しかし，当然のことながら実際には企業や扱う製品によって判断の基準は異なる。

　インドでプラスチック原料や化学品を輸入販売している日系メーカーの現地法人は，「FTAによる1％の関税引き下げでも現地製品との価格競争に大きく影響する」と述べている[13]。また，ほとんどの品目で輸入関税が0％であるシンガポールに製造拠点を置き，小麦や粉，卵，バターといった原材料を日本よりも安価で輸入し，FTAを活用して海外に輸出する日本企業も現れた[14]。

　交渉が続いていたTPPは2015年10月，ついに大筋合意に達した。ASEAN＋6ヵ国（日本，中国，韓国，オーストラリア，ニュージーランド，インド）によるRCEPも交渉が重ねられており，日本を取り巻くFTAの環境は大きく整備されつつある。せっかくの制度も利用しなければ意味は無く，競合する企業に後れを取る可能性もある。FTAの制度や手続きに関する知識不足などでFTAの活用を躊躇していた企業とっては，今が活用を検討すべき最も良い機会と考えられる。

（吉岡武臣）

【注】

本章で記載しているFTAの名称は以下のとおりである。

AFTA（ASEAN自由貿易協定），JTEPA（日タイ経済連携協定），JIEPA（日インドネシア経済連携協定），JVEPA（日ベトナム経済連携協定），AKFTA（ASEAN-韓国自由貿易協定），ACFTA（ASEAN-中国自由貿易協定），AIFTA（ASEAN-インド自由貿易協定），AJCEP（日ASEAN包括的経済連携協定），TAFTA（タイ-オーストラリア自由貿易協定），TIFTA（タイ-インド自由貿易協定），TPP（環太平洋経済連携協定），RCEP（東アジア地域包括的経済連携）

1) 日本貿易振興機構（2015）65ページ。日本からの輸出入にFTAの優遇税率を利用していると回答した企業（626件）が調査の対象となっている。
2) JTEPAによる関税の引き下げは毎年4月1日に行われる。本章のJTEPA税率はその年の4月1日以降の税率である。
3) 制度の利用には関税割当証明書の発給を受ける必要がある。生鮮バナナ，生鮮パイナップル（900グラム未満のもの），豚肉調整品は「輸出国管理方式」（輸出国が発給する証明書に基づき，輸入国が割当を行う），甘しゃ糖みつ，エステル化でん粉その他のでん粉誘導体は「輸入国管理方式」（輸入国が割当を行う）と品目によって割当ての方法が異なる。詳しくは税関ホームページ（http://www.customs.go.jp/kyotsu/kokusai/seido_tetsuduki/wariate.htm）を参照。
4) タイとベトナムについてはASEANとのFTAであるAJCEPでも無税となる。なお，インドネシアは2015年7月時点でAJCEPは未発効。
5) 一般特恵関税制度（GSP）は途上国からの輸入に対して便益を与える制度。締結国が相互に関税を引き下げるFTAとは異なり，先進国が途上国の産品に対して片務的に関税を引き下げる。そのため，途上国の所得が増えた場合など，GSPの適用が除外される「卒業」制度がある。
6) AFTAではタイの乗用車の税率は2010年に全て撤廃された。
7) 第9-3表には記載されていないが，韓国とのAKFTA（救急車を除く），インドとのAIFTAおよびTIFTAでも税率の引き下げの対象とはなっていない。
8) Agreement Between Japan and the Kingdom of Thailand for an economic Partnership, Annex1: Schedules in relation to Article 18 (http://www.mofa.go.jp/region/asia-paci/thailand/epa0704/annex1.pdf)
9) 日本貿易振興機構「通商弘報」2013年7月23日，24日付。また，この問題については第7章で詳述している。
10) 2009年4月時点のAJCEPとJTEPAの税率を比較すると，関税が残存している2951品目のうち，AJCEPのほうが税率の低い品目は532品目，JTEPAのほうが低い品目は2236品目であった（日本貿易振興機構「通商弘報」2009年6月3日付）。
11) 先述したようにACFTAには「互恵規定」があるため，ACFTAの税率を引き下げていないベトナムから中国が輸入をする際に，中国がACFTA税率を適用しない可能性がある。ただし，中国の関税譲許表ではベトナムからの輸入を適用対象外とする記載が確認できず，第9-5表ではベトナムから中国への輸入にはACFTAを適用し税率を0％とした（※タイから中国への輸入も同様）。実際に貿易を行う際は，念のため中国税関に確認することが望ましい。
12) 日本貿易振興機構（2009）28ページ。
13) 日本貿易振興機構「通商弘報」2014年10月2日付。
14) 日本貿易振興機構「通商弘報」2015年3月20日付。

【参考文献】

日本貿易振興機構（2009）『在アジア・オセアニア日系企業活動実態調査（2008年度調査）』日本貿

易振興機構（ジェトロ）海外調査部。
日本貿易振興機構（2015）『2014年度日本企業の海外事業展開に関するアンケート調査〜ジェトロ海外ビジネス調査〜』日本貿易振興機構（ジェトロ）海外調査部 国際経済研究課。
日本貿易振興機構『通商弘報』。

第 10 章

中小・中堅企業による FTA 利用
～北陸における繊維産業の事例を中心に～

はじめに

　日系企業が海外取引を行う際，FTA（自由貿易協定）・EPA（経済連携協定）を利用する割合は着実に拡大しつつある。しかしながら，大企業は経営資源が豊富であることなどから FTA/EPA の利用が進むのに対して，比較的規模の小さな中小・中堅企業では FTA/EPA をフルに活用するハードルが高いとも言われてきた。本章では北陸地域を例にとり，地域企業による国際化の取り組みを取り上げている。大都市圏と比較した場合，地方においては中小・中堅企業が経済の主体となることから大規模なグローバル企業の国際化とは同列に論じることはできない。また北陸地域における業種的な特徴があり，ここでは北陸三県において共通してシェアの高い繊維産業に注目した。北陸地域の繊維産業の国際化は中国への進出の割合が高いことが特徴となっている。一方，繊維製品の中国から日本への輸入は比率的には高いがシェアが近年減少傾向にあり，替わって ASEAN からの輸入が拡大しつつある。
　ASEAN を含む海外からの繊維製品輸入に際して，関税の減免を受けるためには後発開発途上国向けの特恵関税（LDC-GSP）利用や，ASEAN 各国との二国間 EPA，包括的 EPA（AJCEP）の利用がおこなわれている。繊維製品に関しては原産性の判断が品目別に異なるなど他製品に比べて複雑となっており，川上，川中，川下の各工程で各国においてどのような部材が生産，調達され加工されているかの工程基準を理解して制度を利用する必要がある。中国において人件費などが上昇している現状があることから，FTA/EPA の利用が

進むことで，特に労働集約的な川下工程（縫製業）についてはベトナムなどを中心に先進国向け輸出生産拠点が移動し始めていることが推測される。

第 1 節　企業によるFTA/EPA利用の状況

1. 拡大するFTA/EPA利用

　2002年の日本とシンガポールとのEPA締結以降，日本が結んだEPAは15にのぼり，交渉中のものは8となっている（2015年6月現在）。ジェトロ（2015）によれば，これらを日系企業がどのくらい利用しているかというFTA利用率（2014年調査）は，輸出の利用率が29.9％，輸入の利用率が42.2％，輸出または輸入の利用率で34.8％となっている。業種別では，輸出では一般機械，自動車，化学など，輸入では飲食料品，繊維・織物・アパレル，化学で多く利用されている。また国別では，輸出入ともにタイ，インドネシア，ベトナムなどASEAN諸国との利用が目立っている。近年のFTA利用率は漸増の傾向にある。これは原産地証明書の発給件数が急速に伸びていることからも，FTA利用が企業の海外取引に浸透してきていることがわかる。

　さらに日本が協定当事国ではない，第三国間FTAの日系企業による利用も拡大している。ASEAN域内の自由貿易協定であるASEAN自由貿易地域（AFTA）が最も多く利用され，ASEAN－中国FTA（ACFTA），ASEAN－インドFTA（AIFTA），ASEAN－韓国FTA（AKFTA）といったFTAが，自動車，化学，電気機械などの業種で使われている[1]。これは日系企業が直接投資などを通じてASEAN域内に海外拠点を保有し，ASEAN域内およびASEANとFTAを締結した国，すなわちASEAN＋1 FTAのネットワークを利用するケースが増えていることを意味する。

2. 伸びの低い中堅・中小企業によるFTA/EPA利用

　全体として利用が増えていると考えられるFTAであるが，どのような企業が多く利用しているのであろうか。日本商工会議所が発給する「経済連携協定に基づく特定原産地証明書」の発給数が，2010年には月8400件程度だったも

第10-1表　日本と締結されたEPAにみるFTA利用の要因

要　因	メキシコ	マレーシア	チリ
従業員数が100人以上	＊＊＊	＊＊＊	＊＊＊
売上高が100億円以上	＊＊＊	＊＊＊	＊＊＊
資本金が10億円以上	＊＊＊	＊＊＊	＊＊＊
相手国に拠点がある	＊＊＊		＊〜＊＊＊
相手国が主要な貿易相手である	＊＊＊	＊＊＊	＊＊＊
鉄鋼	＊		
輸送用機械	＊＊＊	＊＊＊	＊＊＊
繊維製品			

（注）　＊＊＊ 1%有意，＊＊ 5%有意，＊ 10%有意。
（出所）　Takahashi and Urata（2009）.

のが，2014年には同約1万7300件と急速に増えている（第2章第2-5表）。これに対して前述のようにFTA利用率は漸増にとどまっていることは，特定の企業群によるFTA利用が増加していることを示唆している。Takahashi and Urata（2009）では企業がFTAを利用する決め手となる要因について，従業員数，売上高，資本金といった企業規模がFTA利用に有意に影響を与えていることを実証分析している。

　上記研究では，企業規模の大きい大企業ほどFTAを利用する傾向を明らかにしており，業種で利用が多いのは輸送用機械（自動車）などであることを示している。FTAを利用しない理由についてはJETROによる企業アンケート調査などによっても示されているが，その主なものとしては「貿易額が少ない（1商品あたりの販売量の問題）」「知識の不足（専任スタッフの問題）」「原産地証明のコスト負担」などがあげられることが多い。中小・中堅企業においては，経営規模，保有する経営資源が相対的に小さいことから，FTAを利用するに至るまでのデメリットの面がより強調される場合が多いのではないかと推測される。

第2節　北陸地域と繊維産業

1. 北陸地域の産業の特徴

　北陸三県の域内総生産を合計しても全国で占める割合は2.4%であり，北陸地域は日本において大きな経済圏とは言えない。しかし歴史的な背景もあり，三県の産業構造は伝統的な産業，小規模企業による集積も含めて，おのおの特徴のあるものとなっている。富山県のアルミ精錬産業，医薬品産業，石川県の機械・金属産業[2]，福井県の化学，眼鏡枠産業などが代表的なものとして知られている。北陸地域の製造業の中で特徴が見られるのは業種別の産業構造であり，北陸三県の国内シェアの高い主要製造業は以下の様になる。これを見ると，三県に共通の主要な産業は繊維工業であり出荷額の全国シェアも高いことがわかる。県別産業別の特化係数すなわち産業構成比，比較優位を示す指標を算出してみると，福井県における繊維工業が突出して高くなっている。但し過去10年程度のデータと比較すると，北陸三県の繊維工業の特化係数は漸減傾向にある。

第10-2表　北陸三県で国内シェアの高い製造業（2010年）

主要産業	北陸三県全国シェア	特化係数北陸合計	富山県	石川県	福井県
1. 繊維工業	13.3%	5.21	2.24	5.81	9.74
2. 電子部品・デバイス	7.3%	2.84	2.24	3.75	2.73
3. 生活用品機械器具	5.7%	2.24	2.22	4.01	0.80
4. 家具・装備品	5.6%	2.19	0.95	4.79	0.79
5. 非鉄金属	5.6%	2.20	3.20	0.47	2.44

（注）　ここで特化係数とは地域における産業構成比を全国と比較する。すなわち特化係数1は全国平均と同等の産業構成比であることを意味する。
　　　特化係数＝（県のi産業の全産業に占める付加価値構成比）／（全国のi産業の全産業に占める付加価値構成比）
（出所）　小柳津ほか「北陸三県のマクロ経済指標の特徴および国際化の現状と課題」北陸AJEC（2014）10-11ページおよび筆者算出による（原資料）工業統計表，事業所統計調査。

2. 北陸地域の繊維産業

　北陸における繊維産業，特に福井県においては1920年代からこれまで合繊織物，人絹織物，絹織物のような長繊維系の織物や，リボンのような細幅織物，レース，アパレル，紡織糸，合繊糸を中心に一大産地が形成され，産地に近接する形で織布業，撚糸業，染色加工業，縫製業，紡績業などの繊維産業に関わる多くの業種が集積したものである。日本における繊維産業は長期的には衰退産業と考えられることが多いが，この数十年の間においても，素材の変化，為替の変動と海外生産拠点の増加，ビジネスモデルの変化など，といった変動を経てきている。

　1980年代は合繊メーカー系列生産による垂直連携方式が定着し活況を呈する。しかし1990年代は，円高の進行と共に付加価値製品の日本生産も縮小する。新合繊素材，新複合テキスタイルの開発で一時的に活路を見いだすが，消費者の低価格品志向，輸入品の増加，従来型のテキスタイルビジネスの縮小が進んだ[3]。その中で北陸三県による「繊維クラスター」が提言されてきた。メーカー主導で具体化したものとして，東レが2004年6月に発足させた，現在約90社が参加している「東レ合繊クラスター」[4]があり，原糸から織り・編み・染色の一貫体制の垂直水平連携による競争力強化をめざし，零細業者が多く体質の弱い国内繊維業界の最近の新しい動きとなっている。東レによれば繊維産業は「擦り合わせ（インテグラル）型」の産業であり，工程間の連携で付加価値を生むことが可能になると考えている[5]。これは川上メーカーによる業界再編と競争力強化の動きと捉えることができる。

　但し，北陸繊維産業の国内における事業規模は縮小を続けており，1990年と2010年を比較すると事業者数，従業員数で2分の1以下まで減少してきている[6]。用途別には，①衣料・ファッション，②自動車関連，③建設・土木，④メディカル・スポーツ・船舶ロープ，その他と多岐に渡っており，全般には衣料分野から非衣料分野へ，あるいは一般素材から高機能素材への移行が国内では目立っている。この中で最も堅調に推移している分野は自動車内装材を主力としているメーカーなどで，カーシートの素材供給では全国シェアトップの企業もある。しかし伝統的な用途である衣料については，新素材・高機能素材であってもニトリ，ユニクロ（ファーストリテイリング）のようなSPA

企業（製造小売業：speciality store retailer of private label apparel）が市場で主導権を持つにつれ，数年前から調達先が北陸から中国に切り替わるなど，北陸繊維業界にとっては再び厳しい時期がやってきていると言われる[7]。

3. 北陸企業の国際化の現状

　北陸地域の2012年の総貿易額は8123億円，輸出額4399億円，輸入額3724億円であるが，これは北陸の税関支署の通関額を集計したもので，他地域の港湾などにおける通関を考えると実際の貿易額はこれよりかなり大きいと予想される[8]。2006年と2012年の国別貿易額を比較すると，ASEAN，韓国との貿易額が大きく増加し，一方中国，ロシアが減少している。

　北陸地域からの積み出しデータであるため環日本海の国が中心となっており，輸出については韓国，中国向けで総輸出額の40％以上を占めている。主な輸出品目は一般機械，電気機器などである。一方，輸入については中国，オーストラリア，インドネシアで約45％を占めている。主な輸入品目は石炭・コークス，非鉄金属，繊維製品である[9]。また貨物量の点からは，北陸

第10-3表　北陸地域の国別貿易額（2006年，2012年）

（億円）

		ASEAN	韓国	中国	ロシア	その他	計
2006	貿易額	1,023	1,000	1,826	1,323	3,336	8,508
	構成比	12.0%	11.8%	21.5%	15.6%	39.2%	100.0%
2012	貿易額	1,748	1,579	1,490	839	2,467	8,123
	構成比	21.5%	19.4%	18.3%	10.3%	30.5%	100.0%

（出所）　第10-2表と同様（原資料）財務省貿易統計，各税関支署通関資料などから作成。

第10-4表　輸出入額別の主要相手国（2012年）

輸出相手国	韓国	中国	ロシア	フィリピン	インドネシア	タイ
構成比	26.9%	17.0%	11.8%	8.3%	5.2%	4.9%
輸入相手国	中国	豪州	インドネシア	韓国	ロシア	ドイツ
構成比	16.9%	16.3%	11.6%	11.1%	8.6%	5.2%

（出所）　第10-2表，3と同様（原資料）財務省貿易統計，各税関支署通関資料などから作成。

の港湾などから輸出される貨物の37%は韓国向け，35%がロシア向けとなっている。例として，敦賀港からの韓国大手電機メーカー向けの中間財や伏木富山港からのロシア向け中古自動車といった品目が目立っている。輸入される貨物量については，オーストラリア，インドネシアからの石炭が貨物のかなりの部分を占めるが，北陸電力の石炭火力発電所が立地する七尾，伏木富山，敦賀の3港向けが大部分となっている[10]。

4. 北陸企業の海外進出の現状

北陸企業の海外進出状況について，海外に設置された生産，販売などを目的とした拠点数で見ると，北陸三県による調査によれば2012年で合計851拠点となっている。地域別には中国における進出拠点が456拠点で54%を占め，次いでASEANの157拠点で18%，北米の78拠点で9%となっている[11]。ちなみに福井県単独のデータ（2013年）によれば，福井県内企業アンケート有効回答372社中，海外拠点は合計110拠点（1社が複数拠点保有あり，卸売小売・アンテナショップ拠点含む）となっており，地域別では，中国・香港が58%で最も多く，ASEANは20%となっている。業種別には，繊維が33%で

第10-5表　北陸企業，全国企業のASEAN，中国における海外拠点数比較

	北陸企業海外拠点数	シェア	全国企業海外拠点数	シェア
インドネシア	21	2.5%	585	3.1%
シンガポール	26	3.1%	830	4.5%
タイ	64	7.5%	1,434	7.7%
フィリピン	3	0.0%	392	2.1%
ベトナム	26	3.1%	390	2.1%
マレーシア	16	1.9%	616	3.3%
ASEAN計	156	18.3%	4,247	22.8%
中国	456	53.6%	5,565	29.9%
総合計	851	100.0%	18,599	100.0%

（注）　北陸企業海外拠点数は2012年，全国企業は2010年調査。
　　　中国進出拠点数のシェアは北陸，全国の全世界進出拠点数との比率。
（出所）　北陸AJEC（2014）23ページ（原資料）富山・石川商工労働部産業政策課，ふくい貿易促進機構，経済産業省『第41回海外事業活動基本調査』2010年，から筆者作成。

最も多く，次に機械31%となっている[12]。

　北陸三県，福井県の調査結果は類似したものになっているが，北陸企業の中国への拠点設置数が地域別シェアで全国平均（29.9％）よりかなり高いことが特徴となっている。この北陸企業の「中国集中」の理由の1つとして，繊維産業の海外拠点数の多さが考えられるが，繊維業界の川上にあたる合繊メーカー大手の東レ，帝人などの中国における海外展開が早くからおこなわれたことから，北陸地域の取引先である企業が中国への進出を優先させる経営判断があったことが推測される。

　カンボジア，ラオス，ミャンマー，ブルネイを除くASEAN6ヵ国への海外拠点設置を，北陸企業と全国企業（全国合計）を比較したものが第10-5表である。サンプル数は少ないが，北陸企業はASEANの中で近年直接投資が急増しているベトナムへの進出が全国平均に比べても比率がやや高くなっている傾向が見てとれる。

第3節　アジアの繊維産業と日本

1. ASEANにおける繊維産業概観

　ASEAN諸国を中心に繊維産業を概観した場合，インドネシア，タイの2ヵ国は川上（天然・化学繊維の製造，紡績），川中（織布・編立，染色・プリント・仕上げ加工など），川下（衣類やその他繊維製品の縫製）の工程について国内で一貫した生産をおこなう体制をもっている。インドネシアはASEAN最大の合成繊維生産国であり，国内需要向けが多くなっている[13]。タイは輸出向け縫製品の競争力が低下する一方[14]，自動車産業向け用途が増えている。インドネシア，タイ以外のASEAN8ヵ国は川上，川中の工程について国内需要を賄うことができないため輸入に頼ることになるが，特に生地については中国が主要な供給国となっている。後述の原産地規則2工程基準を満たすため生地を自国内で調達できるのは中国，韓国，台湾の他，ASEANではインドネシア，タイであり，その他の国は主に輸入に頼ることになる。

　ベトナムには川上，川中工程があるが，川下工程の縫製業により競争力があ

第 10-6 表　東アジア各国繊維産業の工程別競争力と主な輸出入先

	川上	川中	川下	生地の供給元	衣類の輸出先
インドネシア	◎	◎	◎	国内, 中, 韓, 香	米, 独, 日
タイ	◎	◎	◎	国内, 中, 台, 韓	米, 日, 独
マレーシア	○	○	○	中, 台, 尼, 日	米, 独, 日
フィリピン	△	△	○	中, 韓, 台	米, 日, 独
ベトナム	○	○	◎	中, 韓, 台, 日	米, 日, 韓
カンボジア	×	×	○	中, 台, 香	米, 英, 加
ミャンマー	×	×	△	中, 泰, 韓, 日	日, 韓, 独
ラオス	×	×	△	泰, 中, 馬	英, 独, 米
シンガポール	△	△	△	中, 馬, 泰	尼, 米, 馬
ブルネイ	×	×	×	-----	-----
中国	◎	◎	◎	国内, 日, 台, 韓	米, 日, 香
韓国	◎	◎	○	国内, 中, 越, 日	日, 中, 米
台湾	◎	◎	○	国内, 中, 日, 韓	米, 英, UAE

（注）　川上：繊維製造, 紡績, 川中：織布・編立, 染色・プリントなど, 川下：縫製（衣類その他製品）。
（出所）　明日山陽子（2014）207 ページより。

る。衣類輸出額が伸びており，現在 ASEAN 最大である約 150 億ドル（2012年）となっている（第 10-3 図参照）。CLM（カンボジア，ラオス，ミャンマー）の 3 ヵ国は，川上，川中工程をほとんど持たず，委託加工型の輸出向け縫製業に集中している。このうち韓国系，中国系縫製業企業が集中するカンボジアの衣類輸出額は 43 億ドル（2012 年）となっており，カンボジアの総輸出額の 50% 以上を占めている。今後 ASEAN 各国における人件費レベルの高騰も考えられるが，より労働集約的な川下工程の縫製業が低コスト指向がより強いことから，ASEAN 域内ではベトナム，カンボジアに次いで今後はミャンマー，ラオスといった国に縫製業が進出する可能性が高い。

〈参考〉　ASEAN 各国の繊維産業と他産業の輸出競争力（RCA）と輸出額推移

各国の繊維産業とその他産業の輸出競争力を示すため，RCA（顕示比較優位指数）[15] が 100 以上であれば輸出競争力があると判断する。また横軸には時

系列の輸出額を示しており，その産業が輸出において成長産業か衰退産業なのかも同時に分かるようにしてある。

ここではインドネシア，タイ，ベトナムの3ヵ国を例として取り上げている。インドネシアにおける繊維産業は主要輸出産業であり，輸出額が増大している。他の工業製品は ASEAN 各国のような輸出主導型経済成長の傾向は示しておらず，輸出の伸びは緩慢である。インドネシア経済の特徴として輸出に占める資源の比率が40％以上と高く，RCA 指数の定義から工業製品などの輸出競争力は相対的に低く示されることになる。タイにおける繊維製品は RCA 指数が下がり輸出額は増大傾向にはないが，70億ドル程度を維持している。タイは自動車，一般機械，電気機器，IT 機器などの工業製品輸出が継続的に伸張しており，今後労働集約的な繊維製品の川下工程（縫製業）は縮小してゆくと考えられる。ベトナムは ASEAN の中で最も顕著な繊維製品の輸出拡大が見られる。これは日ベトナム EPA の影響がある他，中国から台湾系企業を中心とした縫製業の国際移動があるとされている。一方，他の産業では韓国サムスンの大型投資以来，IT 機器（スマートフォン）の輸出額が繊維製品をしのぎ，現時点での最大の輸出品目となっていることが特筆される。

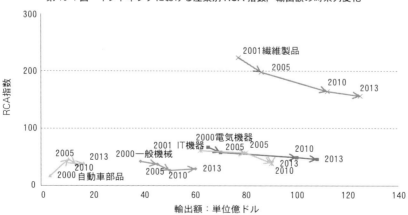

第10-1図　インドネシアにおける産業別 RCA 指数，輸出額の時系列変化

（資料）ITI 財別国際貿易マトリックス（2001年版〜2009年版），UNCOMTRADE より作成。

196 第10章 中小・中堅企業によるFTA利用

第10-2図 タイにおける産業別RCA指数,輸出額の時系列変化

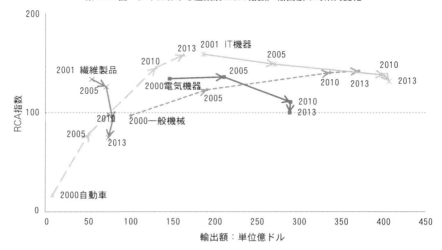

(資料) ITI財別国際貿易マトリックス（2001年版〜2009年版），UNCOMTRADEより作成。

第10-3図 ベトナムにおける産業別RCA指数,輸出額の時系列変化

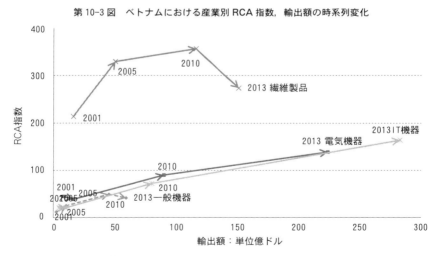

(資料) ITI財別国際貿易マトリックス（2001年版〜2009年版），UNCOMTRADEより作成。

2. 日本の繊維製品輸入先の推移

日本が輸入している繊維製品[16]の相手国別の輸入額，シェアの推移は下記の通りである。中国からの輸入が圧倒的なシェアを持っており約79％（2012年）を占めている。但しASEAN各国からの輸入は増加傾向にあり，ASEAN合計のシェアは10％を超えてきている。中でもベトナムからの輸入が急増しており，国別でも中国に次いで2番目の輸入相手国となっている。アジア以外からの輸入についてはイタリアが最も多いが，高級品を中心とした衣類が主であると考えられる。

中国が圧倒的なシェアを持っている背景として，アパレル業界で言われる1990年以降の「暫8」（関税暫定措置法第8条）を利用した，日本から生地を輸出，中国で縫製加工後の衣料品の輸入関税減免を前提とした「持ち帰り」加工貿易があった。ピーク時には日本から中国へ約3000億円の生地輸出があったとされる。前述のように中国における川上，川中工程が充実することで，安価な中国製生地に代替されるなど「暫8」は縮小傾向にある[17]。また現在では中国における加工賃などの上昇が著しいため，前述のように川下の縫製工程はベトナムを中心に生産移転が部分的に進みつつあると考えられる。

第10-7表　日本の繊維製品主要輸入相手国と輸入額の推移

（百万ドル）

国・地域	2012年	シェア	2009年	シェア	2006年	シェア
世界	36,132	100.0％	27,138	100.0％	25,019	100.0％
中国	28,427	78.7％	23,349	86.0％	20,798	83.1％
ASEAN10	3,898	10.8％	1,785	7.6％	1,300	5.2％
ベトナム	2,301	6.4％	1,113	4.1％	685	2.7％
インドネシア	683	1.9％	184	0.7％	171	0.7％
タイ	493	1.4％	304	1.1％	287	1.1％
イタリア	829	2.3％	718	2.6％	962	3.8％

（注）　SITC分類（"Textile"）による。ミャンマー，バングラデシュは統計なし。
（出所）　RIETI-TID2012より筆者作成。

3. 日本の繊維品輸入関税にかかわる基準

アジア新興国への生産移転にともない，日本のような先進国において輸入させる繊維製品の関税の減免受けるためには，① 発効済みのFTA／EPAの利用，② GSP（一般特恵関税）の利用が考えられる。またCLMのような所得の低い後発開発途上国においては，LDC-GSP（特別特恵関税）が適用される。

この際，特恵原産地規則（基準）の要件が大きな意味を持ち，迂回輸入などを防止し協定に基づく特恵貿易を運用することが重要となる。原産地決定方法として，① 関税番号変更基準で繊維製品においては「緩やかなルール」とされる1工程基準は縫製のみで良い，2工程基準は製織（生地）・染色以降の工程を締結国で要生産，最も厳格な（米国のFTAで見られる）3工程基準（ヤーンフォーワード）は製糸以降の工程が締結国で要生産，となる。またもう1つの要件として，② 付加価値基準は一定の付加価値（コスト）が加わったかで原産性を判断するものである。

上記は日本のGSPとAJCEP（日アセアンEPA）の原産地規則を比較しているが，繊維製品の品目によっては工程基準が異なる場合がある。EPA

第10-8表　日本の品目別繊維製品輸入関税率と特恵・AJCEP税率適用の原産地規則

	MFN税率	GSP税率	LDC-GSP税率	GSPの原産地規則		RPA税率	AJCEPの原産地規則	
				行程数	具体的行程		行程数	具体的行程
織物(HS50-55) HS50-60	ゼロ-12.6%	ゼロ-8%	ゼロ	2	繊維-糸-織物	ゼロ	2	繊維-糸-織物
			ゼロ	品目別	品目による		品目別	品目による
ニット製衣類(HS61)	5-10.9%	GSP対象外	ゼロ	2	糸-織物-衣類	ゼロ	2	糸-織物-衣類
布帛(ふはく)製衣類(HS62)	5.4-12.8%	GSP対象外	ゼロ	1	織物→衣類	ゼロ	2	糸-織物-衣類
繊維製品(HS63)	ゼロ-10.9%	ゼロ-6.32%	ゼロ	3	繊維→糸→織物→繊維製品	ゼロ	2	糸-編物織物-繊維製品

(注)　GSP税率には一部例外（ゼロ関税もしくは対象外）の品目あり。
　　　ニット製衣類のGSP原産地規則は1工程に変更される予定あり。
(出所)　明日山陽子 (2014) 215ページより。

(AJCEP) の原産地規則では工程数がほぼ2工程で統一されているのに対して，GSP では HS コードの異なる品目では1工程から3工程と違うケースがある。また GSP については，日本は一般 GSP の特恵受益国（対象国）は 145 ヵ国，LDC-GSP の特恵受益国は 48 ヵ国となっている[18]。GSP の制度は日本，EU，米国において異なった運用がされている。また EPA と違い GSP は特恵受益国の所得水準などにより，特恵の適用除外とする「卒業規定」が設けられているが，この規定についても日本，EU，米国で異なっている[19]。

日本と ASEAN 各国で締結された EPA は，二国間，AJCEP 共に原産地規則は ① 関税番号変更基準，② ASEAN 累積，③ 2工程基準，が適用される。品目別規則（PSR）は，関税番号変更基準（CTC）もしくは加工工程基準のいずれかを選択することになる。また関税番号変更基準における救済措置として原産地規則の特別規定であるデミニマスルールがあり，繊維分野（HS50-63）では僅少の非原産材料の重量が産品の7％以下の場合，原産判定の際に考慮しなくて良い[20]。

繊維分野において，ASEAN 各国との二国間 EPA と ASEAN との包括的 EPA（AJCEP）の並列的な存在については，二国間 EPA は日本製素材を

第10-9表　日本と ASEAN 各国の EPA による繊維分野の合意内容

(百万ドル)

		ASEAN 6＋ベトナム							CLM 3カ国		
		SIN	MAS	THA	INA	BRU	PHI	VIE	CAM	LAO	MYA
二国間 EPA	関税譲許	即時撤廃						*1	二国間 EPA なし 日本向けは LDC-GSP の適用		
	原産地規則	2工程基準を基本とした品目別規則(PSR)									
AJCEP	関税譲許	即時撤廃					*2	*3	大半の品目が 10-18 年後に関税撤廃（一部例外あり）		
	原産地規則	2工程基準を基本とした品目別規則(PSR)									

(注)　関税譲許（自由化）の記載は ASEAN 相手国の輸入関税について。日本側は即時撤廃。
　　*1　大半の品目が 10-12 年後に関税撤廃。
　　*2　一部の品目で 4-10 年後に関税撤廃。
　　*3　大半の品目が 10-15 年後に関税撤廃。
(出所)　伊集院（2011）（原資料）経済産業省。

使った持ち帰り加工に利用でき，また AJCEP は ASEAN 域内の中間財移動を前提に，川上，川下工程の強い国からの素材供給と，加工賃の安い CLM における縫製といった分業に利用するなどの使い分けも可能であろう。

4. 北陸繊維企業による FTA/EPA 利用例
(1) A 社の事例

北陸地域における海外展開をおこなっている繊維関連企業は，どのように FTA/EPA を利用，活用しているのだろうか。福井県に本社をおく A 社は，東証 1 部上場，連結売上約 1000 億円，グループ企業約 6000 名（そのうち海外 3000 名）の企業である。事業内容は，創業時の繊維品の染色事業から多角化発展し，自動車用シート材，ファッション系繊維製品，電磁波シールド材，ハウジング材，マットレス，化粧品，といった製品に広がりをもつ。このうち自動車用シート材は事業の約半分を占め，国内トップシェアである。

海外生産拠点は，タイ，中国，ブラジル，米国，インドネシア，インドにあ

第 10-10 表　A 社の国内外生産拠点間における FTA/EPA 利用実績

（百万ドル）

輸出国＼輸入国	日本	タイ	インド	インドネシア	中国	アメリカ
日本		日タイ △	日インド 実績なし	日インドネシア △	未締結	未締結
タイ	日タイ ○		AIFTA △	AFTA ○	ACFTA 実績なし	未締結
インド	日インド 実績なし	AIFTA 実績なし		AIFTA 実績なし	未締結	未締結
インドネシア	日インドネシア 実績なし	AFTA 実績なし	AIFTA △		ACFTA 実績なし	未締結
中国	未締結	ACFTA ◎	未締結	ACFTA 実績なし		未締結
アメリカ	未締結	未締結	未締結	未締結	未締結	

（注）　国名は海外拠点設置国。◎○△は利用実績のある場合，物量の大きさを示す。
（出所）　A 社からの情報提供に基づき筆者作成。

りグローバル化が進んでいる。自動車用シート材が主事業であることから，海外拠点も日系自動車産業の海外展開との関連が大きくなっている。FTA/EPAについては日本からの輸出，日本への輸入，海外拠点同士の利用に実績がある。

A社の日本および海外の6生産拠点間の取引（30通りの組み合わせ）のうち，FTA/EPAを利用しているのは7ケースであった。このうちタイを輸出入国とするのが5ケースで最も多い。日本－タイ，日本－インドネシアの取引には，AJCEPではなく二国間EPAが利用されている。FTA/EPAを利用した取引の品目は，①原料，②中間財（原糸・生地など），③中間財（加工品）に分けられる。最も物量が大きかったのは，中国を輸出国，タイを輸入国としてACFTAを利用した取引で，品目は中間財（加工品）に当たる。

北陸の繊維業界の中でA社は大手企業であり，川中工程にあたる製品を中心とし主たる顧客が自動車関連産業となっている。そのため同社の海外事業は，日系自動車メーカーのグローバル展開とも大きな関連を持ち，そのサプライチェーンの一部を構成している。こうした状況から，FTA/EPAの利用については情報へのアクセスなどが比較的容易であったとも言える。

同社タイ現地法人における聞き取り調査については，次のようなものであった。同社は1990年代，タイに生産拠点を2ヵ所設置し，自動車関連とアパレル，ファッション関連の2事業を展開している。このうちFTAに関する実務についてはタイ側が主導し，本社側の関与はほとんどないという。すなわちFTAの細則の調査および利用の判断はタイ現法に任されていると共に，各グローバル拠点に係わるFTAの詳細情報はほとんど集中的な統括がおこなわれていないとの話が聞かれた。

(2) B社の事例

B社は本社が福井県にある中堅企業である。アパレル・ファッション業界を事業の中心とし，衣料用レースの企画・デザイン，糸加工，染色，編立をおこない，国内外でも有力なレース供給企業となっている。主要顧客は有名アパレルメーカーであり，川中工程に特化している。海外展開については，中国，タイでおこなっており，日本と合わせて3極の体制となっている。

1980年代設立されたタイ現法において，FTAの利用は日タイ二国間EPA

である。原糸の輸入を80％日本からおこなっており，残り20％は台湾からおこなっている。但し同社はBOI（タイ投資委員会）奨励企業であり，BOI申請プロジェクトを繋ぐ形で受けられる法人税減免の経営上の効果が大きいと考えている。生産工程は数多くの編機を設備投資しており，装置産業的要素が強い。従って労働集約的工程の分離が典型的である，タイ・プラス・ワンのような工程間分業のメリットは小さいとの話が聞かれた。

また，繊維業界の中でアパレル・衣料を最終製品とする，特に川下工程に特徴をもった企業は小規模な企業が多く，海外取引におけるFTAの利用度，利用方法については不明な点が多い。今後の課題としては，北陸三県における中堅・中小繊維関連企業対象にFTA利用を国際化調査の項目としこれを分析することである。

おわりに

日本企業のグローバル化は裾野が広がりつつあり，製造業である自動車，電機・電子産業などが中心であった時代から，サービス業を含めた多種多様な業種においても海外展開を目指す企業が増えている。その中で，中小・零細企業の多い地方では経営資源，情報量などの点で不利な面が多いとされてきた。今回テーマとした北陸地域の繊維産業においても，長期の国内景況下降トレンドのもとで小規模の企業が単独に海外展開をおこなうのは経営リスクがともなうと一般的には考えている。

しかしいくつかの特徴が見られた。① 繊維産業独特の工程の分業構造から，川上工程企業（東レ，帝人など原糸メーカー）の海外展開に川中，川下工程の企業が追随しており，現時点では中国が主力である。② 労働集約的な川下工程は日本企業に限らず，ベトナムなどASEAN諸国への生産の分散がおこりつつある。③ 業容が多角化し大企業である繊維企業は，ASEANを中心としたFTAの利用が生産拠点間で活発化しており，そのハブとなっているのはタイである。またFTA利用において重要と思われる情報の蓄積と分析については，企業分類上では大企業であるにも関わらず十分おこなわれていないケース

が多いのではないか。FTA に関して経験ある専任スタッフを常設できるのは，現状日本企業において大企業の中でもグローバル化されたトップクラスの層に限られているのではないかというのが筆者の印象である。

　尚，本稿は国際貿易投資研究所（ITI）平成 26 年度 JKA 報告書『企業の FTA 活用策』における筆者原稿を元に加筆，改定したものである。

（春日尚雄）

【注】
1) ジェトロ（2015）43 ページ。
2) 繊維機械，建設機械，工作機械などが中心となる。
3) 南保（2013）34-35 ページ。
4) 東レ合繊クラスター HP http://www.gosen-cluster.com/index.html
5) 伊集院（2011）など。
6) 南保（2013）37 ページおよび『事業所統計調査』。
7) 日経ビジネス 2012 年 9 月 11 日付け。
8) 北陸 AJEC（2014）21 ページ。これを補完するためのアンケート調査がおこなわれたが反映できなかった。聞き取り調査では名古屋港，神戸港の利用が多いと思われる。
9) 北陸 AJEC（2014）15-18 ページ。
10) 同上，18-19 ページ．
11) 同上，22-23 ページ．
12) 福井県，JETRO，福井県立大学などの合同調査による。
13) 北陸 AJEC（2014）218 ページ。
14) 次項参考を参照のこと。
15) RCA 指数 $= (X_i^k/X_i)/(X_w^k/X_w) \times 100$
　　ここで (X_i^k/X_i) は，i 国の総輸出に占める k 財の割合，(X_w^k/X_w) は，総世界輸出に占める k 財の割合を示す。この指数が 100 より大きいほど，その国のその財は世界における貿易の中で輸出比率が大きく，比較優位のある財であるということがいえる。
16) このうち約 8 割が衣類と考えられる。
17) 暫 8 では縫製価額部分に課税されていた関税 10％が，EPA（日越，AJCEP）の発効によって 0％になったことも 1 つの理由。
18) 椎野幸平（2013）。
19) 「国別卒業」「品目別卒業」があり，世界銀行の国別所得分類，特恵輸入額やその世界シェアなどが日本，EU（新 GSP 制度），米国で基準として設けられている。
20) 日タイ，AJCEP においては 10％。

【参考文献】
明日山陽子（2014）「ASEAN 繊維産業の現状と北陸企業のビジネス機会」北陸 AJEC『ASEAN 経済の動向と北陸企業の適応戦略』北陸 AJEC－アジア経済研究所連携研究事業報告書。
伊集院秀樹（2011）「EPA とビジネスチャンス（繊維分野を例にした EPA の活用について）」 EPA 特定原産地証明書発給セミナー資料。
春日尚雄（2014）『ASEAN シフトが進む日系企業―統合一体化するメコン地域―』文眞堂。

椎野幸平（2013）「アジア新・新興国への進出と GSP の活用」ジェトロ。
北陸環日本海経済交流促進協議会（北陸 AJEC）ほか（2014）『ASEAN 経済の動向と北陸企業の適応戦略』北陸 AJEC－アジア経済研究所連携研究事業報告書。
北陸産業競争力協議会（2014）『北陸産業競争力強化戦略』北陸産業競争力協議会報告書。
南保勝（2013）『地方圏の時代』晃洋書房。
日本貿易振興機構（2015）『2014 年度日本企業の海外事業展開に関するアンケート調査』日本貿易振興機構（ジェトロ）海外調査部。
Takahashi, K. and Urata, S. (2009), "On the Use of FTAs by Japanese Firms: Further evidence", *RIETI Discussion Paper Series 09-E-028*, May.

第 11 章

関税以外の分野の FTA 利用

はじめに

　日本の経済連携協定（EPA）あるいは環太平洋経済連携協定（TPP）にみられるように近年の FTA は極めて包括的であり，関税以外の多くの分野を対象としている。その理由は，① WTO の自由化，投資優遇措置として無税輸入などより関税を賦課されない品目が増加していること，② 企業の事業のグローバル展開に従い，サービス貿易，投資，政府調達など国内措置の自由化が重要となっていることによる。

　無税品目が増加したとはいえ，センシティブな品目の関税は依然として残っており，とくに途上国では多くの製造業品に比較的高い関税が賦課されていることから，関税撤廃は FTA ではきわめて重要であることに変わりはない。一方，関税以外の分野の交渉も重要になってきている。たとえば，EU は非関税障壁の撤廃を FTA 交渉の主要目標としている。

　今後の FTA 交渉では，関税以外の分野での自由化交渉が重要になってくる。FTA 交渉を行う政府に対して企業が関税以外の分野での貿易の障害を指摘し改善を要望していくことが求められる。また，FTA を利用するに際して関税以外の分野での活用を検討することも必要となってくる。

　本章は，関税以外の分野での FTA の活用について検討を行っており，非関税障壁，サービス貿易，投資，人の移動，政府調達の 5 分野を取り上げている。

第1節　非関税障壁

1. 非関税措置とは

　途上国を含め世界各国でWTO交渉やFTAにより関税障壁は低くなってきており，非関税障壁が貿易障壁として注目されてきている。日本とEUのFTA交渉では，EU側は日本の非関税障壁撤廃を交渉の最大の目的としている。ASEAN経済共同体では関税はほぼ撤廃されるが，非関税障壁の撤廃は進展せず，経済共同体創設後（ポスト2015年）の自由化の課題となっている。

　非関税障壁（Non Tariff Barrier: NTB）は文字通り関税以外の貿易障壁となる措置である。非関税障壁より広い範疇に非関税措置（Non Tariff Measures: NTM）があり，極めて広範囲で多種多様な措置が含まれる。UNCTADは，非関税障壁を輸入措置，輸出措置に分け，輸入措置については技術的措置と非技術的措置に分けており，全体では16措置に分類している。ただし，これは大分類であり，たとえば，衛生植物検疫措置は9措置に中分類され，全体では33措置が含まれている。

　非関税障壁の撤廃は関税撤廃と並んでFTAで規定されていることが多いが，実効性のある規定を含むFTAの事例は多くない。その理由は，非関税措置が極めて広範囲かつ多様であり，WTOの規定でも合法とされる措置が多いためである。

　最初にWTOの規定をみておこう。GATT第11条は，代表的な非関税障壁である数量制限を一般的に禁止している。ただし，国際収支の擁護（12条），特定の産品に関する緊急措置（19条），一般的例外（公徳，生命・健康の保護など），国内生産農水産品の生産の制限（11条2c）などを目的とする数量制限を例外として認めている。GATTの第3条は，内国税，内国課徴金，内国の数量規制を国内製品に保護を与えるように適用することを禁止している。

　規格・基準やラベル，包装については，貿易の技術的障害に関する協定（TBT協定），検疫については衛生植物検疫措置の適用に関する協定（SPS協定）があり，貿易に対する不必要な障害をもたらさないようにし（TBT協

第11-1表　UNCTADの非関税措置（NTM）分類

輸入措置
技術措置
1．衛生植物検疫措置（SPS）
2．貿易の技術的障害（TBT）
3．船積み前検査とその他の手続き
非技術的措置
4．緊急貿易保護措置
5．非自動ライセンス，輸入割当，禁止・数量制限措置（SPS，TBT以外）
6．価格管理措置（追加的税，課徴金）
7．金融措置
8．競争に影響を与える措置
9．貿易関連投資措置（TRIM）
10．流通制限
11．販売後のサービスの制限
12．補助金（輸出補助金を除く）
13．政府調達制限
14．知的財産
15．原産地規則
輸出措置
16．輸出関連措置

（出所）　UNCTAD (2012), International Classification of Non-Tariff Measures.

定），貿易に対する悪影響を最小限にする（SPS協定）ために規律を定めている。

（基準・認証）

基準・認証は，品質・安全の確保，健康の保護，環境の保全などの目的のための合法的な措置だが，輸入品にも適用されるため貿易を制限する効果をもつ。基準には，遵守が国家により義務づけられている強制規格（Technical Regulations）と強制されていない任意規格（Standards）がある。基準に適合しているか判断（検査）する手続きと認証機関の承認手続が適合性評価手続き（Conformity Assessment Procedures）である。TBT協定は，強制規

格，任意規格，適合性評価手続きの輸入品への適用と運用に関して，① 最恵国待遇と内国民待遇を与えること，② 正当な目的のため不必要に貿易制限的にしないこと，③ 国際規格がある場合は基礎とすること，④ 適合性評価について国際標準化機関の指針・勧告を基礎とすること，⑤ 他の加盟国の強制規格，適合性評価手続きの結果を同等のものとして受け入れること（相互承認），⑥ 策定における透明性の確保などを規定している。

（衛生植物検疫）

SPS 協定は，人間，動植物の生命健康の保護のための検疫が恣意的あるいは不当な差別の手段，国際貿易に対する偽装した制限とならないように実施するためのルールを規定している。SPS 協定では，① 保護のために必要な限度において適用し，科学的原則と根拠に基づいていること，② 恣意的または不当な差別をしないこと，③ 国際的な基準・指針・勧告がある場合はそれに基づくこと，④ 科学的に正当な理由がある場合，国際的な基準よりも高い保護の水準を導入できる，④ 適切な保護の水準は貿易に対する悪影響を最小限にするという目標を考慮して決定し，恣意的または不当な区別を設けて国際貿易に対する差別または偽装した制限をもたらしてはならず，適切な保護の水準を達成するために必要以上に貿易制限的であってはならない，などを規定している。

こうした規定があるが，企業が指摘する非関税障壁の多くが基準・認証および衛生植物検疫に関連する措置であり，貿易を制限している事例が多いことが示されている。また，途上国では数量制限，輸入許可，船積み前検査などの非関税措置が残存していることが指摘されている[1]。

2. 日本の EPA での非関税障壁撤廃に関する規定

日本の EPA では非関税措置は物品貿易章で規定されているが，EU 韓国 FTA（後述）のような具体的かつ詳細なものではなく，① WTO 協定に基づく義務に適合しない非関税措置を新設または維持してはならない，② WTO 協定で認められた非関税障壁の透明性の確保と義務の完全な遵守，が規定されている。基準・認証については，① WTO の TBT 協定の権利義務の再確認と情報交換，協力，照会所の指定の規定（メキシコ，マレーシア，チリ，インド

ネシア，ASEAN，ベトナム，スイスとの EPA），② 相互承認（MRA）章を設け，輸入国の基準・手続に基づき輸出国の政府の指定した機関が行った適合性評価を同等のものとして輸入国が（相互に）受け入れる。適用範囲は電気製品と通信端末機器と無線機器であり，日本は MRA 法を制定（シンガポールとの EPA），③ 相互承認章を設け電気製品を対象に適合性評価結果を相互に受け入れる。MRA 法ではなく電気用品安全法で実施を担保（タイ，フィリピンとの EPA）となっている。

3. 特定セクターの非関税障壁撤廃を規定する EU の FTA

　EU は 2006 年発表の「新通商戦略」で関税だけでなく，非関税障壁撤廃に取組むことを明らかにしている。EU 韓国 FTA は，特定セクターを対象に非関税障壁についての規定を設けた EU 初の FTA であり，電気電子機器，自動車と同部品，医薬品，化学品について付属書で規定している[2]。電気電子機器については，韓国の認証機関あるいは韓国が認めた機関による第 3 者認証を受ける必要があったが，国内規制を国際標準に徐々に合わせていくことと供給者による適合宣言を段階的に導入するとしている。自動車と同部品については，主要基準について一方当事国の基準または国連欧州経済委員会（UNECE）の基準を満たせば適合性を承認し，29 基準については 5 年以内の調和を義務付けている。医薬品については，透明性が問題となってきた医薬品の価格決定・償還制度について迅速な情報公開と司法救済を導入した。化学品については情報交換のためのフォーラムの設置を決めている。電気電子機器，自動車，医薬品は，EU 側の要望に韓国が積極的に対応した規定となっている。EU は，韓国との FTA が今後交渉する FTA のベンチマークになるとしている。EU 韓国 FTA では，EU は韓国に EU 基準を認めさせている。これは相互承認ではなく EU から韓国への輸出に限った片務的な内容であり，欧州基準の国際化戦略に基づくものである[3]。

　シンガポールとの FTA でも EU は特定セクターを対象として非関税障壁の撤廃を規定している[4]。対象セクターは電気電子製品（第 3 者認証の撤廃と供給者適合宣言），自動車と部品（UNECE 基準および EU の試験結果の承認），再生可能エネルギー生産設備（国際規格，地域規格の利用，EU の適合

宣言承認），肉類（EU の SPS 検査承認がシンガポールの SPS 保護水準に適しているか検査）である。

4. 具体的な取組みを始めた ASEAN

　ASEAN は，1993 年から ASEAN 自由貿易地域（AFTA）創設に取組んでおり，非関税障壁撤廃にも取組んできたが，成果は全くないといってよい状態である。2015 年末創設の ASEAN 経済共同体（AEC）の行動計画である AEC ブループリントによると，非関税障壁は，インドネシア，マレーシア，シンガポール，タイ，ブルネイは 2010 年，フィリピンは 2012 年，CLMV は 2015 年（若干のセンシティブ品目は 2016 年）に撤廃の予定であり，ASEAN 物品貿易協定（ATIGA）でもほぼ同様な規定となっていた。しかし，実際は実現しなかったため，2010 年の ASEAN 連結性マスタープラン（MPAC）で，① 最新の国際分類によりデータベースを更新，② 数量制限のガイドラインを 2014 年までに作成，③ 2014 年までに撤廃，という行動計画を示している。撤廃どころか，新たな措置を導入しないというブループリントの規定に反してインドネシアなど非関税障壁を新たに導入している国もある[5]。

　非関税措置のデータベースは 2004 年以降，作成，公表されている。2007 年のデータベース，2009 年のデータベースとも 10 ヵ国の措置を合計すると対象となる品目数は 5700 を超えている。このデータベースは非関税措置（NTM）と非関税障壁（NTB）を区別する明確な定義がなく，各国の自己申告に任せている。そのため，① WTO 整合的な措置も含まれている，② 国により分類方法や計算方法が異なっている，③ フィリピンでは政府の輸入はフィリピン船籍の船の利用が義務付けられているがデータベースに含まれていない，など多くの問題がある。最も問題なのは，ASEAN 各国は自国の措置は NTB ではなく NTM であるとして合理化していることである[6]。日本企業および米国企業は，ASEAN 各国に非関税障壁が残存していることを指摘している[7]。

　非関税障壁の撤廃には，各国の自主性に任せるのではなく，実際に貿易の障害となっている措置を特定し，具体的に撤廃に向けて ASEAN と関係国が交渉を行うことが必要である。そうした取組みが新たに始まっている。2013 年の経済相会議では，① UNCTAD 新分類でデータベースを整理，② 各国で

NTM に対処する関係省庁横断機関を設置，③ 実際に発生した事例をマトリックス (Matrix of Actual Cases on NTM/NTBs) として二国間あるいは多国間で協議する，という新たな取組みを開始した。事例マトリックスは，2013年 11 月時点で 68 ケースが取り上げられている。内容は SPS（ハラルを含む），TBT，輸入許可取得，輸入制限などである。

5. 非関税障壁撤廃の恩恵と企業

非関税障壁の撤廃は，FTA 相手国のみに恩恵を与える場合と全ての国に恩恵を与える場合との 2 つのケースが考えられる。規格・基準の相互承認を導入すれば，相手国の企業は恩恵を享受できるが，その他の国の企業は対象外となる。一方で，規格・基準を国際基準に合致させれば，当該 FTA 相手国だけでなくその他の国も適用を受けることができる。また，現地語での表示義務がある場合，英語での表示を認めれば，やはり MFN と同様の効果がある。FTA 協定で最恵国待遇（MFN）規定を入れておけば，相手国が他の国と FTA を締結し，非関税障壁を撤廃した場合でも適用を受けることができる。

EU と韓国の FTA では，EU 企業のみを対象にする非関税障壁の撤廃が規定されており，EU 企業がその恩恵を享受できる。たとえば，電機電子機器では，強制規格については韓国の認証機関あるいは韓国が認めた外国機関の認証を受ける必要があったが，EU が通知した認証機関の認証が認められることになった。

FTA 締結により関税障壁は撤廃あるいは低下しており，非関税障壁の撤廃が課題となっている。非関税障壁は極めて多様であり，多くの産業で残存している。日本企業がビジネス活動で直面する貿易を制限する効果を持つ非関税措置を具体的に指摘し，FTA 交渉（改定交渉を含む）での撤廃や国際基準への調和，相互承認などを政府に要望して行くことが必要である。EU が日 EUFTA で日本政府に要求しているように企業がビジネスで直面する具体的障害を非関税障壁として関係国間および ASEAN で削減・撤廃に向けて交渉することと相互承認（MRA）を段階的に導入・実施していくことが必要である。

第2節　サービス貿易

GATSを上回る自由化約束

経済発展に従いサービス産業化が進んでいる。先進国はGDPの70%～80%がサービス産業であり、途上国でもサービス産業の比重が高まり成長産業となっている。途上国のサービス産業の自由化は日本企業の海外事業展開にとり重要性を増している。

サービス貿易はWTOでは12の大分類（実務，通信，建設・エンジニアリング，流通，教育，環境，金融，健康・社会事業，観光・旅行，娯楽・文化・スポーツ，運送，その他）の下で155業種に分類される。自由化の態様（モード）は，①サービスの越境（第1モード），②サービス消費者の越境（第2モード），③商業拠点の越境（第3モード），④サービス供給者の越境（第4モード）の4つがある。第3モードはサービス産業の直接投資であり，第4モードは人の移動である。自由化については，最恵国待遇，内国民待遇，市場アクセスについて自由化約束を行う。自由化約束は，ポジティブリスト方式では自由化をする分野とその内容を約束表で示し，ネガティブリスト方式では自由化約束をしない分野と条件を留保表で示す[8]。

FTAのサービス貿易自由化は，WTOのサービス貿易協定（GATS）での自由化約束をどの程度超えた自由化約束を行っているかが重要である（GATSプラス）。日本のEPAのGATSを上回る自由化については，不公正貿易報告書で概要が説明されている。ASEAN諸国とのEPAにおける相手国側のGATSプラスの約束について第11-2表にまとめている。

（第三国間FTAにおけるサービス貿易自由化）

第三国間のFTAにおけるサービス貿易の自由化を日本企業は享受できるのだろうか。たとえば，ASEAN経済共同体（AEC）では2015年末を目標にサービス貿易の自由化を進めている。AECのサービス貿易自由化の受益者はASEAN加盟国の国民と企業（自然人と法人）である。日本企業は条件を満た

第 2 節　サービス貿易　213

第 11-2 表　日本の ASEAN との二国間 EPA における相手国の GATS を超える自由化の例

国	項目
シンガポール	① 機器保守修理・レンタル・リース：外資制限なしを約束 ② 流通：外資制限なしを約束（輸入禁止品目は留保） ③ 金融：保険会社への新規免許の発行、保険会社への出資規制（49％）の撤廃、フルバンク銀行1枠を追加供与、卸売銀行の設立の際の制限を撤廃 ④ 運輸：外航海運（旅客）サービス、海運貨物取扱、倉庫サービス、車両等リース・航空機・車両等リースを新たに約束 ⑤ 通信：外資制限なしを約束
マレーシア	① 機器保守修理・レンタル・リース：建設機器・事務機器などのレンタル・リース：外資51％（マレーシアで生産されたリース物件のみ）、事務機器、ホイラーなどの保守修理の外資51％（マレーシアで生産された製品の扱いのみ） ② 通信：一部分野で外資制限緩和 ③ 運輸：外航海運船舶のレンタルサービスを新たに約束 ④ その他：会計サービス、エンジニアサービス、医療等に関する新たに約束
タイ	① 機器保守修理・レンタル・リース：家電製品の外資修理の外資60％（タイと日本で生産された自社製品も可） ② コンピュータ関連サービス：外資50％未満を約束（タイで生産された自社製品のみ） ③ 流通：卸・小売の外資75％（タイで生産された自社製品のみ） ④ その他製造業関連サービス：物流コンサル外資は51％（自動車は日本生産の自社製品のみ） ⑤ 運輸：外航海運関連サービス、船舶留保措置撤廃、海運コンサル外資51％（自動車比率条件あり） ⑥ その他：ホテル宿泊サービス、広告業の外資50％以下（資本比率条件あり）
インドネシア	① 機器保守修理・レンタル・リース：事務機器、自動車の保守修理についてインドネシアで生産された自社製品を扱う場合に10年間の現行法令適用を約束（実質外資無制限） ② コンピュータ関連サービス：3年間でインドネシアにつき自己資本比率制限撤廃 ③ 流通：家電、事務機器：自動車の卸売業についてインドネシアで調達する場合10年間の現行法令適用を約束（実質外資無制限） ④ 金融：金融リース業の借入資本比率制限撤廃、外資比率を新たに40％に緩和 ⑤ 通信：専用線サービスなど一部分野を新たに約束、基本電気通信サービス等の外資制限を40％に緩和 ⑥ 運輸：海運貨物取扱サービス、船舶の賃貸サービス、一定条件のもとに新たに約束 ⑦ その他：旅行代理店サービス、ツアーオペレーターサービスにおける事業者数制限緩和などを約束
ブルネイ	① 運輸：外航海運サービス、港湾施設サービス、建設サービスを新たに約束、広告業55％未満に緩和、広告の外資30％、調査サービスの外資30％ ② その他：ホテル業を新たに約束、建設サービス追加分野ならびに外資約束追加分野を新たに約束
フィリピン	① コンピューター関連サービス：一部分野につき最低資本金等の条件を満たす企業について外資100％を約束 ② 流通：同業銀行について外資60％等を約束 ③ 金融：商業銀行について最低資本金規制などの条件を満たす企業について外資100％を約束（その他は40％） ④ 通信：専用線サービスなど一部分野を新たに約束 ⑤ 運輸：海運代理店サービス、海運貨物取扱サービスについて外資制限撤廃、港湾施設利用に係る外資追加約束 ⑥ その他：広告サービスの外資30％（役員国籍要求あり）、一定条件で石油精製調査、開発関連サービスで外資40％約束、旅行ガイドサービスを新たに約束

（出所）経済産業省（2015）『不公正貿易白書 2015年版』。

せば AEC のサービス貿易自由化の対象になる。

　ASEAN のサービス貿易自由化協定である ASEAN サービス枠組み協定（AFAS）には，「利益の否認」という規定がある[9]。AFAS の第 6 条は，「この枠組み協定の利益は非加盟国の自然人または加盟国の法に基づいて組織されたが非加盟国の者によって所有し支配されているが加盟国の領域内で実質的な事業活動に従事していない法人に対しては拒否されるものとする」と規定している。第 6 条は，ASEAN 非加盟国の企業で ASEAN で実質的な事業を行っていない企業は AFAS による自由化の利益を否認されることを規定している。従って，日系企業であっても ASEAN 加盟国で実質的な事業を行っている企業は利益を享受できることになる。問題は，「実施的に事業を行っている」ことの定義あるいは要件が明らかになっていないことである。

　中国と香港の FTA である経済貿易緊密化協定（CEPA）は，サービス貿易の規定で「実質的に事業を行っている」要件として，① 営業年数（3～5年），② 所得税納付，③ 事業所の所有，④ 従業員（50％以上）などを条件としている。また，利益を受けるための証明書類の提出が義務付けられている[10]。ASEAN でもこの要件を早急に明らかにすることが望まれる。

第 3 節　投資

投資自由化とは

　投資の自由化は，WTO ではサービス貿易協定（GATS）と貿易関連投資措置協定（TRIMS）を除いて規定されていない。サービス産業の投資はサービス貿易の第 3 モードであり，GATS で規定されている。TRIMS は特定措置の要求（パフォーマンス要求）の禁止を規定している。世界の各国は独自に投資の自由化（あるいは禁止）政策・措置を策定しており，基本的に全ての国に適用される。アジアの途上国は外国投資誘致のため投資自由化を進めてきている。FTA での投資自由化は，当該 FTA 相手国にどの程度追加的な投資自由化を認めているかが重要になる。FTA がなくても投資協定を締結し，投資の自由化と保護を規定していることも多い。日本の場合，投資章を含む EPA を

12件，投資協定を27件を締結している[11]。ASEANでは，物品貿易は物品貿易協定（ATIGA），投資自由化は包括的投資協定（ACIA）が規定している。

投資の自由化は，国内企業に対する待遇よりも不利でない待遇をFTA相手国の企業に対して与えるという内国民待遇により与えられる。とくに「設立前（投資前）の内国民待遇」の規定の有無は投資協定の自由化度を判断する基準となっている。たとえば，中国の締結した投資協定は「設立前の内国民待遇」は規定していない。相手国が第三国に当該FTAで規定した待遇より有利な待遇を与えた場合，FTA相手国に対してその待遇を与えるという最恵国待遇も重要である。

特定措置の要求（パフォーマンス要求）の禁止の規定は，投資後の自由な企業活動の確保の点で重要な規定である。対象となる特定措置は，① 輸出制限，② 現地調達要求，③ 現地産品サービス購入要求，④ 輸出入均衡要求，⑤ 輸出要求，⑥ 国内販売制限，⑦ 役員国籍要求，⑧ 自国民雇用要求，⑨ 事業本部要求，⑩ 研究開発要求，⑪ 技術移転要求，⑫ 独占的供給要求などである。どの要求が禁止されるかはFTAにより異なっている。

自由化の約束は，ポジティブリスト方式は約束表，ネガティブリスト方式では留保表で示される。日本のEPAは日タイを除きネガティブリスト方式である。ネガティブリストでは，① 規制を維持し新たな規制を採用できる「現状維持義務（スタンドスティル：SS）なし」のリストと ② 規制を維持できるが，規制の強化や新たな規制の採用を禁止し，規制を緩和した場合に後で強化できないとする「現状維持義務・ラチェット義務あり」のリストの2種がある。ラチェットとは一方向しか回転しない歯車のことであり，自由化措置の逆行を認めない仕組みである[12]。

ネガティブリストは，自由化を留保するセクターだけでなく，セクターに共通して適用される措置や政策（分野横断的措置）があるので留意が必要である。ASEAN包括的投資協定（ACIA）の留保表では，たとえば土地の取得・保有・利用・取引に関する措置はタイを除くASEANの9ヵ国で内国民待遇の適用を留保する（外資を国内企業より不利に扱うことがある）対象としている。ほかに，零細企業・中小企業・協同組合に関連する措置，民営化・国有資産の売却に関連する措置など13措置が留保表に掲載されている[13]。

(第三国間の FTA あるいは投資協定における投資自由化)

　ASEAN 経済共同体における投資の自由化を例にあげる。AEC では ASEAN 加盟国を対象に投資の自由化を進めている。そのため、外国投資に対して閉鎖され、日本からの投資が出来ないセクターであっても ASEAN 加盟国からの投資が認められる可能がある（迂回投資）。ACIA は、第 19 条で利益の否認を規定している。ACIA の自由化の恩恵を受けることが出来るのは ASEAN の企業であるが、AFAS と同様に ASEAN で実質的な事業を行っている日本企業は ACIA の投資自由化の対象となる。ただし、AFAS 同様に実質的な事業活動とは何かの説明は示されていない。

第 4 節　人の移動

　日本の EPA では、シンガポール、フィリピン、タイ、インドネシア、ベトナム、スイス、インド、豪州との EPA が「自然人の移動」章を設けており、メキシコ、チリ、ペルーとの EPA は「商用目的での国民の入国および一時的な滞在」章を置いている。マレーシア、ブルネイ、ASEAN との EPA には関連した規定はない。

　対象は、商用目的で入国する者の移動であり、国籍、市民権、永続的な居住、雇用に関する措置は適用外である。特定の約束の対象は協定により若干異なるが、短期商用訪問者、企業内転勤者（90 日）、投資家（1 年または 3 年）、自由職業サービスに従事する自然人（法律サービス、会計サービス、税務サービス）、公私の機関との個人的な契約に基づき業務に従事する自然人であり、特定の約束の条件に従い、入国および滞在が許可される。

　フィリピンとインドネシアとの EPA では、公私の機関との契約に基づき高度のあるいは専門的技能を必要とするサービスに従事する自然人と公私の機関との契約または養成のための入学の許可に基づき看護師または介護福祉士としてのサービスを提供する自然人も対象となっている。タイについては、指導員（タイ古典舞踊、タイ語、タイ料理、タイ音楽など）であるタイの自然人も対象である。日本ベトナム EPA と日印 EPA では、看護業務に従事する自然人

（看護師，介護福祉士）の入国および一時滞在について発効後に交渉を行うことが規定されている。

マレーシアとのEPAでは，「投資」章の「投資家の移動」で，投資家，企業の取締役などに対して，入国および一時的な滞在を認め，労働許可を与えることと手続きを簡素化することが規定されている。フィリピン，タイ，インドネシア，ブルネイ，ベトナム，チリとのEPAでは，「サービスの貿易」章で資格の相互承認が規定されている。インドネシアとのEPAでは，締約国は他の締約国での教育，経験，要件，免許，資格証明を承認することが出来ると規定し，「許可，免許または資格」では，他の締約国のサービス提供者に対する，許可，免許または資格に関する締約国の措置がサービス貿易に対する不必要な障害とならないことを確保するために客観的かつ透明性を有する基準に基づくことなどを規定している。

看護師，介護福祉士については，日本での関心が高く入国および試験合格状況が発表されているが，その他の分野の利用状況は不明である。しかし，出張や海外駐在の円滑化に役立つことは確実である。なお，看護師，介護福祉士は日本人が相手国で就労することも可能である。

ASEANでは8つの自由職業サービスの資格の相互承認取決めが調印されており，うち7つが発効している。専門家の資格のMRAは，エンジニアリングサービス（2005年），看護サービス（2006年），建築サービス（2007年），測量サービス（2007年），会計サービス（2009年），医療サービス（2009年），歯科医療サービス（2009年），観光サービス（2012年）の8分野が調印済である。

MRAは出来ているが，実際にASEANの中で外国人（ASEAN他国民）の就労が実現しているわけではない。8分野では，エンジニアリングと建築が比較的進展している[14]。たとえば，建築士については，各国の専門職規制担当局（Professional Regulatory Authority：PRA）から国内免許を得た建築士はASEAN建築士登録制度（ASEAN Architect Register）によりASEAN建築士（ASEAN Architect）としてASEAN建築士審議会（ASEAN Architect Council：AAC）に登録する資格を得る。しかし，この資格を得たことにより自動的に各国で就労できるわけではない。国籍あるいは

居住などが条件になっているからだ。外国人建築士は自国内に適格者がいない場合に限りプロジェクトベースで就労できることが多い。看護師については、タイで外国人看護師が働くためにはタイ語で国家資格試験に合格しなければならない。これらのMRAを日本人が利用することはないだろうが、日本企業がASEAN域内の他国の専門家を利用する可能性はあるのではないか（MRAが実効性を持ち、実際の就労が実現してからだが）。

第5節　政府調達

　WTOには政府調達協定（GPA）があり、GPA加盟国は相互に政府調達に参加できる。GPAはWTO協定の一括受諾の対象外となる複数国協定であり、現在の締約国は43ヵ国・地域である[15]。GPA不参加国の政府調達市場への参入は、政府調達の外国企業への開放を規定したFTAを締結することにより可能となることから、近年締結されている包括的なFTAは政府調達規定を含むものが多い。

　日本はGPAの締約国であり、中央政府機関、地方政府機関、政府関係機関の政府調達をGPA締約国に開放している。日本政府に締結したEPAでは、ベトナムとのEPA、ASEANとのEPA（AJCEP）を除き政府調達の規定が設けられている。規定の内容は様々であり、シンガポールとのEPAではGPAの規定を準用し基準額を10万SDRとGPA基準額（当時）から引き下げているが、地方政府機関と建設工事などのサービスは例外としている。タイやインドネシアとのEPAでは情報交換、小委員会の設置などに留まっている。ブルネイとベトナムについては、政府調達章を設けずビジネス環境章で透明性や公正かつ効果的方法について努力義務を規定している。

　TPP交渉では政府調達は重要な交渉分野である。TPP参加国でGPA未加盟国は8ヵ国ある。日本がEPAを締結している国でも具体的な開放規定がない国が多くこれらの政府調達市場が開放されれば日本企業にとってのメリットは大きい。また、GPA締約国であってもTPPにより基準額が引き下げられる可能性があり、TPP参加によりそうした恩恵を享受できる。

おわりに

　FTAでは関税が最も重要な交渉項目であり、特恵税率の利用がFTA利用の目的であった。関税交渉の重要性は変らないが、今後は非関税障壁撤廃、サービス貿易自由化、投資自由化、政府調達開放などにも注目すべきである。これらは国内措置であり、自由化は容易ではないが、サービス産業の経済に占める大きな比重と成長性を考えるとサービス自由化はとくに重要といえよう。WTOでの自由化交渉の進展が期待できない中でFTAでの関税およびそれ以外の分野での自由化交渉を進めることが日本の産業・企業の海外展開を支援するために望まれる。

　リチャード・ボールドウィンは、20世紀の地域主義は関税撤廃を主な目的とするのに対して21世紀の地域主義はサービス貿易、投資など国内措置の撤廃を目的とする「深い統合」であるとしている[16]。その背景には、20世紀の貿易は「made-here-sold-there」というパターンであるのに対し、21世紀の貿易は「made-everywhere−sold-there」というパターンであり、サプライチェーンにより構築された国際的生産ネットワークによる物品（とくに中間財）、サービス、アイディア、資本、人のフローが特徴となっている。そのため、サプライチェーンと海外生産に関するルールが21世紀の地域主義では重要になる。具体的には、サービス貿易、投資、政府調達、知的財産権、競争政策、資本の移動などである。深い統合に関連する規定を重視するFTAを締結していくことが企業のサプライチェーン構築支援に必要となる。

　第三国間のFTAの利用も重要である。日本企業はAFTA、ASEAN中国FTAなどASEAN＋1 FTA、米韓FTAなどをすでに活用し無税の貿易を行っている。サービス貿易や投資面での活用も考えられ、とくにASEAN経済共同体では検討を進める必要があろう。

（石川幸一）

【注】

1) ASEANの事例については，石川幸一（2015a），26-28ページ。
2) EU韓国FTAの非関税障壁の説明については，ジェトロ（2011），51-65ページ，による。
3) 安田啓（2015），72-73ページ。
4) ジェトロ（2013）5-6ページ。
5) ブループリントでは，非関税障壁について，スタンドスティル（現状より障壁を増加させない），ロールバック（自由化の後退をしない）を規定している。
6) 石川幸一〈2008〉，Myria S. Austria（2013）
7) 石川（2015a）を参照。
8) FTAにおけるサービス貿易の規定および約束表の見方については，渡邊頼純監修・外務省経済局EPA交渉チーム編（2007）を参照。
9) サービス貿易自由化と投資自由化における利益の否認については，石川幸一（2015b），142-143ページ。
10) CEPA，附件5，サービス提供者の定義および関連要件，香港貿易発展局の訳文による。
11) ベトナムとペルーとのEPAは投資章を含んでおらず，投資協定が準用されている。
12) ラチェット義務については，経済産業省（2015），709-710ページを参照。
13) ACIAの留保表については，石川（2015b），140-142ページ。
14) Deunden Nikomboriank and Supunnavadee Jitdumrong（2013）。
15) 加盟申請国がニュージーランド，中国など10ヵ国，オブザーバーが豪州，チリ，マレーシア，ベトナムなど16ヵ国ある。
16) Richard Baldwin（2014），p.p5-14。

【参考文献】

石川幸一（2008）「ASEANの非関税措置」，『国際貿易と投資』73号，国際貿易投資研究所。
石川幸一（2015a）「ASEAN経済共同体の進捗状況と課題」浦田秀次郎・手山隆一・可部繁三郎『ASEAN経済統合の実態』文眞堂。
石川幸一（2015b）「ASEAN経済共同体と日本企業」石川幸一・馬田啓一・高橋俊樹編著『メガFTA時代の新通商戦略』文眞堂，所収。
ジェトロ（2011）『EU韓国FTAの概要と解説』ジェトロ。
ジェトロ（2013）『EU・シンガポールFTAの概要と経済効果』ジェトロ。
助川成也（2013）「サービス貿易および投資，人の移動の自由化に向けた取組み」石川幸一・清水一史・助川成也『ASEAN経済共同体と日本』文眞堂，所収。
安田啓（2015）「TTIP（米EU・FTA）のインパクト」石川幸一・馬田啓一・高橋俊樹編著『メガFTA時代の通商戦略-現状と課題』文眞堂，所収。
経済産業省（2015）『不公正貿易報告書』。
渡邊頼純監修・外務省経済局EPA交渉チーム編（2007）『解説FTA・EPA交渉』日本経済評論社。
Deunden Nikomboriank and Supunnavadee Jitdumrong（2013）, "Services Sector Liberalization in ASEAN" Sanchita Bas eds. "*An Assessment of ASEAN Economic Community Scorecard Performance and Perception*" ISEAS Singapore.
Myria S. Austria（2013）, "Non-Tariff Barriers: A Challenge to Achieving the ASEAN Economic Community", Sanchita Basu, Jaya Menon, Rodolfo Severino, Omkar Lal Shrestha eds. "*The ASEAN Economic Community A Work In Progress*", ISEAS.
Richard Baldwin（2014）, "*Multilateralissing 21st Century Regionalism*", OECD Conference Centre.

索　引

【A-Z】

ACFTA（ASEAN 中国 FTA）　41-42, 45-48, 51, 57-58, 62, 77, 122, 153, 155-160, 163-164, 166, 187
AFAS　214
AFTA（ASEAN 自由貿易地域）　2, 41, 51, 53, 58, 60-62, 66, 68-70, 72-76, 78, 153, 155-157, 159, 161, 163-164, 166, 187
AFTA 評議会　120
AICO（ASEAN 産業協力措置）　68-70, 73, 76, 140
AJCEP（日 ASEAN 包括的経済連携協定）　41-42, 53, 55-56, 77, 126
AKFTA（ASEAN 韓国 FTA）　55-56, 187
APTA　45, 47
ASEAN 統一関税品目表（AHTN）　144
ASEAN＋1　60, 66, 75, 77, 118, 154
ASEAN・中国包括的経済協力枠組み協定　122
ASEAN インド FTA（AIFTA）　187
ASEAN 経済共同体（AEC）　61, 66, 69, 74, 76, 210, 212
ASEAN 経済相会議（AEM）　119
ASEAN 建築士登録制度　217
ASEAN サービス枠組み　214
ASEAN 物品貿易協定（ATIGA）　133, 210, 215
ASEAN 包括的投資協定（ACIA）　215
ASEAN 連結性マスタープラン（MPAC）　210
Back to Back 原産地証明書　145
CLMV　153
EU 韓国 FTA　209
FTA カバー率　29, 35, 38, 45
FTA 税率　48, 53, 57-58, 156, 158-160, 166
GATT（関税と貿易に関する一般協定）　1
GATT 第 11 条　206
GATT 第 3 条　206

GSP（一般特恵関税制度）　153, 155, 157, 160, 175, 198
HS コード　85-87, 90, 96-97, 103, 105, 110, 111, 113
JIEPA（日本インドネシア経済連携協定）　153, 155, 156-157, 159-160, 166
JTEPA（日本タイ経済連携協定）　53, 77, 147, 153, 155-156, 159-160, 163-166
MFN 税率　47-48, 53, 56-58, 156, 158, 160, 166
RCA（顕示比較優位指数）　194
TPP（環太平洋経済連携協定）　2, 38, 41-42, 60, 77, 115
TTIP　41
WTO（世界貿易機関）　1, 212

【ア行】

アジア通貨危機　20
アーリーハーベスト（早期関税引き下げ）措置　129
ウルグアイ・ラウンド　4
衛生植物検疫措置の適用に関する協定（SPS 協定）　206
欧州連合（EU）　2

【カ行】

革新的国際多目的車（IMV）　65-66, 71-73, 76
加工工程基準　103, 105, 107
関税削減額　47, 156
関税削減効果　53, 154-157, 159, 161, 163, 165-166
関税削減率　47, 53, 156-158, 161
関税同盟　2
関税分類（番号）変更基準　103, 105
関税マージン　174
関税率差　57-58, 158-159
関税割当　174
完全自己証明制度　31, 103
完全生産品　103-104, 110

基準・認証　207
強制規格　207
共通効果特恵関税（CEPT）　119
僅少の非原産材料（デミニマスルール）　103,
　　107, 145, 199
経済貿易緊密化協定（CEPA）　214
ケネディ・ラウンド　4
原産材料のみから生産される産品　103-104
原産資格割合　106
原産資格を与えることにならない作業　108
原産地基準　56, 102-104
原産地規則　56, 85, 92-93, 96-97, 100-103, 110
原産地証明書　31, 33, 56, 58, 82-84, 86, 95, 97
検証手続　103
現状維持義務（スタンドスティル）　215
後発開発途上国向け特恵関税（LDC-GSP）
　　186, 198
国連欧州経済委員会（UNECE）　209
互恵規定　179
コンセンサス方式　6

【サ行】

サービス供給者の越境（第4モード）　212
サービス産業の直接投資　212
サービス消費者の越境（第2モード）　212
サービスの越境（第1モード）　212
サービスの貿易に関する一般協定（GATS）
　　8, 212
サービス貿易　212
最恵国待遇　4
再交渉品目　177
サプライチェーン　42, 157, 159, 160-161, 164,
　　219
3工程基準　198
自己証明　58
　　──制度　32, 109
事前教示　114-115
　　──制度　144
自然人の移動　216
実質的変更基準を満たす産品　103, 105
従価税　173
従量税　174
重要5項目　13, 174
授権条項　8

商業拠点の越境（第3モード）　212
譲許表　28-29
情報技術協定（ITA）　7
証明手続　103
除外品目　177
シングルアンダーテイキング　4
数量制限　206
スパゲティボウル現象　119
生産（製造）工程表　111-112
政府調達協定（GPA）　218
世界恐慌　4
積送基準　102, 108-109
設立前（投資前）の内国民待遇　215
繊維クラスター　190
専門家の資格のMRA　217
相互譲許　56, 133
相互承認　208
　　──（MRA）　209

【タ行】

第三者証明制度　31-33, 58, 103, 109
タイ投資委員会（BOI）　150
地域貿易協定委員会（CRTA）　8
適合性評価手続き　207
手続的規定　102-103, 109
ドーハ開発アジェンダ（ドーハ・ラウンド）　6
特定措置の要求（パフォーマンス要求）　214-
　　215
特化係数　189
特恵関税率　47

【ナ行】

内国民待遇　4
2工程基準　198
日EU・EPA　41
日中韓FTA　41-42, 50, 77
任意規格　207
認定輸出者証明　58
認定輸出者制度　31-32, 103, 109
ネガティブリスト方式　212

【ハ行】

東アジア地域包括的経済連携（RCEP）　2, 41-
　　42, 50, 60, 75, 77

非関税障壁（Non Tariff Barrier: NTB） 206
非関税措置（Non Tariff Measures: NTM） 206
非関税措置のデータベース 210
人の移動 212
品目別規則（PSR） 103, 113, 115-116, 199
ファブリックフォワード 136
フォームAJ 147
フォームD 146
付加価値基準 103, 105-106
プラザ合意 14
ブランド別自動車部品相互補完流通計画（BBCスキーム） 60, 66-68, 70, 72, 76
ブロック経済政策 4
貿易・開発委員会（CTD） 8
貿易関連投資措置協定（TRIMS） 214
貿易創出効果 1, 29-30
貿易転換効果 8
貿易の技術的障害に関する協定（TBT協定） 206
北米自由貿易協定（NAFTA） 2
ポジティブリスト方式 212

【マ行】

マラケシュ協定 5
メガFTA 41-42, 58

【ヤ行】

約束表 215
輸出加工区（EPZ） 18
輸入単価削減額 48, 50, 53

【ラ行】

ラチェット義務 215
リ・インボイス 131
利益の否認 214, 216
留保表 215
累積 103, 107, 181

執筆者紹介 (執筆順)

助川　成也	国際貿易投資研究所　客員研究員	まえがき，第1章，第7章
麻野　良二	関西学院大学商学部　非常勤講師・中小企業診断士	第2章，第6章
髙橋　俊樹	国際貿易投資研究所　研究主幹	まえがき，第3章，第8章
清水　一史	九州大学大学院経済学研究院　教授	第4章
上之山陽子	パナソニック（株）渉外本部国際渉外部　主幹	第5章
吉岡　武臣	国際貿易投資研究所　主任研究員	第9章
春日　尚雄	福井県立大学　地域経済研究所　教授	第10章
石川　幸一	亜細亜大学　アジア研究所　教授	第11章

編著者略歴

助川 成也（すけがわ・せいや）
　1969年，栃木県大田原市生まれ。九州大学大学院経済学府博士後期課程在学中。中央大学経済研究所客員研究員，国際貿易投資研究所（ITI）客員研究員，神田外語大学非常勤講師（所属は日本貿易振興機構（ジェトロ）海外地域戦略主幹（ASEAN））。1998～2004年，2010～2013年の2度に亘ってタイ・バンコクに駐在。主要編著書に，『ASEAN大市場統合と日本』（文眞堂，2014年），『ASEAN経済共同体と日本』（編著，文眞堂，2013年），『ASEAN経済共同体』（編著，文眞堂，2009年）他多数。

高橋 俊樹（たかはし・としき）
　1950年生まれ。早稲田大学大学院経済学研究科修了。ジェトロ海外調査部長等を経て，現在，国際貿易投資研究所研究主幹。ジェトロ客員研究員。中央大学非常勤講師。主要著書に，『カナダの経済発展と日本』（明石書店，2005年，カナダ首相出版賞受賞）『世界の消費市場を読む』（編著，ジェトロ，2010年），『TPPと日本の決断』（共著，文眞堂，2013年），『FTA戦略の潮流：課題と展望』（共著，文眞堂，2015年），『メガFTA時代の新通商戦略』（編著，文眞堂，2015年），『アジアの開発と地域統合：新しい国際協力を求めて』（共著，日本評論社，2015年）など多数。

日本企業のアジアFTA活用戦略
―TPP時代の指針として―

2016年2月15日　第1版第1刷発行　　　　　　　　　　　　検印省略

編著者　　助　川　成　也
　　　　　高　橋　俊　樹

発行者　　前　野　　隆

発行所　　株式会社　文　眞　堂
　　　　　東京都新宿区早稲田鶴巻町533
　　　　　電話　03（3202）8480
　　　　　FAX　03（3203）2638
　　　　　http://www.bunshin-do.co.jp
　　　　　郵便番号（162-0041）振替00120-2-96437

印刷・モリモト印刷／製本・イマヰ製本
Ⓒ 2016
定価はカバー裏に表示してあります
ISBN978-4-8309-4888-6　C3033

【好評既刊】

今後の通商秩序を展望。FTA分析の最新版！

FTA戦略の潮流 課題と展望

石川幸一・馬田啓一・国際貿易投資研究会 編著
ISBN978-4-8309-4858-9／C3033／A5判／234頁／定価2650円＋税

ドーハ・ラウンドの停滞によって，メガFTA締結が今や世界の潮流となった。新たな通商ルールづくりの主役はWTOでなく，TPP，RCEP，日EU・FTA，日中韓FTA，TTIPなどのメガFTAである。本書は，メガFTA交渉と主要国のFTA戦略の現状と課題を検証し，今後の通商秩序を展望。FTA分析の最新版。

メガFTA，今後の展望をも図る最新版！

メガFTA時代の新通商戦略 現状と課題

石川幸一・馬田啓一・高橋俊樹 編著
ISBN978-4-8309-4870-1／C3033／A5判／276頁／定価2900円＋税

メガFTA時代に日本企業の強みをどう活かしていくか。本書は，メガFTAによって変容する通商秩序の行方を見据えながら，グローバル化するサプライチェーンの実態と，東アジアのFTAが日本の経済と企業に与える影響を検証しつつ，メガFTA時代の新たな通商戦略の現状と課題を様々な視点から考察。今後の展望をも図る最新版。

日本の通商戦略論の最新版！

通商戦略の論点 世界貿易の潮流を読む

馬田啓一・木村福成 編著
ISBN978-4-8309-4822-0／C3033／A5判／232頁／定価2600円＋税

世界貿易の潮流に大きな変化が生じるなか，日本の通商戦略も大きな転機を迎えている。日本経済再生のカギを握る新通商戦略が目指すべきものとは。アジア太平洋の新通商秩序，新たな通商立国の条件，次世代型の通商課題など，日本が直面する目下焦眉の通商上の問題を様々な視点から取り上げ，その現状と課題を鋭く考察。

何故に政策大転換が為されたのか。元農水省国際交渉官が真実に迫る！

日本のTPP交渉参加の真実 その政策過程の解明

作山 巧 著
ISBN978-4-8309-4874-9／C3031／A5判／262頁／定価2800円＋税

国論を二分したTPP交渉への参加が実現した。しかし関心は交渉の進捗やその帰趨に移り，交渉参加に至った過程の検証は全く為されていない。交渉参加は農産品の関税維持に腐心してきた政府にとり大きな方針転換であった。何故に政策大転換が為されたのか。TPP参加協議にも従事した元農水省国際交渉官の著者が歴代7内閣の政策要因・背景を実証的に解明する。

難航するTPP交渉の背景と争点を検証！
TPP交渉の論点と日本 国益をめぐる攻防
石川幸一・馬田啓一・渡邊頼純 編著
ISBN978-4-8309-4823-7／C3033／A5判／256頁／定価2300円＋税

年内妥結かそれとも漂流か。正念場を迎えたTPP交渉。日米をはじめ交渉参加12カ国はセンシティブな問題をめぐり激しく対立。関税撤廃，知的財産権，国有企業規律，投資（ISDS条項），環境など難航する交渉分野の主な争点は何か。合意への道筋をどう付けるのか。本書は，TPPの背景と交渉分野における主要な論点を取り上げ，攻めと守りのTPP交渉を検証。

各国経済の現状を分析，AEC，対中・対日関係など地域の今後を展望！
ASEAN経済新時代と日本 各国経済と地域の新展開
トラン・ヴァン・トゥ 編著
ISBN978-4-8309-4897-8／C3033／A5判／390頁／定価2800円＋税

ASEAN経済共同体（AEC）創設，加盟各国が中所得以上に発展したASEAN新時代が到来。高所得国シンガポール，高位中所得国マレーシアとタイ，低位中所得国インドネシア，フィリピン，ベトナムとラオス，低位中所得国の仲間に入りつつあるカンボジアとミャンマーの現段階と持続的発展の条件を分析し，AEC，対中・対日関係，メコン河流域開発，平和環境の今後を展望。

現代ASEAN経済圏の姿を，各分野の専門家が分析！
現代ASEAN経済論
石川幸一・朽木昭文・清水一史 編著
ISBN978-4-8309-4875-6／C3033／A5判／360頁／定価2500円＋税

現代世界経済で最も重要な成長センターであるASEANは，経済統合を推進し，AEC（ASEAN経済共同体）を実現する。実現すれば，AECは中国やインドにも対抗する経済圏となり，日本，そして日本企業にとっても最重要な地域となる。急速な経済発展を続ける現代のASEAN経済を各分野の専門家が分析。現代ASEAN経済を学ぶための必読書。

ASEAN経済理解のための必読書！
ASEAN経済統合の実態
浦田秀次郎・牛山隆一・可部繁三郎 編著
ISBN978-4-8309-4868-8／C3033／A5判／236頁／定価2750円＋税

日本企業の事業展開先として注目されるASEAN。2015年末の経済共同体（AEC）創設により，その存在感は一段と高まる見通しだ。本書は，AEC構築を控えたASEAN経済が実際にはどれほど統合度を高めているのか，様々な統計や事例をもとに貿易，投資，企業・人の動きなど多角的に検証したものである。企業関係者や研究者，学生など幅広い層を対象とする書。

ASEAN 経済共同体の実像と将来。

ASEAN 大市場統合と日本 TPP 時代を日本企業が生き抜くには

（メガ）

深沢淳一・助川成也 著
ISBN978-4-8309-4838-1／C3033／A5判／292頁／定価2200円＋税

2000年代，日本，中国，韓国，そしてインド，アメリカ，豪 NZ が ASEAN を巡り FTA の主導権争いが展開された。通商環境が激変する中，日本企業は東アジア戦略の舵をどう切り，今後どう展開していくべきなのかを分析。ASEAN 経済共同体（AEC）の死角から東アジア大統合の展望まで全てわかる。ビジネス関係者，学生，研究者から政府関係者まで必読の1冊。

2015年，世界の成長センター ASEAN が巨大統合市場に！

ASEAN 経済共同体と日本 巨大統合市場の誕生

石川幸一・清水一史・助川成也 編著
ISBN978-4-8309-4778-0／C3033／A5判／238頁／定価2600円＋税

2015年，ASEAN 経済共同体（AEC）が創設される。完成すれば中国やインドにも対抗する経済圏となり，日本と日本企業にとっても最重要の地域となる。日本と ASEAN との関係は40年を迎え，ASEAN との経済関係を戦略的に見直す時期に来ている。各分野の専門家が統合への進展状況，課題，実現への展望などを検討，2015年末の ASEAN の姿を描く。

持続的発展の為の実態分析，政策提言を試む！

東アジア経済と労働移動

トラン・ヴァン・トゥ／松本邦愛／ド・マン・ホーン 編著
ISBN978-4-8309-4867-1／C3033／A5判／278頁／定価3000円＋税

東アジアで国際間労働移動が活発化している。しかし，その実態を把握した研究は少なく，ましてや国内の労働移動との関係を分析した研究はない。本書は日本，韓国，台湾から中国，タイ，マレーシア，インドネシア，フィリピン，ベトナム，ミャンマー等，国内と国際間の労働移動，送出国と受入国の実態を分析し，持続的発展の為の政策提言を行う。

東南アジアのエネルギーの最新情報満載！

東南アジアのエネルギー 発展するアジアの課題

武石礼司 著
ISBN978-4-8309-4825-1／C3033／A5判／174頁／定価2000円＋税

好調な経済の下，発展を遂げてきた東南アジアの10カ国は，アセアンを形成して域内協力を深めており，日本にとって，ますます重要な国々となっている。アセアン10カ国は，歴史，人口，気候，宗教，資源，産業も大きく異なり，エネルギー需給への取り組みと政策も実に多様である。最新の現地情報を盛り込み，アセアンの現状と今後を解説する。